1980S'

GENERATION VOLUNTARY SERVICE AND CIVIC AWARENESS

"80后"青年志愿服务与公民意识

梁绿琦　主编

社会科学文献出版社
SOCIAL SCIENCES ACADEMIC PRESS (CHINA)

目　　录

第一章 认识"80后"群体

当我们读小学的时候，读大学不要钱；

当我们读大学的时候，读小学不要钱；

我们还没能工作的时候，工作是分配的；

我们可以工作的时候，撞得头破血流才勉强找份饿不死人的工作做；

当我们不能挣钱的时候，房子是分配的；

当我们能挣钱的时候，却发现房子已经买不起了；

当我们没有进入股市的时候，傻瓜都在赚钱；

当我们兴冲冲地闯进去的时候，才发现自己成了傻瓜；

当我们不到结婚年龄的时候，骑单车就能娶媳妇；

当我们到了结婚年龄的时候，没有洋房汽车娶不了媳妇；

当我们没找对象的时候，姑娘们是讲心的；

当我们找对象的时候，姑娘们是讲金的；

当我们没找工作的时候，小学生也能当领导；

当我们找工作的时候，大学生只能洗厕所；

当我们没生娃的时候，别人是可以生一串的；

当我们要生娃的时候，谁都不许生多个。

问：我们这一代到底招谁惹谁了。

    这段文字是互联网上广为流传的一个帖子，尽管带有强烈的调侃意味，但在一定程度上反映了"80后"在当下的中国社会中的真实生存状况。"80后"这一概念最初是用来指那些出生于1980～1989年、正在尝试写作的文学爱好者群体。以韩寒、郭敬明、春树为代表的出生于20世纪80年代的年轻人，由于生活环境和人生经历相同或相似，写作手法先锋、前卫，曾被看作中国当代文学的一股新生力量。他们的作品很受同辈人的欢迎，拥有众多的忠实读者群（"粉丝"），被归纳为一种"现象"。2004年2月2日，一位被称为"80 后"代表的中国女孩吸引了整个世界的目光，美国《时代》周刊亚洲版的封面上赫然印着她直视前方的冷峻面孔。少女作家春树与韩寒、曾经的黑客满舟、摇滚乐手李扬4人被《时代》周刊认为是中国20世纪80年代出生的青年代表，并与美国20世纪60年代"垮掉的一代"及嬉皮文化相提并论。文章以"linglei"（另类）称呼他们，认为他们是中国的新激进分子。随着社会各界尤其是媒体给予的高度关注，"80 后"概念所表述的含义发生了很大的变化，由最初的特指少年作家（有人认为称呼"写手"更为合适，暗示他们的文本是用手指敲击键盘码出来的，而不是用脑思考的结果），转而被借用成为20世纪80年代出生的所有年轻人的代名词。随着"80 后"不断参与到日常生活的各个领域，社会各界对"80 后"群体的研究越来越多，对他们的评价也褒贬不一。

第一节　代沟及其功能

"80 后"与"80 后"现象之所以会引起中国社会的广泛关注与议论，既与他们自身在日常生活实践中所表现出来的优势与缺陷有关，也与社会对一代"新人"的评价相连。站在历史的角度看，世界范围内的新生代都曾经受到种种关注，甚至是非议。对于特定时期的新人，成人世界或上一代总是乐于为他们制造出时髦的称谓或贴上各种标签。自20世纪60年代以来，美国就出现过"X世代""Y世代""N世代"等标签，用于描述与评价不同代际出生的人，日本也有过"新新人类""动漫世代"等的分类。更为消极的称谓莫过于"颓废的一代""垮掉的一代"，不一而足。历史如过眼烟云，曾经被担忧的一代又一代新人，都相继成为各自社会的中坚力量与责任的担当者。历史并没有因为他们曾经被贴上"颓废的一代""垮掉的一代"等标签而倒退，社会还是一如既往地前进。事实有力地表明，成人世界在忙着对新生代贴上各种标签之前，有必要先反思不同代之间的差异、冲突及根源。对于当前中国社会庞大的"80 后"群体，必须以历史的、辩证的、发展的眼光加以认识与评价，否则，容易以偏概全，夸大"80 后"群体的缺点，甚至发出"垮掉的一代"的哀叹。

一 米德的"代沟"理论与西方文化的冲突

在任何社会，新生的一代与其父辈或上一代之间普遍都会存在隔阂与分歧，一般表现为价值观念、生活方式、行为取向、兴趣爱好以及政治态度等方面的差异。这些差异通常被称为"代沟"或"代差"。在传统社会中，不同代之间的隔阂与分歧往往以隐蔽的形式被压抑、控制在社会所能接受的范围内；而在现代社会，由于强调个性的发展，不同代之间的隔阂与分歧就以更为激烈的方式呈现在世人面前，有时甚至表现为激烈的冲突。翻阅最近几年学界、媒体以及大众话语中各种有关"80后"的讨论，不难发现，各种观点、评论都有，一些评论可谓针锋相对。关于"80后"的所有争议的实质涉及的是对代沟与代际差异的认识问题。代沟与代际差异对社会的发展具有举足轻重的意义：处理得当，能够增加社会的和谐，促进社会走向新的文明；处理不当，则可能恶化不同代的人之间的关系，引起社会问题，阻碍社会的协调发展。因此，对代沟问题的研究，20世纪60年代之后的美国等西方社会曾掀起一阵高潮。20世纪80年代美国著名人类学家米德的"代沟"理论被介绍到中国后，也引起国内学术界的研究热情。尽管这些年理论界对"代沟"理论与代沟问题的研究热情已然消退，但"代沟"理论所蕴涵的一些思想并没有过时，对于理解围绕"80后"的各种争论，还具有很强的解释力。

（一）米德"代沟"理论的主要思想

《代沟》是由美国著名女人类学家玛格丽特·米德在1970年所撰写的一本小册子，书的原名是《文化与义务——论七十年代各代人之间的新关系》。该书共九章，分为上下两大篇。上篇的标题是"六十年代概览"，包括第一至第四章，分别介绍了西方社会20世纪60年代所面临的任务、后象征文化与熟悉的祖先、互象征文化和熟悉的同代人、前象征文化与未知的儿童。下篇的标题是"七十年代概览"，包括第五至第九章，分别阐述了代沟的无害化、代沟的无法预期的反响、新的义务形式、技术带来的希望和确保多样性。

在对文化传播方式的研究过程中，米德发现，有的文化变化十分缓慢，似乎这种文化一出现就可以断定它不过是一种幼稚的文化；有的文化则变化很快，以致年轻人乃至成年人不是向老一辈学习，而是向同辈人学习。米德宣称，现在我们已进入了一个新阶段，即全世界的成年人都认识到，所有孩子们的经验已经不同了。米德从文化传递的方式出发，区分了三种类型的文化传递方式，创立了"三喻文化"学说，构成她的"代沟"理论的主要基石。为了区分这三种文化类型，米德使用了三个词："当论及'未来重复过去'型时，我用'后象征'（postfigurative）这个词；当论及'现在是未来的指导'型时，我用'互象征'（cofigurative）这个词；在论及年长者不得不向孩子学习他们未曾有过的经验这种文化类型时，我就用'前象征'（prefigurative）这个词。"① 米德指出，原始社会和小的宗教及意识形态飞地基本上属于后象征型，它们接受过去的权威。一些为了体现变化而必须发展技术的伟大文明，其基本特点就是采取某种向同辈人，向游戏伙伴、同学和一起学艺的人学习的互象征形式。现在，我们进入了这样一个崭新的历史时期：由于年轻人对依然未知的将来具有前象征性的理解，因而他们有了新的权威。接下来米德用三章篇幅详细论述了后象征文化、互象征文化和前象征文化各自的主要特征。

后象征文化。这种类型的文化主要是指文化传递的方式是长辈将文化传递给晚辈，它是一种变化迟缓、难以察觉的文化。这种文化是一种"老年文化"，与农业社会相适应，是传统社会的基本特征。在这种文化中，儿童由其祖先而社会化，儿童的成长过程就是将其祖父辈规范和价值内化的过程。"成年人的过去就是每个新生一代的未来，他们早已为新生一代的生活定下基调。孩子们的祖先度过童年期后的生活，就是孩子们长大后将要体验的生活；孩子的未来就是如此造就的。"② 后象征文化主要有三个特点：一是明显的稳定性。米德认为后象征文化的传递主要依赖于与生物学有关的世代接替，这种文化是保守、抵制变迁的。在后象征文化背景下的生活意义是既定的，前辈的过去就是未来，对过去的继承就是现在社会秩序的前提，它迫使年轻人服从长者而缺乏独立意识。后象征文化的特质，解释了这种文化的巨大稳定性，也说明了在这种文化条件下一代与另一代内部为何几乎无差别的原因。二是统一、不变、持久的认同意识。在米德看来，后象征文化中的每个成员对本文化都抱有终生绝对的强烈认同。尽管在重复传统文化的过程中难免发生某些变化，但这只能使生活在这种文化中的人对本文化不变的基本特征和共同意识得到提高，其内在的文化整合性并未发生实质性变化。后象征文化牢固的整合性，致使许多人

---

① 玛格丽特·米德：《代沟》，曾胡译，光明日报出版社，1988，第20页。
② 玛格丽特·米德：《代沟》，曾胡译，光明日报出版社，1988，第21页。

仅在不失认同的情况下改换了一些东西而已。三是至少有三代人信奉同一文化。米德认为，后象征文化唯一、基本、明确的特点就是文化的延续有赖于三代人的实际存在。年轻人对老一代期望的复制力是根深蒂固的。因而，缺少疑问、缺少觉悟便构成了该文化得以保存的两个关键条件，这就从根本上排除了变革的可能。"后象征文化的基本特点是这样一种假设：他们的生活方式（但事实上其本身也许已包含了许多变化）是不可改变的，永远如此的。……对变化缺少认识，每一代儿童都能不走样地复制文化形式。"① 由这些特征可以看出，米德描述的后象征文化是一种封闭、滞缓的文化。封闭排除了外来文化的干扰，保证文化的同一性和稳定性。滞缓保证了祖辈的经验对于后代始终具有同等效用，使文化得以世代相传。后象征文化的封闭、滞缓、不变性，使得群体内部成员的同质性很强，从祖辈身上就可以看到下一代人的生活影子，新生一代的社会化过程是受到长辈的严格控制和教导的，不允许偏离已有的生活道路。这样一种文化方式的存在依赖两个基本条件，即缺乏疑问和缺乏自我意识。所以，后象征文化只是一种接受性文化，它在很大程度上保持了社会结构的稳定性，使得在该文化中，代际冲突很少发生，也不会产生代沟。

互象征文化。随着工业社会的来临，技术的发展，高速变迁的时代使世代文化的连续性发生障碍，老一辈人不再变得事事精通，他们不能再向年轻人提供与其年龄相适应的生活模式，失去了给年轻一代提供符合时代环境的文化模式。社会成员的主要行为模式是同代人的行为起始于对后象征系统的突破，它既留有后象征文化的遗迹，又是前象征文化发展的基础，因而其本质上是一种过渡性质的文化。这种文化类型是在后象征文化崩溃之时出现的，老一辈人得不断地向同辈人学习，不断调适自己的行为，而年轻一代也只能在老一辈指定的典范和范围内在同代人之间进行文化的学习。作为一种文化类型，互象征文化常常只能持续短暂时期，但同样具有自身的特征。一是代际关系模式的社会化。米德认为，互象征文化中代际关系模式由以老人为楷模过渡到对社会角色的模仿。年轻人也需向前辈学习，但这是向作为社会主体的老一代社会化了的人格学习。学习方式也由家庭转向社会，通过广播等信息手段以文化认同的方式间接进行，学习的对象也不再是某个人，而是某一社会角色。同时，这种文化还表现

---

① 玛格丽特·米德：《代沟》，曾胡译，光明日报出版社，1988，第21～22页。

为对不同文化开放地吸收，以加强对新生活方式的信仰。二是核心家庭的出现。米德认为互象征文化中已不存在三代人共同生活的模式，代之以新的核心家庭形式，即由父母和年幼子女组成的一个高度灵活的社会团体。孙辈或不与祖父母同住，或很少受其影响，祖辈不再是孙辈的典范。"即使祖辈人尚在，他们的影响也被降到最低限度了，人们不再指望祖辈成为孙辈人的楷模，也不再指望父母能牢牢地控制成年子女的婚姻或前程。期望孩子离开或走出父母的范围之外——正如父母已经做的那样——成了文化的一部分。"① 三是祖辈地位、权威的不存在及价值观念的不断变化。米德认为，互象征文化中祖辈的主体地位几乎不存在。这样，学习新技巧和新行为方式以便向新生活方式转化就容易得多，而与过去以血亲为纽带的社会联系也大大削弱。与此同时，米德发现在互象征文化中，人们的价值观念已不如后象征文化那样稳固和绝对。这时，年轻人或他们的某些团体的价值观与长者的价值观已失去认同并发生变异。四是同龄人中的互象征现象。米德认为，青少年间的相互仿效只可能出现在各种以互象征行为为特征的文化中。青年人为适应新环境而注视和仿效同龄人的行为模式，交相仿效成了该文化中不落伍的标志。总之，米德将互象征文化看作排斥祖辈的文化，其结果是个人与过去联系的丧失。但米德也强调，在互象征文化中，互象征系统的形成虽是对后象征时代这种完全无视青年的父权制文化的突破，且必然酿就最初的代际冲突，但代际的裂隙还不足以完全割断代际联系。米德指出，"在所有互象征文化中，老年人仍然处于支配的地位，他们树立典范，规定限制范围，年轻人的行为中所表现出的互象征性不得超出这些范围。……对于新行为是否被接受，老年人的认可是具有决定意义的，也就是说，为了获得对变革的最后赞同，年轻人不仅要注重自己的同辈的态度，而且要看老年人的脸色"② 。因而，老年人依然制约着年轻人行为中的互象征过程。与此同时，老年人又面临着一种莫大的恐惧，即世界的发展使世界各地的青年共享一种经验，这是老年人未曾有过且不会再有的经验。米德确认，互象征文化中的一些现象和特征，已发生了质变，"新的文化形式正在出现……现今的儿童面临着一个完全未知的、因而也无法掌握的未来，正如在一个稳定的、老年人控制的、以父母为榜样的、在许多方面含有后象征因素的文化中，一代人发生了互象征性的变化

---

① 玛格丽特·米德：《代沟》，曾胡译，光明日报出版社，1988，第56页。
② 玛格丽特·米德：《代沟》，曾胡译，光明日报出版社，1988，第43页。

一样"①。正因为如此，互象征文化必然过渡到前象征文化，而在未来的前象征文化里，青年更具权威性。

前象征文化。通过对20世纪60年代末西方社会现实的分析，米德意识到人类正处在发展一种与后象征文化和互象征文化不同类型的新文化的边缘。"这种文化的类型与互象征文化大不相同，正如在有秩序（或无秩序）的变化中已经制度化的互象征文化与后象征文化是不同类型的文化那样。我称这种新类型为前象征文化，因为在这种文化中代表未来的是孩子，而不是父母或祖父母。与后象征文化不同——在那种文化里，腰直背挺、白发苍苍的老人代表着过去与未来的伟大崇高和连续——现在，那些已经孕育但尚未出生的孩子必将成为未来的代表。"② 这种"前象征文化"，是一种新的文化类型，是一种多元、变动的"后代选择性文化"，青年在选择、创造许多长辈经验中无以借鉴的思想观念和行为模式的同时，也把代际的差异冲突融在了他们所创造的新文化之中。在米德看来，前象征文化所面对的是一个新时代。在这个时代，未来已不再是今天的简单延续而成为现在的发展结果。此时，老一辈已丧失传喻价值，年轻人带着各种相去甚远的文化传统在时间的同一点进入了现在，没有任何人像年轻一代这样了解、经历或参与过种种迅速的变化。米德感叹，"我们必须认识到，没有任何一代人有过我们这样的经验。从这个意义上讲，我们必须认识到我们是没有'子孙'的，正如我们的子女没有'祖先'一样"③。因而在世界剧变面前，老人与青年有了距离感，它不可避免地造成了两代人的对立和冲突。通过对这种对立和冲突的分析，米德揭示了前象征文化所具有的独特性。一是代际冲突的全球性。代际关系是一种文化关系。代与代之间的相互认同、理解，只能以共同文化归属感为基础，而这种共同感的取得又有赖于文化的稳定性和延续性，即有赖于祖辈的价值观念和生活方式有效地传递给下代。一旦传递失效，代际就会出现文化差异。因此，所谓"代沟"，正是由于时代剧变而造成的非同代人之间的隔阂，反映的是历史剧变中正在死去的旧文明和尚待分娩中的新文化间的断裂和真空。而米德"代沟"理论的尖锐处就在于强调了代沟的全球性质。米德指出，"目前的

---

① 玛格丽特·米德：《代沟》，曾胡译，光明日报出版社，1988，第64页。
② 玛格丽特·米德：《代沟》，曾胡译，光明日报出版社，1988，第84页。
③ 玛格丽特·米德：《代沟》，曾胡译，光明日报出版社，1988，第77页。

主要问题是世界范围的代沟问题；这是很独特的，古来无之的"[①]。也就是说，由迅猛发展的科技引起的文化迅速变迁以及由无所不至的大众传播媒介沟通的多元化世界，使代际差异成为现代世界与生俱来的文化现象，它迫使人们接纳代际的普遍冲突以及前后代价值观念与生活方式的不同，同时也说明，现今社会的代际冲突已完全不同于互象征文化中初露端倪的局部性代际冲突。因而米德宣称，现代世界的特点是承认各代之间的断裂。接受代际差异的现实对一些老人来说是痛苦的，也是困难的，它意味着需要调整自己去重新适应一个陌生的环境和文化。米德认为，老年人是被孤立了的一代人，"既与前代人脱节，也与年轻人脱节了"[②]。她写道："在先进国家里，老人控制着年轻人和不发达国家发展所急需的资源。然而，我们已经越过了航行临界点。我们必须在一个陌生的环境中生活，但是，我们依然凑合着使用我们的知识。我们正在用新的材料依照老的模式修建权宜之计的房屋。年轻一代，全世界的已有发言权的年轻反叛者正在痛斥他们所反对的控制，他们就像是在一个新国家中出生的第一代人。"[③] 在米德看来，无论人们持何种态度，代际冲突总不可避免，而如何达到同一社会中几代人的相互沟通，米德提出了自己的见解。她认为，"真正的交流是一种对话"[④]，老年人应与和未来关系最密切的人，即那些诞生在新世界中的青年进行交流，并强调这种交流不是恢复老人对新一代教化的手段，而是一种"反向社会化"。二是世界共同体的出现。米德指出，20 世纪 60 年代导致全世界青年反抗的新条件中，首要的一条就是世界共同体的出现。这一时代，生态问题、新技术成果、信息技术都改变了世界，全人类已由共享知识和共担风险连在一起，变化几乎同时发生，这在后象征文化和互象征文化中是不可企及的。三是忠诚危机或价值观念的危机。米德认为，前象征文化中由于老年人对年轻人正经历的一切不如年轻人自己那样了解，因而，现在面临的是忠诚危机。"由于人们不仅失去了对宗教的忠诚，而且也失去了对政治意识形态和科学的忠诚，他们觉得所有的安全感都被剥夺了。"[⑤] 从这些危机中，米德感悟到了未来，感悟到这是新文化诞生的

---

① 玛格丽特·米德：《代沟》，曾胡译，光明日报出版社，1988，第 69 页。
② 玛格丽特·米德：《代沟》，曾胡译，光明日报出版社，1988，第 77 页。
③ 玛格丽特·米德：《代沟》，曾胡译，光明日报出版社，1988，第 74 页。
④ 玛格丽特·米德：《代沟》，曾胡译，光明日报出版社，1988，第 78 页。
⑤ 玛格丽特·米德：《代沟》，曾胡译，光明日报出版社，1988，第 79 页。

征兆。与后象征文化和互象征文化中的那种稳固的价值观念不同，前象征文化价值在政治、教育、人才、技术、发展、理性、秩序等问题的看法上都是多元的、变易的，很少具有经世持久的性质，并正发展为在世界范围内蔓延的价值观念。总之，按米德的论述，前象征文化是一种"青年文化"，即由年轻一代将知识传递给他们生活在世的前辈的过程，这与后象征文化的知识传递方向正好相反，而由于老一代不愿取舍和新一代唯恐失新的矛盾，不可避免地会引起两代人的分歧、隔阂与冲突。

"三喻文化"学说构成了米德"代沟"理论思想的主要内容。在接下来的第二篇里，米德阐释了如何看待和解决代沟问题。她提出了代沟的无害化思想，以往人们把代沟产生的原因归咎于年轻一代的"反叛"，并且认为代沟的存在是有害的，然而米德认为，代沟是老一代人在新的时代背景下的落伍造成的。在这样一个由科技占据主导地位的社会，代沟会长期存在，正确认识、理解它后，就会发现代沟其实并不可怕。解决代沟并非有些人所说的"交流"，以往的交流目的在于恢复和重建老一代人对新一代的教化和某种掌控，米德认为真正的交流应该是一种对话，并且参与各方其地位应该是平等的。这就呼应了前象征文化的特点，老一代人应该虚心向新一代学习，尽管这一经历是不怎么愉快的，但是一个无法回避的事实。

（二）"代沟"与西方文化的冲突

代沟问题在20世纪三四十年代的西方世界就开始出现，真正作为社会问题的显现则是到了60年代。20世纪60年代"代沟"理论的发展有着深刻的时代背景，即与当时西方社会的状况密切相连。

第二次世界大战后科技革命的发展，计算机技术、现代信息技术和原子技术成功的应用，宇航事业的长足进展，使人类进入宇宙的冒险活动成为现实，"大约五万年的历史在我们的面前展开，在这短暂的一刻中供我们同时检验"，"这种局面是此前的人类历史上从未有过的，唯其如此，它也绝不会重现"①。现代科技的发展加快了经济发展和社会进步的速度，但同时又带来了生态、能源、人口等危机，使世界和平与战争因素有可能同时发展，并且，现代信息技术的发展，一方面由于知识、文化的快速交流与融合，改变了传统的文化价值观；另一方面又会造成新的代际问题的危

① 玛格丽特·米德：《代沟》，曾胡译，光明日报出版社，1988，第11~12页。

机。与此同时，20世纪60年代，西方各国面临诸如越战、毒品、民权、共产主义的兴起以及性解放等纷繁复杂的问题。青年最先感受到这种社会的变迁而被激起了"疑问""不安"和"危机感"，于是，与社会相对立的新价值观最先反映在他们的思想倾向和行为方式上。从60年代初美国各大学的暴动到随后遍及世界的反叛，使整个60年代的青年运动达到高潮。这些学生运动与当时的"波普享乐主义"结合构成了所谓的"反文化"运动。整个世界动荡不安，使人产生世界末日到来之虑。从音乐、发型、毒品以至"反叛"，米德看到现代社会中生活的人们掉进了心灵陌生的迷茫深渊，真假、美丑、善恶价值系统需要重建。在这种思想文化的急剧动荡和严重危机中，老一代与青年因发生隔阂而形成了一条巨大又深刻的"代沟"，"整个世界处于一个前所未有的局面之中，年轻人和老年人——青少年和所有比他们年长的人——隔着一条深沟在互相望着"①。在米德看来，这是20世纪60年代西方社会最突出的问题之一。

与60年代相比，70年代的年轻人不再像60年代那样骚动不安，许多老年人也欢迎这种新秩序的来临。在这个时候，由于代际冲突的一时缓和，代沟问题发生了淡化，代沟无害论成为时尚。然而，70年代世界性的问题，诸如食物与人口、过渡与变化等使米德严肃地回顾并评价了60年代所发生的事，米德以审视的态度看待70年代的现实，更敏锐地认识到代沟问题的严重性。米德认为，与20世纪60年代相比，70年代的代际关系主要在两方面发生了显著变化。一是代际冲突具有了新的特点。在米德看来，随着70年代初学生运动的销声匿迹，种种变化使人们开始将代沟无害化而置之不理。但整个世界面临的核威胁与西方世界经济的大萧条使青年受到很大影响，出生率的下降和推迟组建家庭现象的出现，成为青年对暗淡前景的反抗和对突然变为不可捉摸甚至带敌意的经济环境的自卫。因此，70年代的冲突实际上比60年代更糟，父母与子女间的代沟更为突出，父母面对的是令人捉摸不定、日益疏远的子女。"六十年代的代沟所表现出来的东西曾被视为更广泛的社会运动的一部分——如美国的公民权运动，反对越南战争的斗争，反对法国的阿尔及利亚独立运动，或塞浦路斯的年轻人因争取引进一种对性生活的新的诚实态度和对人体的新态度而发生的一些斗争。但是现在由于两代人的激烈冲突显然是发生在家庭内部，

---

① 玛格丽特·米德：《代沟》，曾胡译，光明日报出版社，1988，第6页。

因此产生了这样一种倾向，即认为家庭的解体是一些社会症状——如逃离家庭而带来的少年犯罪，青少年吸毒和青年人的酒精中毒等问题——的主要原因。"① 二是价值观念有了新的变化。尽管70年代人们将代沟无害化，但事实表明，它却带来了人们无法预期的反响。如果说60年代的社会冲突曾给青年带来希望的话，到了70年代，当这些希望与复杂的、相互影响的种种全球性问题冲突时，希望便破灭了。换言之，70年代的代沟问题最突出的莫过于青年人信仰的毁灭性危机。青年的"集体激情的爆发悄悄转变为追求成功、令人满足的个人生活"②，这种转变平静而深刻，成为决定人们20世纪余下时间的基调。如米德所指出的，"也许更为突出的是，高中学生从对更广泛的社会冲突的认识，从对老年人与年轻人之间不同的社会目标和标准的认识上倒退到了一种对新精神范围的要求。……不仅将其注意力从呼吁限制经济和生态问题的发展转向了寻找新的价值，而且这一新的重点也渗透了全社会，为两代人的疏远提供了新的内容"③。青年人对世界出现的能源危机、核战争、生态问题以及经济危机长期化的局面毫无思想准备。走投无路的心情使他们既不愤怒，也不逆来顺受，而是沉迷于"自我陶醉的文化"里，他们开始酗酒，服用加有鸦片酊和大麻叶的毒品，并开始寻根与追寻返璞归真的生活。与此同时，由于人口过剩对资源造成过分沉重的负担，许多老年人形象也垮掉了，老年人与年轻人一样孤独。在极短时间里，西方人的价值观念由终生不变转向了有限与暂时性，即"将终生不变的义务改变为有限的、暂时性的义务"④。在他们看来，这个世界成了无人负责的世界，人们既觉得自己与发展毫不相干，又因渴望参与却找不到出路而苦恼，许多人在盲目希望与盲目绝望间徘徊而处于困境之中。

米德认为，由代沟带来的危机，使前象征文化中处处布满陷阱，但人们还未意识到这只是危机的一部分。事实上，代沟产生的危机与技术带来的危机是始终纠缠在一起的。米德写道："有的问题远比眼前的危险——如核战争，核扩散，永久性的、不可逆转的环境破坏，生活质量的退化——要深刻得多……防止文明（如果不说是生活本身的话）的毁灭是迫

---

① 玛格丽特·米德：《代沟》，曾胡译，光明日报出版社，1988，第118页。
② 玛格丽特·米德：《代沟》，曾胡译，光明日报出版社，1988，第107页。
③ 玛格丽特·米德：《代沟》，曾胡译，光明日报出版社，1988，第118～119页。
④ 玛格丽特·米德：《代沟》，曾胡译，光明日报出版社，1988，第131页。

在眉睫的、压倒一切的任务。"① 在米德看来，伴随代沟危机的，还有西方社会经济和技术以及文化的危机，一方面是物质消费过剩、浪费严重，另一方面是理性泯灭、精神堕落，文明遭到空前挑战，这不但使70年代的代沟日益加剧，也成了造成代沟问题的普遍性、时代的必然性和尖锐的社会矛盾性的原因。

二 "代沟"在现代社会的功能

自西方"代沟"理论被介绍到中国，尤其是米德《代沟》一书被引进之后，20世纪80年代至90年代的中国学术界也掀起一阵代沟研究的热情。时至今日，不论是在西方还是在东方，有关代沟的研究早已偃旗息鼓、销声匿迹了。进入21世纪以来，随着"80后"群体不断进入工作、学习、生活等各个领域，国内对这个群体的讨论及争议就没有间断过。在这种背景下，重温米德的"代沟"理论思想具有重要的现实意义，因为有关"80后"与"80后"现象的讨论涉及的一个无法回避的实质性问题就是如何对这个群体作出合理的评价，或者说，在当下的中国社会，如何看待不同代之间的差异、隔阂甚至冲突。从米德的论述中可以发现，不同辈分的人（狭义上指家庭成员中的父母和子女，广义上则指社会上的年长一代和年轻一代）由于历史时代、社会环境和生活经历的不同，在价值观念、思维方式、心理状态、生活态度、行为模式以及兴趣爱好等方面存在的差异以及由此引起的分歧和冲突在"前喻文化"时期即在现代社会将会更为普遍、更为激烈。尽管国内学者对代沟概念②的理解以及其他相关问题的认识上存在一定的分歧，但对代沟在当代中国社会的存在这个事实基本都是认可的。多数学者都认为代沟具有正反两方面的功能，但有的学者更强调代沟的负面影响或社会反功能的意义，而有的学者则更强调代沟的正面影响或社会正功能的意义。如有学者撰文对代沟的社会影响的根本性质作出判断，认为代沟是一种积极性的社会现象，有经济、文化、社会三

---

① 玛格丽特·米德：《代沟》，曾胡译，光明日报出版社，1988，第144页。

② 国内学者对代沟概念进行了不同的界定，我们倾向于认同这样一种观点："由于时代和环境条件的急剧变化，基本社会化的进程发生中断或模式发生转型，而导致不同代人之间在社会的拥有方面以及价值观念、行为取向的选择方面所出现的差异、隔阂及冲突的社会现象。"见周怡《代沟与代差：形象比喻和性质界定》，《社会科学研究》1993年第6期。

方面的社会正功能。① 但也有学者对代沟的社会正功能的观点提出质疑。②
按照米德的"代沟"理论观点，在不同的文化背景、不同的历史时期、不
同的社会结构中，代沟的性质、特征、表现、程度、范围等会有很大的不
同，这也说明，在特定的时代、特定的社会，代沟的功能或影响是不
同的。

（一）"代沟"促进了社会的变迁和发展③

人类社会发展的历史源远流长，尽管代沟并不与人类结伴而生，但
"代沟"现象客观存在，并且代沟的存在与时代的变更、社会的变迁密切
相关。一方面，代沟是社会变迁加速的产物，是代际更替的差异性和连续
性的表现，这可以从"代沟"现象在从古到今各种时代条件和社会背景下
的不同存在形式及特征中得到印证。可以说，"代沟"现象形成的根源在
于社会变迁的加剧。另一方面，代沟又是促进社会变迁和人类历史发展的
一种力量。总体而言，代沟既是一个具有历史意义的古老问题，又是一个
具有现代意义的世界性的全新课题。就现代社会而言，正如米德所指出
的，"代沟对孤独的老一代是个悲剧，对那些无榜样可循的年轻人来说是
可怕的。然而，我却认为它给了我们一次以新方式面对变化的独一无二的
机会"④。首先，代沟的存在与缓解往往能在一定程度上给现存社会带来一
种新的推动力量，能促进社会的自我更新，加速社会的进步，促使社会变
迁更为深刻、更为具体。正如刘易斯·福伊尔所说的："代与代之间的冲
突是历史上的一个普遍课题，它是建立在人性的最基本因素的基础之上
的。是历史的动力。"⑤ 其次，"代沟"现象的存在使社会始终保持一种有
限的"张力"，这种张力能使社会在平静与动荡、稳定与发展之间找到有
效的平衡，并产生新的发展机遇。例如 20 世纪 60 年代，在代沟概念最初
被提出来的时候，西方社会正处于由工业社会向后工业社会急剧转型的关
键时期，"代沟"现象通过美国的反战运动和"青年风暴"、（前）西德青
年的抗议和示威、法国的"五月风暴"等青年学生运动这些尖锐的对立冲
突形式表现出来。按照著名学者艾森斯塔德的说法，这也是"青年面对新

① 邓希泉：《"代沟"的社会正功能》，《中国青年研究》2003 年第 1 期。
② 丁妍、沈汝发：《解读与质疑"代沟"的社会正功能》，《中国青年研究》2003 年第 5 期。
③ 本小节以下内容主要参考了姚月红、马建青所著《从多维视角透视"代沟"的影响》
（《当代青年研究》2004 年第 5 期）一文的观点。
④ 玛格丽特·米德：《代沟》，曾胡译，光明日报出版社，1988，第 101 页。
⑤ F. 马赫列尔：《青年问题与青年学》，社会科学文献出版社，1986。

产生的社会模式所赋予的文化政治框架和象征时，所具有的不满和'不安'的普遍表现"①。尽管这些表现给当时的社会带来了某些不安定的因素，但同时也推进了社会变革和发展的进程。一般来说，代沟表现较为明显的阶段，往往也是社会变迁剧烈的时期。由此可见，代沟本身就标志着社会的进步与发展，"代沟"现象自存在开始就成为一种影响社会进程的独特因素。这也是代沟的社会功能的体现。

中国社会自近代以来，尤其是自马克思主义传入以来，社会发展和变迁的速度不断加快。现代中国社会变迁经历了四个阶段，即从马克思主义传入中国，中国共产党成立到1949年的新民主主义革命时期；从1949年到1966年的和平建设时期；"文化大革命"十年动乱时期；1978年至今的改革开放时期。随着改革开放的深入、市场经济体制的建设，中国正处于社会转型时期。代沟的存在与发展使中国的社会转型的进程更具挑战性，这是不可避免要付出的代价。从整体上看，代沟如果以一种极端的方式表现出来，那么必然会对社会转型的进程造成一定的阻碍作用。换言之，"代沟"现象如果得不到合理的引导，走向失控局面，则往往会给整个社会带来不安定因素，会对社会和谐稳定的发展带来消极影响，会阻碍社会转型进程的顺利推进。因此，在一定意义上，"代沟"现象在当下中国社会的日益明显可以被看作社会转型过程中所要付出的一种代价。然而，这种代价又是"有意义的合理的"。原因在于：一是"代沟"现象作为社会变迁加剧的必然结果以及社会变迁过程的内在环节，能促进社会历史进程，推动社会转型目标的实现及过程的顺利完成；二是"代沟"现象实质上是以某种负面的、冲突的形式来肯定社会的进步，并反映出社会发展的大致目标和方向；三是随着人类活动能力的提高、适应水平的上升、沟通机制的加强、社会宽容度的增强，代沟的冲突也将相应地缓和许多，故代沟现象作为一种"代价"，其负面的意义将逐渐弱化，积极意义会不断增强。也就是说，"代沟"现象在增加了社会转型难度的同时，又为社会转型的进程注入了新的活力。由此可见，在中国社会转型的现实背景中，"代沟"现象既是社会转型时期的特征之一，又是社会转型进程的促进因素。

---

① S. N. 艾森斯塔德：《现代化：抗拒与变迁》，张旅平、沈原、陈育国、迟刚毅译，中国人民大学出版社，1988。

（二）"代沟"推动了文化的创新和变革

米德指出，20 世纪 60 年代出现的代沟是人类历史上两代人之间"第一次公开的痛苦的大决裂"。她还预测："我们的社会正在进入一个新的历史时期，在这个时期青年正在赢得还不为人所知的新的权威，亦即用子女楷模的方式来理解未来。"在这一大决裂中，青年将促使传统文化衰落并创造出一种新型的文化——前象征文化，即青年文化。其中一些代表时代发展方向的青年文化，往往融合各种进步的社会变革力量，给陈腐的传统与规范带来新的冲击。"这种新型文化实际就是'代沟'文化之后必然引发的功能文化，它在迅速的社会变迁时期，具有一种引导社会先行的作用。"①

各种新型的青年文化显示出一些共同的特征。一方面，"这种青年文化所包含的社会生活领域不断扩大。首先，它延续了一个较长的生命期。其次，它现在扩展到工作、闲暇活动和人际关系的领域。再次，这些团体的潜在与实际的独立性，以及它们与各种成人的社会领域，如工作、婚姻与家庭生活、政治参与和消费领域的直接接触大为增加，而他们对成年人的依赖性却大为减少。"另一方面，十分矛盾的是，"青年人日益对各种生活领域的直接介入却导致了他们在职业、经济、社会参与和家庭地位上的不稳定性，以及一种与历史变迁历程异化的感觉"②。以青年人为主体的青年文化与以成年人为主体的社会主文化之间一直处于"偏离"与"整合"的矛盾运动和双向互动的过程中。这两种文化形态的关系从侧面也反映出其承载的主体即青年一代与成年一代之间的关系。这两种文化形态之间的差别正是"代沟"现象的具体表现和集中反映。因此，从文化更替的角度来看，青年文化具有既接受文化传递又反叛文化旧格局的双重倾向。相应地，代际矛盾冲突的结果往往会产生两种特殊的社会选择功能，即"传统文化对青年文化有选择地吸收和同化，青年文化对传统文化有选择地继承和创新，经过这两种选择机制的共同作用，传统文化和青年文化经过相互筛选和融合，成为一种新的文化统一体"③。这是世代延续下去的不可抗拒的力量。"代沟"现象正是通过这两种特殊的社会选择功能，推动着文化

---

① 周怡：《代沟理论：跨越代际对立的尝试》，《南京大学学报》1995 年第 2 期。

② S. N. 艾森斯塔德：《现代化：抗拒与变迁》，张旅平、沈原、陈育国、迟刚毅译，中国人民大学出版社，1988，第 32 页。

③ 邓希泉：《"代沟"的社会正功能》，《中国青年研究》2003 年第 1 期。

变革的进程，发挥着创新文化的功能并促进世代更替顺利进行。

（三）"代沟"完善了基本社会化的形式与内容

一般认为，基本社会化是指社会使新生的生物个体转变为基本合格的社会成员的过程，即从"自然人"转变为"社会人"的过程。代沟的出现意味着基本社会化过程已经充满了矛盾和冲突。代沟在某种程度上推动着两代人思考人生、反思自我，积极地寻求新的发展，促进"青年代"的社会化和"成年代"的继续社会化，使他们跟上时代发展的步伐；同时也有利于营造一种不同代人之间相互学习、相互促进的氛围。代沟的出现使基本社会化由以往的单向被动的方式转变为双向的甚至是多向的较为主动的方式。在整个过程中，既有"成年代"对"青年代"的各方面知识和制度规则的指引和灌输，又有双方互动之后"青年代"对社会化内容的主动选择；既有"青年代"对"成年代"的反向社会化，又有同辈群体的社会化互动；还有"成年代"整合"青年代"的反向社会化以后，再对"青年代"的再次社会化；等等。西方学者所提出的"反向社会化"概念是指"年轻一代将知识文化传递给前辈的过程"[①]。反向社会化现象的出现意味着传统的基本社会化方式的转型，一种单向的训导过程正在被一种双向的交流过程取代，使得基本社会化的内容、形式都发生了很大的更新和改善，更有利于基本社会化目标的达成。

我国一些学者将这种"反向社会化"现象称为"文化反哺"。随着改革的进一步深入、社会转型的加速，中国社会已经和正在发生更加广泛而深入的变化，使"文化反哺"现象变得更为鲜明。尤其是随着网络化和数字化生存时代的到来，"文化反哺"现象已在日常行为、价值观念、生活态度诸多方面全方位地影响着今天的代际关系。有经验研究显示，在两代人之间发生的"文化反哺"现象涉及的内容和范围十分广泛，从价值观的选择、生活态度的认定、社会行为模式的养成，直至对各种新事物的了解和使用，而在文化的表层这种现象更为明显。[②]"文化反哺"现象加剧了代沟的形成，而代沟的发展又促进了"文化反哺"现象的日益明显。而"文化反哺"本身也是跨越代沟的有效途径之一。因而，从一定意义上说，传统的教育功能不断减弱，传统社会"长者为尊"的地位已经动摇。"成年代"常会遇到"青年代"的各种反叛和挑战，学校教育的功能也相对缩小。与此同

---

① 黄育馥：《人与社会——社会化问题在美国》，辽宁人民出版社，1986，第13页。

② 周晓虹：《文化反哺：变迁社会中的亲子关系》，《社会学研究》2000年第2期。

时,同龄群体互为楷模、互相影响的情况却日益增强。

(四)"代沟"提高了不同代的人对变迁社会的适应能力

从心理方面而言,和成年人相比,年轻人有着许多独特之处。一是随着智力的发育成熟,年轻人对于事物的看法和思考问题的方法发生了变革,出现了合理的、抽象的和怀疑的思考,但又易于脱离现实,流于空想。二是在青年期,青年人的自我意识开始形成,但他们缺乏与社会条件相协调的思考力、感受力和行动力等,对家庭及社会往往表现出一种抵触情绪,明显表现出过渡阶段的特点。三是青年人的情绪正经历着"疾风和怒涛的时代"("青年心理学之父"霍尔语),表现出强烈、动摇、不协调的特色,因而也正处于人生情绪变化最激烈的时代,常常十分明显地表现出冲动和幻想,经常出现断断续续的不稳定状态。由于青年人心理上的不成熟,在看待或处理同一问题上,和成年人(中年人或老年人)往往存在着严重的分歧以至冲突。代沟所表现出来的"青年代"与"成年代"的分歧和冲突,一方面,可能通过个体心理内部活动过程以及个体间的互动过程促进个体对发展变化的适应;另一方面,在个体心理内部水平上,冲突也可能增强个体的自主性,尤其是让"青年代"逐渐放弃对"成年代"的依赖。

在社会急速变迁的背景下,不同代人由于生活经历、身心特点、知识结构、对传统的态度不同等原因,使他们在新时代、新事物面前具有不同的适应能力和反应态度。相对而言,"成年代"较难适应、应对新事物和新变化,他们面临着新时代的严峻挑战,而且社会变迁的加剧使他们原有的知识经验丧失了绝对权威和传承价值。用米德的话来说,他们成了"时间上的移民"[①]。因此,代沟增强了"成年代"适应发展变化的危机意识,并进而促进"成年代"去尽快适应社会的发展动力。而对"青年代"来说,他们更乐于接受、适应新变化。特别对当代青年来说,他们所处的位置是独特的,古往今来没有任何一代能够像他们一样经历如此巨大而快速的变迁,也没有任何一代能像他们一样了解、经历和吸收在他们眼前发生的如此迅猛的社会变革。由此进一步提高了"青年代"对变迁社会的适应能力。需要指出的是,严重的"代沟"现象将影响不同代人的健康发展,尤其对"青年代"社会化的正常进行将产生直接的影响。

---

① 玛格丽特·米德:《代沟》,曾胡译,光明日报出版社,1988,第72页。

（五）"代沟"影响家庭的代际关系

家庭是社会的细胞和基本单位。良好的家庭氛围和亲子关系对社会稳定和发展有着不可忽视的作用。从家庭代际关系看，"代沟"现象在一定程度上影响着家庭氛围和亲子关系。

代沟对原先以长辈单向权威为特点的、较为稳定的家庭代际关系格局造成一定的震动，有时甚至表现为一种颠覆或解构。代沟在家庭领域往往表现为年轻一代开始经常以审视和质疑的目光看待甚至公开反抗年长一代，原有的亲子关系格局被打破，父母不再是绝对的权威、不再居支配地位。在一些家庭中，"代沟"现象不只表现在父母与子女之间的观念和理解方式上存在差异、分歧、隔阂，甚至有的已经转向了彼此之间的尖锐冲突和对立，彼此无法理解和沟通，恰如米德所描述的，"整个世界处于一个前所未有的局面之中，年轻人和老年人——青少年和所有的比他们年长的人——隔着一条深沟在互相望着"①。不同代人之间横亘着不可逾越的沟壑。这种冲突在现代家庭中变得更为集中和显著，这与社会变迁有关。社会变迁往往通过作用于家庭等层面来影响"代沟"现象的存在与发展。在家庭层面，正如艾森斯塔德所指出的，社会变迁所带来的"各式各样的发展冲击着家庭领域，缩小了它的活动范围和功能，造成了代际的紧张和疏远，其影响程度之大可能是史无前例的"。因为伴随着社会变迁的演进，各种群体和阶层"被纳入相对共同的框架，以及它们之间相互作用的加强，能够极大地增加它们之间的裂痕和冲突。不同的群体更加相互依赖和更加相互了解，不仅增加了它们之间冲突的范围和次数，而且还增大了其感受和强度"②。因此，代沟问题如果激化，则可能使家庭代际关系处于不稳定、不健康的状态，表现为亲子关系不和谐、趋向紧张、亲和度下降以及亲子冲突，甚至激发家庭内部的矛盾和隔阂，产生内耗。与此同时，代沟又推动了家庭内新的代际关系格局的建构。新的代际关系以亲子双方居于相对平等地位的双向权威为特点，更强调两代人双向互动和对话交流，通过协商的方式来解决问题、缓解矛盾、消除分歧。这本身更符合现代社会发展的总体趋势，也有利于代际关系的健康发展。所以说，代沟在给家庭代际关系带来一种危机的同时，又为代际关系的

---

① 玛格丽特·米德：《代沟》，曾胡译，光明日报出版社，1988，第6页。
② S. N. 艾森斯塔德：《现代化：抗拒与变迁》，张旅平、沈原、陈育国、迟刚毅译，中国人民大学出版社，1988，第24~25页。

新发展创造了机遇。

综上所述，代沟对社会变迁与发展、对文化的创新与变革、对社会化的形式与内容、对不同代际的人的社会适应能力、对家庭代际关系等方面都发挥着重要的功能，而这些功能的意义是正面、积极的还是负面、消极的，主要取决于代沟的存在与社会变迁的速度和强度是否协调，取决于其严重程度是否超出社会的承受能力，取决于其表现形式是否超出人们认可和接纳程度等因素的综合考量。就总体而言，现代社会中的代沟是一种具有进步意义的社会现象。具体到当前中国社会转型的背景中，代沟更多地表现为正面、积极的影响意义，中国社会客观存在的"代沟"现象尚处于良性运行状态。[①] 当下中国社会对"80后"群体的各种议论甚至抨击，可以看作在各方面依然掌握控制权与话语权的成年代与徘徊于这些权力的边缘而又急切想掌控它们的年轻代的分歧、隔阂甚至冲突。这些分歧、隔阂或者冲突并不是势不两立的，关键在于不同代际的交流、对话，而且这些交流、对话必须建立在平等的基础上，并多一些理解。唯其如此，才可能对"80后"群体作出一个全新的评价。

第二节 "80后"群体成长的背景

"80后"群体这一概念从最初的用来指代一批正在尝试文学写作的青年，延伸到泛指20世纪80年代出生的所有年轻人，社会各界给予了这个群体太多的关注，这种关注早已超出了文学领域，而渗透到社会的各个层面，而对于他们的评价更是褒贬不一。从生理与年代的角度而言，本书所说的"80后"群体泛指出生于20世纪80年代（1980～1989）、目前年龄介于20～29岁的一代中国青年，至少包括四个特点分明的子群体：在校大学生、城市青年、农村青年和进城务工（农村）青年。就整体而言，"80后"群体成长于改革开放、社会转型、全球化与文化多元化、网络化的时代大背景，造就了这一群体独特的思维方式与行为取向，如思维活跃、个性张扬、富于竞争、敢作敢为、追求成功等。就个体而言，由于具体的成长环境、生活境遇等巨大的差异，使得这个群体内部的异质性也非常鲜

---

① 周怡：《代沟现象的社会学研究》，《社会学研究》1994年第4期。

明。因此，任何对"80 后"群体的关注与评价都必须慎之又慎。由于本书研究的主题是志愿服务，因而我们涉及的"80 后"群体更多的是指在校大学生与城市青年，因为这两个子群体是青年志愿服务的主要参与者。本节我们将描述"80 后"群体整体的成长社会环境，下一节将概括"80 后"群体的特征。在描述与概括的时候，我们尽力呈现"80 后"群体的整体概貌，同时结合本书的研究主题，有重点地对在校大学生与城市青年的成长社会环境与一些特质进行分析，以期对"80 后"群体形成一个全面的、客观的认识与评价。

一　社会转型阵痛中成长的"80 后"

20 世纪 70 年代末，十一届三中全会的召开标志着中国进入了一个新的纪元。改革和开放政策的实施标志着党和国家将工作重点转回"以经济建设为中心"。以 1978 年的改革开放为起点，我国开始了当代社会转型的进程，进入了一个全新的社会转型时期。社会转型实质上是一种特殊的结构性变动，不仅意味着经济结构的转换，同时也意味着其他社会结构层面如机制转轨、利益调整和观念转变等的转换，是一种全面的结构性过渡。社会转型并非只是中国的特色，许多国家在向现代化转变的过程中都经历过这个过程。改革开放 30 年来，我国社会正在经历两个转变：一是从农业的、乡村的、封闭半封闭的传统型社会向工业的、城镇的、开放的现代型社会的转型，这是社会结构的转型。这种社会结构的转型或结构的变迁被一些学者视为总体性的结构转型或结构变迁，即中国由一个总体性社会向一个分化程度较高的社会转变。二是从高度集中的计划经济体制向社会主义市场经济体制转变，这是经济体制的转轨。社会结构转型和经济体制转轨同时并进、相互推动，成为当代中国社会转型的重要特征。"80 后"群体正是伴随中国社会转型过程成长起来的一代新人。在某种程度上可以说，中国社会转型的阵痛孵化了"80 后"，并在他们身上烙下了各种痕迹。

（一）社会结构的转型

历史上，中国一直是个重农抑商的农业国家，以农民和地主两大社会阶级为主体的社会阶级结构几乎没有什么变化。1840 年鸦片战争以后，中国封建的社会结构开始发生变化。洋务运动以后，中国开始有了近代工业，有了新的工人阶级和资产阶级，封建的社会结构开始发生变化。但由于受到列强的侵略压迫和自身的原因，中国沦为半殖民地半封建国家，近代工业发展非常缓慢，社会结构的变迁也很缓慢。1949 年中华人民共和国成立时，我国的社会结构还是以农业人口（即农民）为主体的农业社会结构。在第一个五年经济发展计划开始之际，国家进行了大规模的工业化建设，动员、投入了很多的人力、物力，取得了很大的成绩。但直到 20 世纪 70 年代末期，我国的农业人口在总人口中仍占 80% 以上，基本上还是个农业国家的社会结构。

我国的社会结构真正发生历史性变迁是在 1978 年改革开放之后。自改革开放以来，我国的社会结构发生剧烈、持续、深刻的分化。这种社会结构的分化以两种基本的形式反映出来：一是社会异质性增加，即结构要素如位置、群体、阶层、组织的类别增多；二是社会不平等程度的变化，即结构要素之间差距的拉大。很多学者对我国改革开放前后的社会结构的变化做了细致的研究，基本的看法是中国社会结构的转型在 20 世纪 80 年代尤其是 90 年代以后，以加速度的形式进行，社会结构的分化日趋明显。如孙立平对改革前后中国社会结构的特征进行的研究认为，改革前中国社会是一个分化程度较低、分化速度缓慢、具有较强同质性的社会；自改革开放以来，中国社会结构最根本的变化是由总体性社会向分化性社会的转变，这一转变的根本动因是体制改革。[1] 改革前中国社会的同质性结构特征的主要表现：一是社会的政治中心、意识形态中心、经济中心重合为一，国家与社会合为一体以及资源和权力的高度集中，使国家具有很强的动员与组织能力，但结构较为僵硬、凝滞。二是社会的组织类型和组织方式简单划一，都是按相同的模式建构和统一的方式运行，所有的社会组织，不管是行政的、事业的或经济的、政治的，均由政府控制和管理，均有一定的行政隶属关系和行政级别，并依此从政府那里获得按计划分配的资源。在与国家的关系上，所有社会组织都缺乏独立利益和自主权。三是改革前中国社会结构的明显分化是城乡两大社会群体和城市内干部、知识分子和工人群体间的划分。这种分化不仅是职业和阶层的差异，更是一种身份等级的差异，其最主要的特征是身份等级间界限分明、进出规则清晰。一旦具有某种身份就很难改变。与身份之间较强异质性和不平等相反，身份内各社会成员间具有很高的同质性和平等性。社会成员间有限的

---

[1] 孙立平：《转型与断裂：改革以来中国社会结构的变迁》，清华大学出版社，2004，第 4 ～ 9 页。

分化不是"自制性"分化，而是带有很强的"先赋性"色彩。对个人位置具有决定性意义的不是职业、地位、所属组织或群体，而主要是身份。个人位置在各方面是高度整合的，即身份的差异与收入、声望、权力上的差异同构。而自1978年开始的改革开放，使中国社会的结构出现分化，并体现出与之前的社会结构不同的一些特征。一是始于农村"包产到户"的体制改革推动了农村工业化的迅速兴起和蓬勃发展，导致农村原同质均等的社会结构发生剧烈的分化，新的角色群体和组织大量涌现，如乡镇企业家、乡镇企业工人和新的合作企业、私营企业等。城乡原来就存在的社会结构的二元特征决定了城市社会结构的分化过程不同于农村，城市社会分化主要是体制内外的分化。改革后城市社会分化首先发生在原体制的最边缘部分，一部分处于体制边缘的社会力量率先从体制内分化出来，如个体工商业者、民营企业、三资企业等。随着分化从体制边缘向体制中心部分不断推进，体制外力量不断增强，它们以不同于体制内的规则和方式组织与运行，这一过程一方面不断地受到体制内社会分化的影响，另一方面也不断地受到农村社会分化的影响。一些横跨两个体制和城乡两大社会系统的交叉性群体和边缘群体大量出现，如个体户、进城务工的农民工等。二是改革后随着各类社会主体（个人、组织、政府）自主权的扩大和利益的明确化，原由行政级别和身份等级决定的等级式社会分化逐渐转变成一种由类属和单位边界决定的团块式分化，决定社会成员地位与利益差异的原等级要素，如所有制类型、家庭阶级出身、政治身份、行政级别等的作用大大削弱，而个人所在单位和社区的发展状况，个人所属职业类别和部门等集团性要素的作用增加。三是与改革前相比，改革开放后中国社会结构的分化速度大大加快，分化程度大大加深，但不同地区、不同社会系统、不同社会群体间在分化速度和分化程度上有着很大的差异，例如沿海地区分化速度快于中西部地区，经济系统的分化快于权力结构的分化，农民群体的分化大于城市居民群体的分化等。这种不平衡分化导致整个社会原相似同构的社会结构多样化，以及原高度整合的三大结构，即收入、权力与职业声望结构的错位，社会成员的各类社会位置间的整合程度也因而大大降低。社会结构形态的多样化和各类社会结构的错位增加了社会结构的张力，并因而增加了结构整合的难度。四是在大多数市场国家，社会成员按劳动分工的需求在市场的作用下分化与组合，社会结构的分化主要体现为一种功能分化。改革后，我国社会结构的分化一方面体现了这种功能分化的过程,如国家与社会职能的分化,党政、政企职能的分化,以及职能单一化、专门化组织的发展等。另一方面,由于现阶段我国的社会分化主要是体制变革的结果,而体制改革的核心内容之一是利益的重新分配与调整,从而结构分化在很大程度上体现为一种利益分化,政策因素在其中起着重要作用。因此,中国社会结构的变迁出现一种矛盾的现象,即社会结构在改革后发生了剧烈而深刻的分化,但各类社会组织不但没有随着分化程度的加深和速度的加快使其功能更加专门化、单一化,反而出现了全面"经济化"或"企业化"的趋势。功能分化对社会结构的影响主要是增加异质性,而利益分化则主要是扩大不平等,改革后,中国社会结构分化中利益作用使得结构的纵向分化快于横向分化。通过对中国社会结构的分化的深度考察,孙立平进一步提出,自20世纪90年代以来,中国社会已经发生了一些非常重要的、根本性的变化。这些变化使得20世纪90年代以来的中国社会成为一个与80年代非常不同的社会。这个新社会是在"资源重新聚集"的基础上形成的,是政治、经济和技术精英结盟的结果,它导致了政治、经济和权力的高度集中以及大量社会成员的边缘化。社会的不同部分之间出现了结构的断裂,这种断裂表现为城乡断裂、城市不同部分之间的断裂等,其基本特征是,在一个社会中,几个时代的成分并存,相互之间缺乏有机的联系。①

社会结构的转型或断裂的最为明显的表征就是当前中国社会成为一个阶层分化越来越明显的社会,很多学者认为阶层分化是当前中国社会结构的主要特点。陆学艺主持的"当代中国社会结构变迁研究"课题组提出了一个以职业分类为基础,以组织资源、经济资源和文化资源的占有状况为标准的社会分层理论框架把社会成员分为十个阶层,即国家与社会管理者阶层、经理人员阶层、私营企业主阶层、专业技术人员阶层、办事人员阶层、个体工商户阶层、商业服务业人员阶层、产业工人阶层、农业劳动者阶层、城乡无业半失业者阶层,该研究认为,我国已经形成了现代社会结构的雏形,而且各阶层之间的位序也基本确立。② 李强则根据改革以来人们利益获得和利益受损的状况,将社会成员分为四个利益群体或利益集团,即特殊获益者群体、普通获益者群体、利益相对受损群体

---

① 孙立平:《转型与断裂:改革以来中国社会结构的变迁》,清华大学出版社,2004,第77~134页。

② 陆学艺主编《当代中国社会阶层研究报告》,社会科学文献出版社,2002。

和社会底层群体。① 李路路提出了阶层相对关系在制度转型过程中的"双重再生产模式",指出那些在过去占有优势地位的群体,其优势地位在社会转型中仍得以保持或延续,在参考了其他阶层框架的基础上,把社会成员分成了五个阶层,即权力优势阶层,一般管理人员/办事人员阶层,专业技术人员阶层,工人、农民阶层和自雇佣阶层。② 不管采用的是哪种分类法,都充分说明了一个基本的事实,即自改革开放以来,以职业的分化为基础,社会成员逐渐分化为地位不同的社会阶层,不同阶层在社会声望、社会地位、教育程度、收入等方面都有了比较明显的分化。

概言之,伴随改革开放的推进,中国当前的社会结构的各要素发生了很大的转变,社会结构的弹性增强,社会分化程度加深,阶层分化日益明显。就业结构、职业结构、阶层结构、城乡结构等领域的显著变化表明,改革开放以来,中国的社会结构已从农业的、乡村的、封闭半封闭的传统型社会向工业的、城镇的、开放的现代型社会转型,现代社会结构的雏形已显现。

(二) 经济体制的转轨

中国的社会转型具有社会结构转型和经济体制转轨紧密结合、齐头并进的特点,经济体制改革与转轨成为社会结构转型最直接的动因。中国的经济体制改革与转轨,一方面是由政府发动的,另一方面是以市场为取向,改革的直接表现就是市场作用的扩大,政府和市场紧密地结合在一起。政府与市场的双重启动,从而使得社会结构转型成为一种不可抗逆的趋势。

自 1978 年十一届三中全会以来,中国改革已经走过 30 多个年头,已实现了改革的第一步目标,即初步建立社会主义市场经济体制。中国经济体制改革与转轨的基本历程可以大致概括为四个阶段:一是改革的起步阶段。1978 年 12 月,中共十一届三中全会,拉开了中国经济改革的序幕。随后近 6 年的时间里,改革的重点在农村。家庭联产承包责任制逐步取代人民公社制,大大调动了农民的积极性。在城市,主要进行了企业改革试点,扩大企业经营自主权。同时,创建经济特区,开放 14 个沿海城市,开

---

① 李强:《中国社会分层结构的新变化》,载汝信、陆学艺、李培林主编《2002 年:中国社会形势分析与预测》,社会科学文献出版社,2002。

② 李路路:《制度转型与社会分层结构的变迁——阶层相对关系模式的"双重再生产"》,《中国社会科学》2002 年第 6 期。

始用引进外资的办法，加快开发中国的劳动资源。二是改革的展开阶段。1984年10月，党的十二届三中全会通过《中共中央关于经济体制改革的决定》，标志着改革的重点转向城市。国有企业成为整个改革的中心环节，价格改革是关键，培育和发展市场是突破口。改革由经济领域扩展到科技、教育等社会各个领域。对外开放进一步扩大，开放了珠江三角洲、长江三角洲和闽南三角地带。三是初步建立社会主义市场经济体制阶段。建立社会主义市场经济体制是1992年在邓小平南方讲话精神指导下确定的。1992年10月，中共十四大明确提出，中国经济体制改革的目标是建立社会主义市场经济体制。随后的几年，中国按照建立社会主义市场经济体制的目标，大幅度地改革了财政体制、金融体制、外汇管理体制等宏观经济体制。1997年9月，党的十五大提出，公有制为主体、多种所有制经济共同发展，是中国社会主义初级阶段的一项基本经济制度。调整和完善所有制结构，成为经济改革的首要任务。四是逐步完善社会主义市场经济体制阶段。2002年11月，党的十六大提出，21世纪头20年对中国来说，是一个必须紧紧抓住，并且可以大有作为的重要战略机遇期。这一时期的战略目标是全面建设惠及十几亿人口的更高水平的小康社会。2003年10月，党的十六届三中全会以后，中国进入了以完善社会主义市场经济体制为目标的改革，以进一步解放和发展生产力，为经济发展和社会全面进步注入强大动力。党的十七大明确提出，今后要继续努力奋斗，确保到2020年实现全面建成小康社会的奋斗目标。

改革开放30多年来，中国经济取得了长足的发展。国民生产总值从1979年的3624亿元增长到2003年的11.9万亿元，扣除价格因素，增长了8.4倍。《中华人民共和国国民经济和社会发展第十一个五年规划纲要》显示，2005年实现国内生产总值18.2万亿元，预期到2010年实现国内生产总值26.1万亿元。与此同时，改革取得了明显的成效，初步建立了社会主义市场经济的基本框架，其主要标志，一是以公有制为主体、多种所有制经济共同发展的格局基本形成。改革开放以前，中国经济基本上是单一的公有制经济。1997年，党的十五大进一步提出，"公有制为主体、多种所有制经济共同发展，是中国社会主义初级阶段的一项基本经济制度"。通过积极调整和完善所有制结构，各种所有制经济在国民经济中的比重发生了深刻变化。非公有制经济已经成为中国国民经济的重要力量。二是市场配置资源的基础性作用明显增强。目前在社会商品零售环节，政府定价与政府指导价所占比重越来越少，而市场调节价所占比重已高达 90% 以上。三是国有企业改革加快。坚持建立现代企业制度的方向，按照"产权清晰、权责明确、政企分开、管理科学"的要求，经过试点，使企业向适应市场的法人实体和竞争主体转变。四是社会主义市场经济宏观调控体系框架初步形成。计划、投资、财税、金融、外贸、外汇等方面的改革，取得了重大突破。国家基本上取消了指令性计划，国民经济和社会发展计划突出了宏观性、战略性和政策性，只规定经济增长速度、价格总水平、固定资产投资、财政收支、货币供应、国际收支、人口和就业等预期性指标。政府管理经济的方式逐步转变为以经济和法律手段为主的间接调控。五是社会保障体系建设取得积极进展。重点在城镇进行了社会统筹与个人账户相结合的养老、医疗保险制度改革。

总体而言，经过 30 多年的改革，中国的经济体制逐步从高度集中的计划经济体制向市场经济体制转变，并初步建立了中国特色的社会主义市场经济体制。当然，经济体制的改革与转轨也带来不少严重的社会问题与矛盾。下面提及的仅仅是与人们的生活息息相关，而且是可以切身感到的三个问题或矛盾。一是国民经济的发展、GDP 的增长未能带来就业的大幅度增长，不仅进城务工的农民工，而且城镇居民就业难度增大。一些国有企业员工在改制、重组中被裁员或买断工龄，成为下岗、失业人员。人们对就业前景并不乐观，在经济增长的同时缺乏幸福感和安全感。二是贫富分化日益加剧，形成弱势群体严重的挫折感和绝望感。改革开放之初提出"允许一部分人先富起来"，是针对平均主义和普遍贫困的现状而言的，是给有能力和勤劳的人们提供一个发挥创造力的空间。与改革初期相比，改革开放 30 多年来，我国社会出现了强势群体（即孙立平先生所说的"精英阶层"及其联盟）和弱势群体的明显分化，强势群体虽然人数不多，但是由于掌握重要权力或者占有大量的财富资源，不仅能够很好地维护自身利益，而且还能够通过各种手段影响改革决策，使规则的制定朝着对自己有利的方向发展。与此相对应的是，人数众多的农民和下岗失业人员等，维护自身权益的能力异常低下，在规则形成的过程中常常成为牺牲的对象。而且，弱势群体和强势群体也出现了定型化的趋势，即陆学艺先生所言的"各阶层之间的位序基本确立"。三是中国不同社会阶层不仅已基本定型化，而且不同阶层的贫富差距在不断地扩大。有资料显示，当前中国城乡居民的实际收入差距估计已达到 6∶1，成为世界上城乡收入差距最大的国家之一。目前中国实际基尼系数已接近 0.5，属于世界上收入分配不公比较严重的国家之一。国际经验证明，当人均 GDP 处于 1000 美元到 3000 美元的阶段，既是一个持续的、快速的经济增长时期，又是一个经济结构、社会结构急剧变动的时期。而更为严峻的挑战在于，由中国社会结构转型与经济体制转轨所引起的这些社会问题有逐步扩大的趋势。要有效地化解因社会转型而带来的社会矛盾和社会失衡，需要真正落实科学发展观，对经济、社会的发展目标进行全面的审视，即从重经济发展、轻社会发展的改革思路向以人为本、经济与社会协调发展的改革思路转变，从效率优先、兼顾公平的改革思路向效率与公平并重的改革思路转变，从而实现经济与社会全面、协调、可持续的和谐发展，最终使全体人民走向共同富裕。

改革开放是中国历史上前所未有的壮举。"80后"群体出生与成长在中国社会结构转型与经济体制转轨的社会转型阶段，这是他们的父辈未曾经历的一个崭新的时代。"80后"群体目睹甚至可能经历了社会转型所带来的阶层结构的分化、贫富差距的拉大、下岗失业的压力等社会矛盾，无疑会对他们的价值观念、心理素质、行为取向的形成产生巨大的影响。而改革开放以来，中国政府先后制定的几个政策或决议则与"80后"群体密切相关，对"80后"群体的生活、学习、工作产生直接而深刻的影响，甚至可以说在很大程度上塑造了这个群体的一些特征，甚至改变了他们中一些人的命运。一是计划生育政策。自新中国成立后，国家就制定了相关的生育政策，但 1982 年 9 月召开的党的十二大把计划生育定为中国的基本国策，同年 11 月召开的五届人大常委会第五次会议通过的新宪法又明确地规定"国家推行计划生育""夫妻双方都有实行计划生育的义务"，其结果是使"80后"群体中的很多人成为第一代独生子女，从小生活在没有兄弟姐妹的家庭环境中，成为"孤独"的宝贝。二是高等教育收费政策。从新中国成立到 20 世纪 80 年代初期，我国的高等教育一直执行的是免费政策。1985 年中共中央颁发了《中共中央关于教育体制改革的决定》，提出高等教育"可以在计划外招收少量自费生，学生应交纳一定数量的培养费"。从此，开始实行高等教育收费双轨制，对部分自费生、委培生和定向生收取学费。1997 年全面并轨后，大学免费教育成为历史。各地高校向学生收取的学费也逐年提高，1997 年基本在 3000 元，2000 年后普遍超过 4000 元，最近几年普遍超过 6000 元以上。在"80后"群体中，凡接受过高等教育的人，几乎很少有人不是自费上学的。而一些人（主要是农村及边远地区中小城镇的学生）由于家境贫困即便考上大学也被迫放弃升学机会。三是高等学校扩大招生政策。1999 年高等教育扩招，堪称中国高等教育的一个分水岭。教育部原计划在当年增扩 22 万人，出于社会发展形势的需要，在原基础上再次增加 29 万人。在 1998 年招生 108 万人的基础上，高校扩招 51 万多人，扩招幅度达到 47%，一直稳步发展的中国高等教育开始了跨越式发展的历程。扩招四年之后的 2003 年，全国普通高校毕业生达到了 187.75 万人，比 2002 年增加了 40.4%。2008 年，我国在校大学生规模达 2000 多万。高等教育毛入学率从不到 10% 上升到 2002 年的 15%。2007 年，我国高等教育毛入学率达 23%。高等教育从以往的精英教育蜕变为大众教育。高校扩招一方面使更多的 "80 后" 群体有机会接受高等教育，但另一方面也使大学生就业难的问题更为凸显出来，"毕业即失业" 成为相当一部分 "80 后" 大学生不得不面对的尴尬现实。

二 多元文化浸泡中成长的 "80 后"

当今时代是一个全球化加速推进的时代。顺应历史发展潮流，积极参与全球化，全面建设小康社会，实现现代化，是中华民族走向复兴之路的理性选择。自改革开放以来，中国在社会、经济、政治、文化等领域开始了全面的转型。而全球化的推进在为我国各领域的发展带来机遇的同时，也面临更为复杂的局面与巨大的挑战。"全球化并不以公平的方式发展，它所带来的结果也不全是良性的。"[①] 文化作为一个民族深层的心理结构和价值取向，是以本民族在文化的实践活动为土壤的，具有鲜明的民族特质和地域特征。尽管从理论上而言，人们承认在全球化时代，民族的、地域的、本土的文化要走出原有的封闭状态而向世界文化开放，然而，这种开放将使民族文化始终面对着外来文化的冲击而陷入 "两难" 困境，如固守民族文化阵地以维护民族特色，只能因循传统轨道而难以跟上时代的发展节奏；若听任多元文化交融又不能保持民族文化的 "纯粹性"，则可能会导致传统的 "断裂"，甚至是民族性的失落。乐观的看法认为，文化并非完全主观的选择，文化的发展自有其内在的逻辑，在交融中发展、在传统的 "断裂" 中激变，是文化发展不可阻挡的趋势，多元文化的交流碰撞已

---

① 吉登斯：《失控的世界：全球化如何重塑我们的生活》，周红云译，江西人民出版社，2001，第 1~15 页。

成为全球化时代一个显著的特征。处在世界多元文化发展状态中的中国文化在同西方文化的交流碰撞中,传统观念在多元文化共存共荣、平等发展的环境中受到巨大冲击。"中国社会转型的历史时期,带来了前所未有的文明冲突和文化碰撞,它使得原本应以历时的形态依次出现的农业文明、工业文明和后工业文明及其基本的文化精神在中国的嬗变和演进,由于中国置身于开放的世界体系之中而转化为共时性的存在状态。"① 在这种共时性的存在状态中,需要特别关注的是,全球化浪潮所带来的多元文化的勃兴对我国社会的主流文化价值观念与价值体系可能造成的冲击甚至破坏性的后果。前面对"80后"群体成长的社会转型背景进行了概述,接下来,我们将介绍"80后"群体成长的多元文化背景,主要集中在消费主义文化与网络文化上,它们对"80后"群体特征的塑造产生了重要的影响。

(一)消费主义文化的渗透

波德里亚在其所著的《消费社会》一书开篇就写道:"今天,在我们的周围,存在着一种由不断增长的物、服务和物质财富所构成的惊人的消费和丰盛现象。它构成了人类自然环境中的一种根本变化。恰当地说,富裕的人们不再像过去那样受到人的包围,而是受到物的包围。"他继续描述,"我们生活在物的时代:我是说,我们根据它们的节奏和不断替代的显示而生活着。在以往的所有文明中,能够在一代一代人之后存在下来的是物,是经久不衰的工具或建筑物,而今天,看到物的产生、完善与消亡的却是我们自己"② 波德里亚在这里所描述的就是当时西方消费社会的景观,以及对消费主义文化所带来的西方人文精神丧失在这种"物体系"中的焦虑。

简单而言,消费主义文化是指 20 世纪二三十年代在美国开始出现并逐渐盛行起来的一种生活方式、社会文化现象和价值观念体系。我国人文社会科学工作者在探讨源自西方的消费主义文化的含义时有不同的理解。在社会学视野中,消费主义文化是被作为一种生活方式和文化意识形态加以定义的。《消费主义文化的符号特征与大众传播》一文作者认为,"消费主义是一种全球性文化—意识形态,是指一种生活方式"③。黄平认为:"消

---

① 奚洁人、陈章亮主编《马克思主义哲学与中国社会主义发展》,上海交通大学出版社,2000,第 122 页。

② 让·波德里亚:《消费社会》,刘成富、全志钢译,南京大学出版社,2001,第 1~2 页。

③ 杨魁:《消费主义文化的符号特征与大众传播》,《兰州大学学报》2003 年第 1 期。

费主义是指这样一种生活方式：消费的目的不是为了实际需要的满足，而是不断追求被制造出来、被刺激起来的欲望的满足。换句话说，人们所消费的，不是商品和服务的使用价值，而是它们的符号象征意义。"并认为消费主义所制造出来的"需求"使人们（也就是通常意义上的消费者）总是处在一种"欲购情结"（buying mood）之中，从而无止境地追求高档商品符号所代表的生活方式①。陈昕对消费主义的界定强调文化的重要性，认为"消费主义是指这样一种生活方式：消费的目的不是为了传统意义上实际生存需要（needs）的满足，而是为了被现代文化刺激起来的欲望（wants）的满足。换句话说，人们消费的不是商品和服务的使用价值，而是它们在一种文化中的符号象征价值"。同时认为这种消费主义就是莱斯理·斯克莱尔文本中的消费主义文化—意识形态②。因此，从宽泛的意义上而言，消费主义文化不仅是指人们的一种价值观念以及在这种观念支配下的消费生活方式及行为实践活动，还是一种已经或正在全球获得正当性和合法性的文化意识形态。一方面，消费主义文化既不是一种单纯的价值观念，也不是一种单纯的行为实践，而是两者的结合，其基本特征就是把对物质的占有和消耗甚至浪费当作人生的终极目标去追求。这种物质指向的消费并没有排除人类精神的需求，相反，消费主义文化使得消费本身变成一种精神的需要，"人们似乎是为商品而生活。小轿车、高清晰度的传真装置、错层式的家庭住宅以及厨房设备成了人们生活的灵魂"③。另一方面，作为一种文化意识形态，消费主义采取共同利益或公共利益的形式向消费者社会中的大众灌输"不消费就衰退"④ 的神话，刺激他们本已高涨的消费欲望或"虚假的需要"（马尔库塞语），真实的动机是维持资本增值的逻辑。

本真意义上的消费不过是消费商品本身的使用价值而已。而消费主义文化作为一种文化意识形态，与人们通常所理解的经济学意义上的消费是完全不同的。消费主义文化指向的是一种生活方式和文化意识形态，人们

① 黄平：《生活方式与消费文化》，转引自陈昕《赎救与消费——当代中国日常生活中的消费主义》，江苏人民出版社，2003，"序言"第7页。
② 陈昕：《赎救与消费——当代中国日常生活中的消费主义》，江苏人民出版社，2003，第7页。
③ 马尔库塞：《单向度的人》，刘继译，上海译文出版社，2006，第10页。
④ 艾伦·杜宁：《多少算够：消费社会与地球未来》，毕聿译，吉林人民出版社，1997，第75~84页。

进行消费的目的不是单纯为了满足实际生活的需要，而是不断追求被众多企业、商业经营者和媒体故意制造出来、刺激起来的物质和精神欲望的满足，即"虚假的需要"。贝尔指出："资产阶级社会与众不同的特征是，它所要满足的不是需要，而是欲求。欲求超过了生理本能，进入心理层次，它因而是无限的要求。"① 在消费主义文化的影响和支配下，人们不再把消费看作满足日常生活需要的一个必要环节，而是要将其当作人生的根本意义之所在。因此，作为一种特定含义的生活方式和文化意识形态的消费主义文化就绝不仅仅是消费本身，而是一种价值观念。

消费主义文化在20世纪二三十年代的美国出现之后，五六十年代开始向西欧、日本等国家扩散，70年代后法国、德国和英国也相继加入。随着全球化浪潮的冲击，起源并盛行于西方发达国家的消费主义文化以其感性而鲜明的特征吸引着不发达国家的人们。消费主义文化得以在全球迅速传播，一方面得益于20世纪80年代以来文化工业的崛起以及随之而来的大众文化的繁荣，另一方面是资本主义意识形态的需要与资本的逻辑增值的驱动。斯克莱尔指出，"消费主义是为全球资本主义体系服务的，这个体系在二十世纪的大部分时间内由受美国所驯化的跨国公司所支配。正是对资本主义企业产品的消费永恒增长这样一个动态过程，贯穿了它各个个体单元最大限度地获取利润的运作，从而维持着整个资本主义体系，丝毫不顾它会对这个星球带来什么后果。全球资本主义体系在第三世界有一个特别的任务，就是向人们推销消费主义……"② 在消费主义文化强大的示范和诱导作用下，发展中国家的那些传统的、民族化的消费生活方式就逐步转变为一种现代化、全球性的消费生活方式。

20世纪80年代以来，借对外开放之机，西方消费主义文化伴随着跨国公司的商品、广告、代理人和机构陆续进入中国，日益渗透到中国社会大众的日常生活领域。"就在短短的几年前，绝大多数国人甚至不曾见过的20世纪七八十年代在高收入国家有代表性的十几种高档耐用消费品（电视机、洗衣机、录音机），不到十年的时间已经在我国城乡基本普及。进入90年代以后，国人的高消费场面蔚为壮观，高档居室装修热、高档音

---

① 丹尼尔·贝尔：《资本主义的文化矛盾》，赵一凡等译，三联书店，1989，第68页。

② 莱斯理·斯克莱尔：《全球体系的社会学》，第五章 "文化帝国主义与在第三世界的消费主义文化意识形态"。转引自中国新媒体艺术网，http://www.nma.cn/Get/ddgjyszt/2005-4/24/241726267845.htm。

响热、大屏幕彩电热、空调热、电话热、激光影碟热、名牌服装热甚至私人住房热都持续大幅升温。……随着经济的增长，中国社会正在以特殊的方式迅速进入'消费社会'。……源于西方社会尤其是战后美国社会的消费文化正在渗透到中国城乡社会的日常生活领域。"① 一些经验研究尝试对消费主义在我国的发展倾向与程度作出判断，尽管调查数据得出的结果有差异，但消费主义文化在我国的蔓延却是不争的事实。②

英国学者汤林森指出："资本主义文化的扩散等同于消费主义文化的张扬：这样一种文化，将使得所有文化体验都卷入到商品化的旋涡。"③ 生活方式本质上是从属于一定社会意识形态范畴的，因此，对西方消费主义文化的接受就意味着对支撑这种生活方式和文化意识形态的西方资本主义的价值观念、思想意识的认同。西方消费主义文化的影响是感性而深刻的，一旦接受就难以摆脱。正如马克思和恩格斯所指出的，"资产阶级商品低廉的价格，是它用来摧毁一切万里长城、征服野蛮人最顽强的仇外心理的重炮。它迫使一切民族——如果它们不想灭亡的话——采用资产阶级的生产方式；它迫使它们在自己那里推行所谓文明制度，即变成资产者。一句话，它要按照自己的面貌为自己创造出一个世界"④。自20世纪80年代尤其是21世纪以来，以介绍和宣传西方发达国家生活方式为核心内容的各种媒体，在向国人展示西方发达国家的休闲、娱乐、饮食、服饰等消费行为方式、消费主义文化的同时，也在客观上诱导并刺激了相当多的中国人对各类物质享受的欲望，并由此引发和导致了他们对人生理想、价值观念等问题的重新思考和理解。"消费主义文化对人们的影响从物质层面上进而深入到其观念和行为之中。消费主义文化在日常生活领域中的渗透，必然对社会主义意识形态造成强烈的冲击，构成严峻的挑战。"⑤

---

① 陈昕：《赎救与消费——当代中国日常生活中的消费主义》，江苏人民出版社，2003，第3~13页。

② 参见刘俊彦著《消费主义思潮与青少年思想道德建设》（《中国青年政治学院学报》2006年第1期）、陈昕著《赎救与消费》（江苏人民出版社，2003，第136~137页）、郑红娥著《社会转型与消费革命》（北京大学出版社，2006，第290~291页）以及新生代市场监测机构发布的《2004中国大学生消费与生活形态研究报告》等。

③ 汤林森：《文化帝国主义》，冯建三译，上海人民出版社，1996，第53页。

④ 中共中央马恩列斯著作编译局：《马克思恩格斯选集》第1卷，人民出版社，1995，第255页。

⑤ 岳书亮、李德：《消费主义文化的全球化及其对我国的渗透与危害》，《晋阳学刊》2004年第3期。

"80后"群体出生、成长阶段正是西方消费主义文化向中国不断渗透的时期，其中相当多的青少年尤其是城市青少年吃的是麦当劳，喝的是可口可乐或百事可乐，穿的是耐克或阿迪达斯，看的是好莱坞大片，听的是hip-hop或其他西方流行音乐，日常生活方式西化趋势很明显。更为主要的是，中国的大众传播媒体和新兴的网络媒体的娱乐化倾向与消费主义倾向越来越明显，不断地传播着消费主义文化所宣扬的高消费、奢侈消费的信息与广告。可以想象，在消费主义文化无孔不入的当下社会，"80后"群体的思想意识、价值观念、生活方式、行为取向等都可能（应该说是肯定）会受到影响，在潜移默化中就接受了西方资本主义的文化意识形态，从而影响"80后"群体树立正确的人生观、价值观。尤为严重的是，中国的主流价值体系和社会主义意识形态极有可能被耳濡目染、盲目崇拜和效仿消费主义文化的"80后"群体消解掉，果真如此，那就是社会的悲哀了，因为"一定的意识形态的解体足以使整个时代覆灭"①。

（二）网络文化的发展

美国未来学家托夫勒在《第三次浪潮》中写道："一枚信息炸弹正在我们中间爆炸，这是一枚形象的榴霰弹，像倾盆大雨向我们袭来，急剧地改变着我们每个人内心世界据以感觉和行动的方式……也在改变着我们的心理。"② 尼葛洛庞帝宣言"数字化生存"的到来，并指出，"我们无法否定数字化时代的存在，也无法阻止数字化时代的前进，就像我们无法对抗大自然的力量一样。数字化生存有四个强有力的特质，将会为其带来最后的胜利。这四个特质是：分散权力、全球化、追求和谐和赋予权力"③。从目前的发展趋势看，这些预言与远见已经成为现实，互联网在全球范围内以惊人的速度得到发展，以致有人迫不及待地宣布人类社会已经迈入了网络社会。④ 以互联网为核心的信息与通信技术（ICTs）的普及与应用以及

---

① 中共中央马恩列斯著作编译局：《马克思恩格斯全集》第46卷（下），人民出版社，1979，第35页。

② 托夫勒：《第三次浪潮》，朱志焱等译，三联书店，1984，第229页。

③ 尼葛洛庞帝：《数字化生存》，胡泳、范海燕译，海南出版社，1997，第269页。

④ 卡斯特：《网络社会的崛起》，夏铸九、王志弘等译，社会科学文献出版社，2006，第434页。但也有人质疑存在一个所谓的"网络社会"或"信息社会"，如 Frank Webster（*Theories of the Information*，*3rd ed.*，*2006*）、Christopher May（*The Information Society：A Sceptical View*，*2002*）等。

网络社会的兴起，被看作 20 世纪后半期最具经济、社会、政治、文化影响与意义的社会事件之一。信息与通信技术已经与人们的日常工作、学习和生活息息相关，正以惊人的速度进入人类社会的日常生活实践中。从微观的层面而言，信息与通信技术尤其是互联网的发展，不仅为个人提供了交往与传播的新技术和新媒体，而且为个人提供了一种全新的开放式交往与互动的平台；从宏观的层面而言，它的发展可能引起人类的经济、社会、政治和文化的整体性转型与重构。卡斯特通过详细的史料与事实的描述与分析指出，信息与通信技术的发展正在创造出一个网络社会，其中无论是公司企业和个人，都可以从新的信息与通信技术的传播力量中获益匪浅。"作为一种历史趋势，信息时代的支配性功能与过程日益以网络组织起来。网络建构了我们社会的新社会形态，而网络化逻辑的扩散实质性地改变了生产、经验、权力与文化过程中的操作和结果。虽然社会组织的网络形式已经存在于其他时空中，新信息技术范式却为其渗透扩张遍及整个社会结构提供了物质基础。"① 奥维尔指出，一个全球范围内的知识与信息社会正伴随着世界全球化的进程而诞生，知识与信息已经逐渐成为生产与服务领域至关重要的因素，影响着国际上劳动力分布，决定着企业竞争力和整个经济的发展，产生新的增长模式，并在这一进程中催生着新产品、新就业机会和新的生活方式。② 伴随互联网的发展和网络社会的出现一起到来的是一种新型的文化形态，即网络文化的诞生。

网络文化是建立在 Internet 基础上的一种不分国界、不分地区的信息文化形态。它是以计算机技术和通信技术的融合为物质基础，以虚拟的赛博空间为主要传播领域，以网络使用者（网民）为主体，以发送和接收信息为核心，以加强沟通为直接目的，以数字化为基本技术手段，为人类创造出来的一种新的生存方式、活动方式和思维方式。从狭义的角度看，网络文化是将知识和信息以计算机可以识别的代码形式记录下来，并且通过互联网进行传播和交流；从广义的角度看，网络文化是以计算机网络技术为媒介与支撑的、基于信息传递所衍生的特殊文化传播活动及其产物的综

---

① 卡斯特：《网络社会的崛起》，夏铸九、王志弘等译，社会科学文献出版社，2006，第 434 页。

② D'Orville, Hans, "Towards the Global Knowledge and Information Society: The Challenges for Development Cooperation," Retrieved November 1, 2006, from http：//www. undp. org/ public/pb – challenge. html. 2000.

合体。可以说,网络文化是信息社会或者说网络社会时代人类的一种新的文化形态和媒体形式,是人类文化传播与信息交流的一次崭新的、历史性的飞跃。

作为信息时代和知识经济时代的新型文化形态,网络文化除具有文化的一般特征外,还具有一些其他的特征。一是网络文化具有技术基础性的特征,是一种数字化与多媒体化的高科技文化。从人类传播的历史可以发现,每一次传播介质的创新,都会带来传播方式的变革与文化的巨大发展,而且越是新型的传播介质,对技术的依赖性就越强。在这一点上,网络文化已经发展到了一个更高的层次,是以网络技术为支撑的高科技文化。技术化特征规定了网络文化活动必须遵守既定的技术规则,而技术的进步又会进一步推动网络文化活动的范围。技术特征保证了网络文化在传播功能上的优越性,既便于大量存储又便于迅速传播,还可以实现多媒体传播,从而使信息的传播更形象生动、更富娱乐性,极大地提高了网络吸引力。二是网络文化具有虚拟性特征。在数字化过程中,现实的客观世界被转换成了数字化的信息,从而赋予了网络文化虚拟性的特征,使文化以虚拟的方式呈现出来。这是人类文化直接基于技术进步而创生的文化新特征。网络文化世界是一个虚拟的世界,不仅是文化信息的虚拟,更重要的是文化主体的虚拟化和文化活动的虚拟化。在虚拟文化世界中,任何个体都可以以匿名的、虚构的身份甚至多重的角色表现自我并与其他人或群体进行文化交流。在虚拟的语境中,其言说的内容也可能是虚拟的。三是网络文化具有多元一体的开放性。"从传播的视点来看,文化可以界定为连接并且给予特定时间特定人群以共同身份的那些共享符号复合体,知识、民间习俗、语言、信息处理模式、规则、仪式、习惯、生活方式和态度的复合体。"[①] 因此,文化与区域、民族是不可分割的。但是,由于互联网的传播超越了地理位置的界限,压缩了文化传播的物理空间,所以,在网络文化的环境中,因不同的历史、地理、政治等因素而形成的不同文化都处于同一个交流平台,以地域特征的传统文化将走向全球,也必将接受来自全球的文化冲击。不同的文化在网络中传播、碰撞、交融,生成新的文化。网络中众多参与者的活动也构成和创造新的网络文化。四是网络文化具有平等性和交互性的特征。

---

① Brent D. Ruben, *Communication and Human Behavior*, New Jersey: Prentice Hall, 1992, p. 413.

无中心散布式的网络结构使平等自由的思想交流成为可能。在互联网上，任何组织和个人都有权力发布信息。网络为普通的个人提供了新的话语空间，赋予了他们面向他人和公众的话语权力，这使普通大众获得了空前的表达自我的权利。平等的交往关系为主体间的互动提供了前提，广泛的交往对象为互动提供了可选择的互动对象。网络互动的交往模式打破了传者和受者的严格区分，突破了信息单向流动方式，扩大了交往的范围，消除了信息反馈的滞后性，为交往的深入提供了条件。互联网络实现了一对一、一对多和多对多的互动关系，远距离的即时互动成就了网络文化独特的魅力。五是网络文化具有丰富性和共享性的特征。网络文化的形式和内容都十分丰富，尤其是内容的丰富性是无可比拟的，涵盖范围广泛。但是由于信息来源的复杂性和信息发布基本不受控制，网络信息资源所包含的文化观念和价值取向呈现出极大的异质性。另外，网络文化以数字化的方式存在，复制、传播成本的低廉和分享人数的众多，使资源利用成本不断降低。大多数网络资源的免费使用是网络的一大特征，而且，网络资源与信息价值的高低同使用者数量及使用次数有着密切的关系，此外在使用的过程中会创造出新的信息，从而使网络文化具有了真正的共享性。六是网络文化具有低可控性和自组织性的特征。网络的构建在技术上采用的是无中心结构模式，实行的是分散化的管理，是一个既没有中心也没有明确的国家或地区的"信息疆域"。由于网络活动主体的虚拟性和隐匿性、活动主体和信息内容的庞杂性、信息传递的多向性和活动过程的即时性等因素，使网络文化的监控非常困难。在全球化、数字化、虚拟化的网络时空，一切既有的社会限制、控制手段都正在经受考验。美国学者 T. R. 莫里森认为，未来社会将"没有一个机构和部门能够支配或控制信息流向"①。但没有中心不等于完全没有秩序，没有强有力的控制不等于没有组织。网络文化得以传播，超文本技术起到了不可低估的作用。"超文本技术是一种把信息及其之间的相互关系存储、组织、管理和显示的计算机技术，其本质是在各信息片段之间建立关系，这种关系是非线性组织信息的基础。……超文本技术使得人们在表现思想时能够更加自由——人们可以随意地将有关联的信息通过链接建立相应的联系。……通过超链接，人们能够更轻松自如地获取某个主

---

① T. R. 莫里森：《远距离教育的未来》，《国外社会科学》1989 年第 11 期。

题的所有相关信息——只要用鼠标轻轻地点击相应的链接，就可以快速定位到被链接的信息。"① 这样，信息的组织交给了网络每一个参与者，由参与者自己进行组织。

网络文化自诞生起就鲜明地展示了自己独特的个性。网络文化所依附的网络技术在不断发展，网络文化的参与者在不断增多，网络文化的内容在不断丰富和整合，网络活动方式在不断地增加和变化。由于计算机网络技术在不断地发展，网络文化也处在动态变化的过程之中，还没有成熟和定型。随着技术的不断更新与完善，网络文化会进一步充分展现其独特的魅力。与此同时，我们也必须清醒地认识到，网络文化绝不仅仅是一种技术与娱乐方式，更是一个媒体形态和一种意识形态。尽管网络文化与美国文化或者说西方文化是两回事，但当前在互联网络上传播的信息与内容中，以英语为文本的信息占据了绝对的优势。《数字化生存》一书作者尼葛洛庞帝甚至说过："在互联网络上没有地域性和民族性，英语将成为标准。"姑且不说这种言论对世界其他非英语民族人民自尊心所造成的伤害有多深，更为严重的是，这种预言式的言论似乎成为现实。托夫勒振聋发聩地指出，"世界已经离开了暴力和金钱控制的时代，而未来世界政治的魔方将控制在拥有信息强权人的手里，他们会使用手中掌握的网络控制权、信息发布权，利用英语这种强大的文化语言优势，达到暴力金钱无法征服的目的"。而在"霸权"话语之下，一个群体可以通过文化手段支配另一个群体。网络文化所传播的观点、内容受信息发布者所处的文化背景的影响。如果现行主导群体的思想渗透到互联网的绝大部分领域中，那么霸权思想就具有了网络的特征，进而影响他人的看法与观点。因此，网络扩散了霸权的知识与文化，不断增长的互联网络的国际扩散导致了西方霸权的扩张。卢斯夏诺将数字技术看作一种"权力"，其中包括文化产业借助数字技术实现全球扩张所体现出的数字文化帝国主义，在信息内容、文化规范、交往方式和社会资本上体现出来的霸权话语帝国主义，在全球经济一体化进程中体现出的数字经济帝国主义。"每个国家都试图去输出它的文化，并以它所能采用的任何方式去传播它的文化。然而，由于核心国家在语言上处于统治的地位，它们就更容易在传播它们的文化规则方面处于有利地位，而传播的方式

---

① 谢新洲：《网络传播理论与实践》，北京大学出版社，2004，第15~16页。

和出路之一，就是互联网。"①

尽管经过十几年的发展，互联网在我国取得了很大的成就，但从网络信息资源看，我国明显处于下风。截至 2005 年 12 月底，包括国家顶级域名 CN 域名和通用顶级域名（gTLD）在内的全国（不包括香港、澳门、台湾地区）域名数为 2592410 个（不含中文域名），全国网站数约为 69.4 万个，全国网页总数约为 24 亿个，平均每个网站的网页数为 3748 个；全国网页总字节数约为 63932GB，平均每个网页字节数为 25.9KB。② 虽然域名、网站、网页在数量上与以往相比有明显的增长，但相对于互联网上的英文信息与内容（保守估计在 90% 以上）而言，我国的中文网站与网页的建设还是远远不够的，网络文化在我国还处于比较低的发展阶段。另外，中国的互联网用户（网民）的规模截至 2008 年年底已达到 2.98 亿人，居世界第一，而年龄在 29 岁及以下的网民占全部网民的 67.1%，职业为学生的网民占全部网民的 33.2%。③ 可以说，互联网已经成为当今中国青少年，尤其是城市青少年学生学习、生活、工作、娱乐等不可缺少的内容之一。而 "80 后" 群体尤其是城市的 "80 后" 群体出生、成长的过程正好赶上中国互联网飞速发展的时期，上网浏览新闻、网上聊天、网络论坛、网络交友、玩网络游戏已成为众多 "80 后" 群体日常生活中的一个重要内容。而互联网上传播的信息与内容良莠不齐，网络文化的意识形态与 "霸权" 话语无疑会对长时间浸淫在互联网上的 "80 后" 群体的价值观念、民族意识等产生种种影响。目前，国内专门为青少年提供互联网内容等服务的网站不多，而做得好、知名度大的网站就更少。对于互联网使用者而言，互联网是以 "内容为王" 的。面对英语强势文化的殖民危险，大力加强中文网络（包括网站与网页）内容的建设，以中华民族优秀文化为主体的网络文化的传播，占领网络文化这一精神文明的重要阵地，对 "80 后" 群体树立正确的人生观、价值观，形成正确的民族意识与民族认同具有重要的战略意义。

---

① 弗兰克·卢斯夏诺：《数字帝国主义与文化帝国主义》，转引自曹荣湘编《解读数字鸿沟——技术殖民与社会分化》，上海三联书店，2003，第 199 页。
② 引自中国互联网络信息中心（www.cnnic.net）《2005 年中国互联网络信息资源数量调查报告》。
③ 中国互联网络信息中心（www.cnnic.net）：《中国互联网络发展状况统计报告》（2009 年 1 月）。尽管中国互联网用户规模居世界第一，但互联网普及率只有 22.6%，仅略高于世界平均水平，西方等发达国家及亚洲的日本、韩国等国家的普及率都在 50% 以上。

第三节 理性认识"80后"群体

每一代人都有自己的成长环境且成长需要一个过程。当社会在对"80后"评头论足、横加指责的时候,类似的批评也曾落在所谓的"60年代"和"70年代"出生的人身上,而在当今中国社会中,这两代人已然成为国家各行各业建设与发展的中坚力量。更为重要的是,无论社会如何评价"80后"群体,他们终将走向历史的前台。

一 成长背景对"80后"群体的影响

"80后"群体出生在中国由传统社会向现代社会转型之始的20世纪80年代,成长在中国全面建立市场经济体制的90年代,并伴随着消费主义文化的渗透和网络文化的发展逐步走向成熟。"80后"群体成长的社会转型和多元文化背景是之前的几代人都未曾经历的全新时空环境,必然会在他们成长的过程中深深地打上时代的烙印。对"80后"群体的特征的认识,需要以全新的视角加以观察,将他们置于上面所描述的该群体出生、成长的时代大背景中去理性地进行分析。对"80后"群体一概地否定或者肯定都是不理智的。

社会结构的转型和经济体制的转轨使中国经济的发展驶上了"快车道",中国普通百姓的生活也从贫困到小康再到富裕。伴随生产力的发展,在不到十几年时间内,中国社会已经实现了由生活必需品时代到耐用消费品时代的转型。[①] 物质生活的丰富是附着在"80后"群体成长过程中最重要的因素之一,他们出生、成长在中国历史上物质生活最丰裕的时期,没有体验过"匮乏时代"的压力,没有对过去贫困的记忆。虽然社会上还有不少贫困家庭出身的青少年,需要社会的重视和帮助,但就整个"80后"这一代人来说,物质条件已经是上几代人无可比拟的了,这是他们充满自信的最坚实的后盾。而计划生育特别是独生子女政策的实行,使大部分城市孩子(包括一些富裕地区的农村孩子)成为家庭的中心,备受关怀与溺爱,在"养尊处优"和"有求必应"的环境中长大成人。可以说,"80后"群体的成长伴随了整个中国社会的现代化进程,从他们出生的那一天

---

① 孙立平:《断裂:20世纪90年代以来的中国社会》,社会科学文献出版社,2003,第35页。

起，就搭上了社会现代化的高速列车，享受着现代物质文明的丰硕成果。源自西方的消费主义文化不断向中国渗透的过程正好伴随"80 后"群体的成长，消费对他们来说不仅是生存需求，同时也是一种生活方式和精神需求。在物质丰裕环境中长大的"80 后"一代，更多地关心自我，追求时尚、享受生活，他们从不讳言对财富的向往，但他们更注重自我的实现，"成功人士"成为他们的人生榜样。

"80 后"群体成长的时期也正是中国社会急剧变革的时期，是经济建设发展最快、社会结构转型最为激烈、科学技术发展最为迅速、人们思想观念最为解放、价值观也最为多元的时期。市场经济不仅创造了巨大的物质财富，同时也带来了观念的变革，市场意识已成为"80 后"这一代人的自觉意识，竞争成为一种常态，使得"80 后"群体身上表现出明显的实用主义、功利主义色彩。"有没有用"是他们判断知识的标准，"能否找到好工作"是他们选择专业的初衷。"80 后"群体目睹并感受了中国社会的巨大发展，也遇到了许多他们父辈所不曾遇到的新问题——社会结构转型、社会流动加剧、社会分化明显、多元文化冲突等。特别是随着经济的增长，城乡差距的拉大，社会不公的加剧，贫富悬殊的出现，使他们中的一些人过早地体会了"世态炎凉"，普通人生存的艰难已在他们心中投下了阴影。而"80 后"群体中的大学生群体也像同时代其他青年一样编织着梦想，然而在市场经济和消费主义文化的浮躁和压力中，在高昂的学费和严酷的就业形势中，他们的浪漫和青春的张扬中渗入了 20 世纪 60 年代和 70 年代出生的人所没有的焦虑。他们不再以狂热的激情指点江山，不再对社会保持对抗的姿态，更愿意以参与者的身份投身社会，在市场经济的潮流中实现自己的人生抱负。

相对于 20 世纪 70 年代或更早出生的人而言，"80 后"是在全球化、网络文化的背景下成长起来的。尽管不少教育工作者将互联网络视为"洪水猛兽"，一些家长对它"深恶痛绝"，网络游戏甚至一度被喻为"电子海洛因"。然而，"80 后"一代却依然对互联网络"一往情深"，他们在互联网上聊天、听音乐、玩游戏、查资料、看新闻等。互联网络给他们的生活提供了无限的快乐与激情，让他们体会到了其无可替代的"虚拟化生存"的乐趣，开阔了他们的视野，丰富了他们的知识，扩展了他们的交往。互联网络不仅改变了"80 后"群体的观念、思维和表达方式，同时也为他们搭建了认识世界、走向世界的平台。在网络世界里，不同空间位置、不同经济、不同文化、不同政治制度和国家的人有了频繁的交往，各种文明、各种观念互相冲突、互相交融。这使得"80后"群体有更多的机会汲取世界不同文明的精华，更具有国际眼光，更有机会融入全球化进程。开阔的视野使"80后"群体更宽容、更理性。同时，网络信息的快捷、透明，网络的交互性、平等性，使"80后"一代有更多机会发表自己的见解，民主意识与参与意识大大提高，而这恰恰是现代公民不可缺少的基本素质。然而，互联网络本身是一把"双刃剑"，各种不良信息、垃圾信息也对"80后"一代的成长带来诸多负面影响。过分沉溺于网络文化的虚拟世界，不仅造成"80后"一代中的许多人社会适应不良，也使很多人将虚拟世界中的游戏规则有意无意地延伸到现实生活中，形成"游戏人生"的态度。

总之，"80后"群体是飞速向前、急迫成长的一代，他们接受新事物的速度之快，思想观念与行为方式的独立与多样，都是前几代人难以企及的。与20世纪60年代、70年代出生的人相比，"80后"一代更具有宽容精神，具有更多的可塑性。"但从一个人的精神结构上讲，恰恰也是这种不断地向外界开放而丧失一个精神中心的可塑性导致了人格结构本身的不稳定。因此，他们必然很欣赏前卫，不断地追逐时尚，以掩盖因人格结构不稳定和不成熟所带来的精神焦虑。也恰恰是因为不能从父辈的生活那儿获得意义，并且自己也从未能稳固地建立一个精神的中心，叛逆便成了80年代人确立自己存在的价值依据。"① 在社会转型与多元文化的复杂成长背景中，"80后"群体变得敏感、焦虑、怀疑、唯我独尊、富有竞争性，比以往任何一个时代的人都更想出人头地。他们用表面的张扬与叛逆，来掩盖内心的焦虑与不确定，在这一代身上，道德和价值的相对主义增强，理想和信仰的认同变得困难。

二 "80后"群体的社会评价问题

"80后"一代备受社会关注，有关这一群体的评价经常可见诸网络、报刊。总体来看，消极、负面的评价要多于积极、正面的评价，社会对"80后"群体更多地表现出一种担心和不放心，担心他们能否担当起社会责任。但是，"80后"群体在2008年四川汶川大地震和北京奥运会上的出色表现，

---

① 石勇：《80年代人：登场或再生》，http://www.tianyaclub.com，"关天茶舍"，2004年7月4日。

让人们对"80后"群体刮目相看。原来时不时地受到社会、舆论评头论足的"80后"一代,与其他任何一代人一样,在国难当头和国家荣誉面前懂得担当、敢于担当、能够担当起社会责任。社会对"80后"现象与"80后"群体的关注实际上透视了一个非常重要的对青少年的社会评价问题。正确理解"80后"现象与"80后"群体可以让人们消除代际的偏见,增进代际的沟通与理解,从而建构有利于青少年成长的社会环境。①

(一) 对"80后"群体的关注与评价是深层的社会忧患意识的表现

"80后"现象并不是一种个别的社会现象,而是一种常见的社会现象,表明了社会对新生代的关注。在美国,20世纪60年代出生的一代曾经被称为"垮掉的一代""颓废的一代"。日本、中国等很多国家和地区20世纪70年代出生的人曾被称为是"新新人类",被认为是"抱大的一代""浅薄的一代""颓废的一代""垮掉的一代",不一而足。随着60年代、70年代出生的人陆续登上历史舞台,担当社会的重任,成为社会的中坚力量,舆论与社会又将曾经用来指责与评价前两代人的那套陈腐观点与思想转移到"80后"群体身上。无论是"代"还是"后",都是针对新生代群体的。而舆论与社会为什么对新生代会投入这么多热情与关注?为什么对新生代总是指责大于赞赏,总是在"挑刺"呢?这里存在着一个深层的社会责任感问题,即新的一代是不是能够很好地传承老一代的传统和价值观,是不是能够担当得起社会发展的重任,这是深层的社会忧患意识的一种表现。任何社会都会关注新生代,因为新生代是社会未来的代表,社会的未来如何发展在很大程度上取决于新生代的素质,因此,人们会对新生代的成长过程充分重视,新生代的心理特征、行为方式与价值取向也备受重视。人们对新生代的评价更多是从新生代所表现出的日常行为和消费方式等,通过这些表象来揣测他们的内心世界,由少数人较为"另类"的外在表现来推测到整个一代人的群体特征,新生代的与众不同、新生代的反常规行为常常使成人们不能接受甚至引发深深的忧虑,而充斥网络报刊的多数评论就是这些忧虑的直接表现,以期通过这样的评论、指责和劝导来引起新生代对自己的思想与行为的反思,从理论上讲,这也可以说是对新生代社会化的一种手段与方式,这种对新生代行为的关注与评价恰恰表现了人们对新生代是高度重视的,而不是冷漠淡然的态度,透露出人们深层

---

① 这里参考了王玉香《解读"80后"现象——谈青少年的社会评价问题》(《山东省青年管理干部学院学报》2009年第1期)一文中的部分内容。

的社会忧患意识。"80后"群体与其他几代人明显不同，他们当中的很多人是中国第一代独生子女，他们从小在家庭中就被当作"小皇帝""小公主""小太阳"，充分享受着现代的物质文明，从小就被家庭精心呵护，这种养尊处优的成长环境是以往任何一代人都没有过的，自然会对他们关注得更加深切一些，会有更多的忧虑与担心，这些温室里娇嫩的花朵，是否能够经得起人生道路上的狂风暴雨？

（二）对"80后"群体的关注与评价是一种代际评价，往往会伴随着偏见

真正意义上的对"80后"群体或者说广义上的对青少年的社会评价应该坚持客观、公正的原则，应该既要了解"80后"群体的心理、行为特征，又要结合社会规范与价值的要求；既要结合"80后"群体或者说青少年成长的环境，又要能够很好地区分青少年群体中特殊性与普遍性的关系，这样得出的评价才是客观中肯的社会评价。但是，纵观曾经出现的和正在发生的对历史上的不同时期的所谓新生代的评价，包括当下对"80后"群体的评价，很难说是客观、公正的。一是以特殊来代替普遍，以部分简单地代表整体。2004年2月《时代》周刊亚洲版将春树、韩寒、满舟和李扬4个中途辍学、性格叛逆的年轻人搬上封面，认为他们是中国"80后"的代表，并将他们与美国"垮掉的一代"及嬉皮文化相提并论。2004年4月17日《新京报》刊登了《"80年代"是哪棵葱》一文，一石激起千层浪，顿时对"80后"的批评言论开始见诸媒体。近几年来，各类媒体对"80后"群体的批评声不绝于耳，特别是网络的兴起助长了这种风潮并引起了对"80后"群体的误读与误解。① 不能说春树、韩寒、满舟和李扬身上没有"80后"的特征，但是他们能够代表整个"80后"群体吗？如果真正了解美国嬉皮文化的人会对这种把中国4个"80后"青少年与嬉皮士联系在一起感到滑稽。这4个"80后"只是对现行的应试教育体制的一种不满，其辍学也是选择做自己所喜欢的事情，表现出一种自我追求的自主性。但嬉皮士出现在美国的20世纪60年代，往往是数万人举行荒唐的集会，以怪诞的发型、奇异的装束、震耳欲聋的嘈杂音乐、放荡的性行为和吸毒等方式反对主流文化，是真正的"垮掉的一代"的形象。这种牵强附会的联系对"80后"现象起到了推波助澜的作用，因为带有偏见的媒体

① 黄庆时：《被误读的一代》，《华人世界》2006年第7期。

报道的影响力往往会很大，容易引起一些人的盲从，容易强化社会偏见。同时，现实中更多的是对文坛"80后"的评价，这些"80后"年轻作家的写作风格、内容、表现方式等所表现的共性特征只能代表整体"80后"群体的部分特征，而不是全部特征。以"80后"中少数特例来代替整个群体是十分不合适的。当然20世纪70年代出生的"美女作家"，也只能代表70年代出生的一部分人而不是全部。人们往往在评价的时候只会考虑他们是不是"80后"，是"80后"就会有"80后"群体的整体特征，这是一种常规的思维方式，而这种常规性的思维方式往往会忽略个体的差异性，会导致评论的偏差，犯以偏概全的谬误。二是拿前代人的标准来衡量与评价"80后"群体或青少年。从发生的对"80后"的评价甚至社会对任何时代的青少年的评价来看，整个的话语权都掌握在老一代或上一代人的手上，很少听到或看到被评价对象的话语，即便有的话，也被湮没在老一代或上一代主流话语中而难成气候。前代人在对"80后"群体进行评价时，自然会打上深深的代际烙印，容易形成对新生代评价的主观性色彩。在20世纪80年代，60年代出生的人跳迪斯科与交谊舞、穿喇叭裤，曾被社会视为另类，认为这是"垮掉的一代"，是在追求资产阶级的生活方式，但是后来成人社会也都接受了这样的休闲与娱乐方式。"新新人类"的烫发、染发成为另类的标志，但现在成人也在染发。这是一种典型的曾被上代人指责的行为逐渐被社会所接纳与容许的事例。是上代人变得宽容了还是新生代的确引领了时代的潮流？不能否认这样的事实，新生代的标新立异容易开一代时尚之风，新生代的消费取向也就是市场消费的时尚所在。当然上代人也在逐渐变得宽容，但还没有真正的宽容，如果是真正宽容的话，在社会舆论中就不会有那么多的指责非难的声音存在。这也是代沟长期存在的重要原因。上代人在运用自己的价值观、人生观来审视新生代，以自己成长的经历、经验与新生代的成长过程进行对照，以自己的标准来要求与评价新生代。如人们经常可以听到上代人对"80后"一代这样的描述，"你们是幸福的一代，你们成长的过程没有受过什么苦，你们在充分地享受着现代的物质文明"，这明显是用前代人的青春经历与新一代人的青春经历进行比较。的确，"80后"一代中的很多人成长的物质条件与环境不错，但是他们同样也承载着成长的压力与烦恼，应试教育的压力、父母期望的压力、就业的压力、人际间疏离的压力等，这些压力往往会比70年代、60年代出生的人要沉重得多。"80后"群体从小就生活在这种竞争的压力之下，并一直伴随于他们成长的整个过程，这些也是上代人青春时所没有承受过的。更为重要的是，物质层面的满足只是低层次的幸福，而精神层面的幸福感才是真正意义上的幸福。今天的"80后"群体真正体会到"幸福"了吗？恐怕是难以回答的。由于成长环境的不同，前代人的价值观念与"80后"新生代的价值观念会有所不同，甚至是根本的差异，承认不同或差异是对新生代进行客观评价的前提。父辈或上代人尽管也曾经年轻，但是对新生代仍然难以做到感同身受，往往把自己也曾年轻过作为对下一代人要求的"资本"或前提，甚至会理直气壮地强调自己年轻的时候没有新生代那样不可理喻的行为与想法，因此，前代人的标准与新生代的特立独行构成了不可调和的矛盾，其价值冲突就成了必然的现象。前代人因为缺乏客观的标准与对"80后"群体或青少年特点的不了解和其成长环境的忽视，对新生代的评价往往会伴随着各种偏见。

（三）对"80后"群体不客观的评价与偏见不会得到他们的认同甚至引起反感

不客观的社会评价是一种缺乏公正的评价，会让"80后"群体感受到不公平与不公正。包括"80后"群体在内的任何青少年群体在成长的过程中最需要的是理解，他们愿意接受建议而不是指责，愿意接受规劝而不是无端的批评。对"80后"的指责与评论并不会得到他们的认同。正如一些"80后"的青年所自嘲的："我们都见怪不怪了，我们就是在指责中长大的，无所谓。"社会对"80后"群体的无端指责与评论改变不了新生代的观点，他们面对各种评价仍然我行我素，甚至变本加厉，大有一种"走自己的路，让别人说去吧"的潇洒。这种置若罔闻的做法反过来又会让前代人感到深深的失望与无可奈何，更加强化了自己对新生代的消极负面的看法。而站在"80后"群体的角度看，不客观的社会评价往往会激起他们的逆反心理，他们甚至提出质问："'80后'难道不是你们六七十年代的产物吗？你们难道未曾年轻过，未曾回想过当年的青春岁月？……若你们懂得尊重，我们亦懂得。若你们懂得包容，我们亦懂得。若你们懂得善待一切，我们亦会如此。前辈们，你们都是我们眼中的明镜。请不要抹黑我们心中的一道光，将美好扼杀。"① 而且"80后"可以为自己特立独行的行为做最好的诠释和说明，如"我们愤怒，因为我们拒绝麻木。我们说脏

---

① 一辈子幸福：《80后难道不是你们六七十年代的产物吗？》，《现代交际》2007年第12期。

话，是因为这世界上有足够多肮脏的行为，与我们肮脏的语言相配。我们叛逆，因为太多的传统并不值得我们尊重。我们极端，因为中庸无法将我们扼杀。我们苛刻，因为我们无法宽容丑恶。以80后的名义，我们拒绝无知，我们拒绝谎言，我们拒绝麻木"①。这是比较典型的"80后"话语，其对自我的解释与证明，表现得是这么掷地有声、慷慨激昂，其对不客观的评价的愤懑之情弥漫于字里行间，为自己的"极端""叛逆"与"苛刻"找到了"合理"的注脚。

（四）了解与理解"80后"群体是社会对他们进行客观评价的前提

米德认为现代世界的特征，就是要接受代际的冲突，每一代人的生活经历都将与他们的上一代有着不同的信念。但代沟不是不可逾越的，她认为紧密的家庭纽带应该松绑，以便给青少年更多的自由去作出自己的选择，如果不要求那么多的服从和依赖并容忍家庭中的个别差异，亲子冲突和紧张就会大大减少。的确，代际观念的差异是客观存在的事实，但是代际可以通过相互之间的沟通与了解来增进相互的理解。上代人应该了解新生代的特点，应该理解新生代喜欢彰显自我的青春期情结。

青春期是人生最为重要的发展时期，是一段重要的成长过渡期。从生物学的角度看，是个体生理由不成熟发育发展到成熟的阶段；从心理学的角度看，是个体心理由不成熟逐渐走向成熟的过程；从社会学的角度看，是由不独立的个体逐渐接受社会化变成独立的社会个体的阶段。青春期是一个既充满变化、探索、富有活力和追求的时期，也是一个充满焦虑和问题的时期。青春期的最大特点就是关注自我、自主性增强，成人感增强，希望得到社会和成人认同的愿望强烈，喜欢标新立异。标新立异是一种典型的青春期情结，是青少年自我表现的一种手段，他们希望通过特立独行的行为与外在打扮等与众不同的表现来引起人们的关注，通过这样的方式来昭示自己的独立和成熟。如果上一代人能够认识到这一点，对他们特立独行的行为不是大加指责，而是一定程度的宽容，他们就会实现自然而然的平稳过渡。如果上一代人能够认识到他们不过是处于这么一个成长的过渡期，还没有十分成熟，这时所出现的一些幼稚与偏差行为都是正常的现象，那么上代人对新生代就不会有太多的指责。人非圣贤，孰能无过？更何况还处在人生观、价值观、世界观正在形成过程中的青少年。如果上一

---

① 刘一哲：《以80后的名义》，《现代交际》2007年第4期。

代人能够用一种发展性的观点去看待正处于发展时期的一些青少年问题，能够对这些青少年的"发展性问题"做及时的引导与帮助的话，那么就不会激发青少年强烈的逆反心理。如果上一代人在看待青少年问题时，能够考虑到青少年问题产生的根源，而不是不问青红皂白地质疑与责难的话，那么代际的冲突就会大大地减少。了解新生代是理解他们的前提，理解他们是尊重他们的前提，在这样的前提之下，对"80后"群体的评价也会相应的客观与公正。关注新生代，对新生代进行评价，这是一种正常的社会现象，但是这种社会评价对新生代会产生直接的影响，因为他们正处于一个寻求自我认同的关键时期，而评价是否公正对新生代的健康成长很重要，这将决定着他们是否能够实现一种积极的自我认同。当社会还在对"80后"群体进行各种议论、评说时，"90后"又出现在人们的视野中。当挑剔的眼光开始转移到"90后"群体身上时，我们期待着更多的理性、宽容、客观的评价，让"90后"群体能在无偏见的社会环境中健康成长。

三 理性地认识"80后"群体

（一）"80后"群体的特征

任何对"80后"的认识、评价都必须将这一群体置于他们成长的时代背景中去进行分析。从纵向角度比较，"80后"群体是最能表现改革开放特征的一代，在价值观念、行动准则、生活方式、参与途径等方面都呈现出与以往数代人之间明显的区别。一是在价值观念和社会心态层面上，"80后"群体身上呈现出比较开放、透明的心态，具有接受新事物的较强能力；强调独特个性、平等意识和权利观念；具有普遍主义精神，尊重事实，注重规则；热心公益事业，具有更自觉的环保意识；表现出积极的休闲态度和广泛的兴趣爱好；喜欢直率的情感表露，不愿扭曲个性，厌恶形式主义等。二是在社会行动和生活方式层面上，由于个体自我意识的觉醒和利益意识的强化，尤其是价值观念的多样化和社会心态的丰富化特征，使得"80后"群体在行为模式、生活方式等方面都尽可能地表现出个性化和多样化，表现出鲜明的特点，如从几乎没有自主性向自主程度越来越大的方向发展，从样式单一状态向样式越来越多样的方向发展，从群体化取向向越来越具有个性化取向的方向发展。①

---

① 《一代新人"80后"》，《北京日报》2008年6月30日，第18版理论周刊。

"80后"群体的一个重要特点是在他们出生、成长、成熟过程中一直伴随中国的改革开放大环境。改革开放一方面为"80后"群体带来了宽松与多元的文化氛围，另一方面使他们面临激烈与严峻的竞争局面。受急剧的社会转型与经济体制转轨以及多元文化与全球化的冲击影响，"80后"群体形成了一些明显的特征。

　　一是鲜明的自主独立意识。经历了中国社会转型和多元文化的冲击，"80后"群体具有比前辈更强的自主独立意识。农村"80后"群体中的很多人，怀着对美好生活的渴望离开家乡进城打工或做生意，在务工经商中增长了见识、学到了本领、改变了观念，为城市发展和现代化建设作出了贡献，为转移农村剩余劳动力，调整农村产业结构，同时把城市文明和财富带回家乡，缩小城乡差别贡献着自己的青春。这一代农村"80后"青年向世人展现了独立自主、敢于求富、开拓进取的崭新风貌。城市"80后"青年在成长过程中赶上了人事制度、住房制度、医疗制度的改革和企业所有制、劳动用工制度的改革等。随着外部环境和客观条件的变化，他们在实践中不断确立自己的奋斗目标，以适应社会发展需要。他们不依附于父母而强调自主自立，不依靠别人，自谋出路，在激烈的社会竞争中，敢于面对挑战，逐渐学会靠自己的力量面对社会和各种压力、困难，在各种矛盾的冲撞中，走向自主自立。而作为改革开放后生活、学习和成长的"80后"群体中的青年大学生，一方面亲眼目睹了改革开放的进程和成就，时刻感受到国家的发展和进步，其中很多人直接受惠于中国大学的扩招政策而接受高等教育；另一方面也默默地承受着学习、就业、竞争、交往和经济方面的巨大压力。他们从小到大面对学习的压力，每迈上一个学习台阶都要经过严格的考试和选拔，始终面临着很大的经济压力和生存危机。正是这种压力塑造了"80后"大学生自主独立和竞争意识，并逐步地走向成熟与理性。

　　二是务实多元的价值取向。在社会主义市场经济体制创立、完善、发展和社会体制相互碰撞交替的过程中，"80后"群体面临着一个多元的世界。在市场经济自由竞争的规则下，原先人与人交往的旧有规范改变了，经济行为中的互利和效益观念冲击着青年的思想，存在主义、无政府主义、实用主义、自由主义以及西方消费主义文化的影响促使他们形成了多元的价值取向。"80后"群体不像老一代那样，习惯于单一的思维模式和单纯的价值观念；在他们眼里，国家、集体、个人都平等存在，过去那种大公无私的单一选择已经改变;国家富强和个人幸福并存,在顾全大局的同时也要快乐自己,成为"80后"群体推崇的价值取向。青年多元的价值取向也导致行为选择的多元化,在求学、就业、择友、消费等方面他们都表现出行为选择的多元化特征。虽然价值取向和行为选择表现出多元化特征,但"80后"群体仍能够在历史的潮头平衡个人发展和国家利益的关系,能够为国家与民族崛起努力奋斗。从2008年5月发生的四川汶川大地震和北京奥运会、残奥会上青年志愿者的出色表现向世界证明,"80后"群体在关键时刻并不妄自菲薄,在国家需要的时候,能自觉维护国家利益,表现了社会责任感和忧患意识,也表明"80后"群体在价值多元化趋向中不断完善自我,逐渐成熟。

三是活跃开放的全球视野与全球意识。"80后"群体成长在中国改革开放的新时期,他们幸运地赶上了新中国成立以来最稳定的经济发展时期,是与中国的经济建设时代共同成长的一代,他们敏感而可塑的心灵总是能最先触摸时代跳动的脉搏和社会进步的节奏。随着改革开放的不断深入,中国思想界、理论界的"禁区"不断地被打破,"80后"群体生活在从未有过的思想开放环境中,不拘泥陈规,思想开阔,对外来文化不抱成见,具有较强的消化能力。西方社会思潮、学术理论的大量引进,大众传播媒介的迅速发展,极大地丰富了"80后"群体的精神生活。互联网的发展丰富了"80后"群体的精神世界,加快了他们思想交流的频率,为他们发展"新观念"、创造"新思维"奠定了基础,也给他们带来了平等、自由、民主、人权等一系列社会价值的认知,使他们能以国际眼光观察世界,形成了更开阔的全球视野,极大地塑造了这个群体思想活跃的性格,促进了他们思想解放、走向开放。当今世界经济政治格局的深刻变化,突出的表现就在于"全球化"趋势的出现。自20世纪90年代中期以来,全球化趋势有了新的发展,世界各国和地区正在尽力利用全球化的积极效应,推进本国和地区经济、社会的改革和发展。全球化可能在世界范围内实现资源的更为有效的配置,它要求世界各国之间建立起相互开放、共同合作的新的国家关系。在这种新的关系架构下,国家之间的交往与合作增多,人民之间的交流与往来增加,扩大了"80后"群体认识世界的视野,增强了他们的全球意识,促使他们培养开拓进取的精神和团结协作的作风,大胆地吸收人类文化宝库中的一切有用的知识为己所用。

从规模而言,"80后"是一个庞大的群体,既包括在校大学生、城市青年，也包括大量农村青年及游走在城市边缘的务工青年，他们的生活背景、经历有着天壤之别，因此任何对"80后"群体特征的概括都有可能失之偏颇，我们这里所谓的"80后"群体特征也不例外，对这个群体的全面认识与评价还需要假以时日。

（二）引导"80后"群体走向成熟

"80后"群体有着自己得天独厚的优势与长处，也有着不容忽视的缺陷与不足，如以自我为中心、吃不起苦、社会适应能力差、功利、缺乏责任感等。面对关于"80后"群体的种种批评，应该反思的首先是学校教育。20世纪80年代后，中国进入了前所未有的重视教育的时期，与此同时，教育也越来越偏离了本质，教育的工具主义倾向日趋严重，应试教育、文理分科、升学率、排行榜、教育产业化……教育的功利导向使学校教育忽视学生的精神世界，重知识传授、轻人格培养，分数、考试成了衡量学生的标准。于是，"80后"群体中的很多人头脑中装满了各种知识，却缺少为人处世最基本的常识。他们从小就缺少理想教育，即使谈起来也局限在好大学、好工作之类。"80后"群体表面上玩世不恭，内心深处却感到了一种世俗的挤压，感到缺乏精神依托的无聊和迷茫。他们渴望着什么，期待着什么，追寻着什么，迫切需要有一个精神家园，迫切需要理想的引导。而这一切，学校教育却视而不见或无能为力，这不能不说是教育的失职。

作为中国社会的第一代独生子女，"80后"群体中的很多人从小受到无微不至的关怀与呵护，他们是家庭的中心和关注的焦点。衣食无忧的生活，养尊处优的地位，父母的溺爱与过度保护，使他们远离苦难与风雨，也使他们成为心理脆弱和唯我主义特征比较明显的一代人。当他们离开家庭，不再是"中心"时，便会感到受挫感。他们中大部分人会在成长的挫折中修正与外部世界的关系，但也有一些人会在受挫后变得自私与冷酷，甚至出现心理障碍。从这个意义上说，家庭教育也需要反思与变革。

社会作为青少年成长的环境，对"80后"群体的影响是极其重大的。当一个社会充斥了物质主义、商业逻辑与残酷竞争时，要求新一代远离功利主义几乎是不可能的。当成人世界不能获得青少年应有的尊重，腐败摧毁了青少年对社会正义的信心，诚信缺失导致弄虚作假盛行时，"80后"群体该到哪里去寻找他们的人生榜样？成人世界对他们的批评、指责还能那么理直气壮吗？

生活阅历简单，没有经历过太多的苦难，是"80后"群体的特征，也是所有在常态社会中成长起来的青少年的共同特点。任何一代人都是从幼稚走向成熟，从偏激走向理性，在寻找中坚定自己的人生目标，在承担责任的过程中担负起自身的使命。

每一代人都有自己的成长环境，有自己独特的文化标志、独特的价值世界和独特的行为方式，社会对"80后"群体需要给予宽容的环境，他们的成长更需要的是引导而不是批评甚至指责。面对社会给予"80后"群体的种种批评，"80后"们纷纷回应，有抗议，有争辩，也有反思，但更多的是希望得到社会的理解与信任，并表达了担起社会重任的决心与自信。互联网上不少"80后"网友的留言值得成人世界深思。

"我生于80年代并且还在上大学，我觉得现在的我们正在慢慢地长大，虽然现在可能还是很迷茫，不知未来如何，但是我们一直在成长，在充实自己，我想当我们真正地走进这个社会的时候，社会的栋梁我们是可以挑起来的，不管我们现在处于怎样的状态，年轻没有失败，亮出我们自己。请长辈原谅那些所谓的叛逆行为。"

"我出生于1982年，属于80年代的人。虽然我承认在我自己，实在还没有明确自己的使命，对社会也没有很清醒的认识，我相信和我一样的80年代人还有很多。但是我们还很年轻，……我们有自己的路，请不要总在指手画脚，我们需要长者的帮助，需要他们的智慧，但不需要指挥。"

"80年代的人其实并没有什么不好，挑起社会的重担只不过是个时间问题，现在的我们正处于一个过渡的阶段，我们会适应社会的改变，社会也会因我们而改变！"

青春需要引导，需要关怀，更需要理解与信任。社会应该给予"80后"群体这代人更多的关心和尊重，了解他们的所思所想、所爱所恨，理解他们的快乐、痛苦、孤独与困惑。面对青春的成长，与其"说三道四""横加指责"，不如帮助他们认清自身的使命与责任，看到自己的长处与不足，通过积极的反思，帮助他们找准人生之路，这才是最有价值的。

成长是一种过程，对于"80后"群体来说，需要更多地接触社会，了解生活的本质，经历更多的磨炼。2008年中国经历了很多刻骨铭心的大事件，人们欣喜地看到，历经大喜大悲，"80后"群体经受住了严峻的考验，他们在这些事件中的表现让世人改变了对他们的看法与偏见。从抗击雨雪灾害到反对"藏独"分裂，从护卫奥运圣火传递到四川抗震救灾，再到北京奥运会和残奥会志愿服务，都涌现出无数"80 后"身影。当祖国需要的时候，当危难扑面而来的时候，爱让"80 后"群体的心更加贴近，责任让他们更加坚强，信念让他们无畏前行。"80 后"群体用实际行动让人们看到了民族精神的丰富升华："天下兴亡，匹夫有责"，他们在弘扬中国优秀传统文化；"团结、友爱、互助、进步"，他们在展示现代志愿精神；"立足岗位、刻苦学习"，他们在为爱国主义增添理性厚度；"中国加油，汶川加油"，他们在表现对中国特色社会主义道路的坚定信心。"80 后"群体开始承担社会责任，他们具有强烈的民族自信心，高涨的爱国热情，开放的宽容胸怀，深沉的忧国忧民意识，他们一如先辈一样，为了祖国随时会挺身而出。

　　未来属于青年，寄希望于青年，更是我们党的一贯主张。一代人有一代人的历史使命，作为改革开放后成长起来的一代新人，"80 后"群体必将承担起中国未来发展和实现中华民族伟大复兴的历史使命。他们面临着更多机遇、更多挑战、更多压力，但他们有足够的勇气和创新精神，没有思想包袱，没有行动羁绊，是他们创造未来的最大优势。社会完全有理由相信，那些经历过怀疑、探寻和思考的"80 后"一代，将会最终走向成熟，成为国家和民族的栋梁。

第二章 "80后"志愿服务与公民教育

第一节 公民社会理论概述

一 公民社会概念界定与理论溯源

(一)公民社会概念界定

说到公民社会,首先涉及"公民"概念。最早的公民产生于古希腊城邦国家,因此,在拉丁语中,"公民"的本意是"市民"。但古希腊时期的公民,与现代意义上的公民还是有区别的,可以说是一种"不完全"的公民。因为在古希腊城邦国家中,公民代表着政治上和经济上的一种特权地位,奴隶、妇女和外邦人不能成为公民。显然,当人民的一部分在国家中享有特权,而另一部分被列为奴役的对象时,公民的身份就不具有普遍性。公民和公民社会的出现,是社会历史发展进步的产物。到欧洲的封建社会末期,由于商品经济的发展,市民阶层再度崛起,成为国家政治生活中的新生力量。在中世纪一些欧洲城市中,公民概念被重新启用,但在当时实际是指自治城市的市民,而不是现代意义上的公民。通过资产阶级革命建立起来的资产阶级国家赋予公民概念新的含义,使之与封建社会的臣民概念区别开来。首先,资产阶级国家用法律确定了公民这一概念,指的是国民与国家之间的一种关系,任何人只要在一国之中生活,取得该国的国籍,就成为该国公民,而不再需要其他条件,这样就把公民的概念推及到所有国民。其次,资产阶级思想家认为,公民是国家政治生活的主体,而不应像封建时期那样,在政治上处于从属或被动地位。这一看似简单的观念,后来却成为各国宪政精神的最根本要义。人们认为,国家是由公民组成的,而公民又是平等的,所以国家的权力属于全体公民,没有哪一个人比其他人有更多的政治权力。

在了解"公民"的概念后，我们可以进一步来了解何为公民社会了。

20世纪末的中国，谈论公民社会曾是一个敏感的话题，即使在学术界，多数人不仅对公民社会究竟是什么还相当模糊，而且对中国的公民社会表现出怀疑或迷惑的态度。现在，公民社会早已成为中国学术界的常规话题，近年来国内学者发表的大量研究成果，绝大多数对中国公民社会都持认可和接纳的态度，而且对公民社会的学术研究也在不断深入。

公民社会是一个舶来词汇，其最初的译名是市民社会。市民社会、民间社会和公民社会都是对同一英文 civil society 的不同译法，但在中文语境中，它们之间有某些细微的区别。"市民社会"最为流行的术语，也是对 civil society 的经典译名，它来源于马克思主义经典著作的中译。但这一术语在实际使用中或多或少带有一定贬义，传统上一直把它等同于资产阶级社会。"民间社会"最初是台湾学者对 civil society 的译法，为历史学家所喜欢，在研究中国近代的民间组织时这一称谓被广泛运用。这是一个比较中性的称谓，但在不少学者眼中具有边缘化的色彩。"公民社会"是我国改革开放后引入的对 civil society 的新译名，这是一个褒义的称谓，它强调 civil society 的政治学意义，即对公民的政治参与和对国家权力的制约，越来越多年轻学者喜欢使用这一新的译名。

"市民社会"与马克思主义经典著作不可分割地联系在一起。在马克思那里，市民社会分别被看作"一切私人利益关系的总和"，是"私人的物质交往形式"或"生产关系的总和"，是"直接从生产和交往中发展起来的社会组织"，是政治国家基于其上的"社会经济基础"或"社会经济结构"。有时，马克思甚至直接把市民公民等同于"资本主义社会"或"资产阶级社会"。马克思关于市民社会的理论，源于黑格尔的市民社会理论，它建立在资本主义条件下市民社会与政治社会相分离这样一个前提之上。在马克思的语境中，市民社会与政治社会是相辅相成的一对分析范畴。马克思认为，在封建社会中，市民社会湮没在政治国家中，市民社会与政治社会合而为一。马克思说，"中世纪精神可以表述如下：市民社会的等级和政治意义上的等级是同一的，因为市民社会就是政治社会，市民社会的有机原则就是国家的原则"，"市民等级和政治等级的同一就是市民社会和政治社会同一的表现"。资本主义使市民社会与政治国家的分离成为现实。在资本主义条件下，政治社会与市民社会的边界变得相当明确。

政治国家应该做什么，不应该做什么；作为市民社会成员的个人的自由活动范围有多大等，都从制度上得到了明确的规定。这样，资本主义社会在逻辑上被分为两个部分：市民社会和政治社会。这种两分法是马克思分析市民社会的出发点。

将社会从两分法发展到三分法，并从社会三分法的角度重新审视市民社会的最有影响的学者，是两位具有马克思主义传统的欧洲思想家。一位是意大利共产党领导人和理论家安东尼·葛兰西，另一位是德国思想家尤根·哈贝马斯。像马克思一样，葛兰西也特别强调市民社会的重要作用，但与马克思不同的是，葛兰西强调的不是市民社会的经济意义，而是其社会文化意义，并且认为社团组织是市民社会的主体。在他看来，谁控制了社团，谁就控制了市民社会；谁控制了市民社会，谁就控制了资本主义社会。哈贝马斯进一步明确地把当代社会分成三个世界：政治世界或政治国家、经济世界或经济社会、生活世界或市民社会。在他那里，生活世界或市民社会是一个对应于政治国家的"私人自治领域"，包括纯粹的个人领域和非官方的民间公共领域。葛兰西和哈贝马斯的市民社会观在以下两个方面与马克思的市民社会观产生了重大差别：第一，马克思把社会分成政治国家和市民社会两个部分，他们则把社会分成政治社会、经济社会和市民社会三个部分；第二，马克思强调市民社会的经济意义，而他们则强调市民社会的文化意义和组织意义，把社会组织和民间的公共领域当作市民社会的主体。

我们现在通常使用的正是以社会三分法为基础，以民间组织或社会组织为主体的意义上的公民社会概念。公民社会概念是对传统市民社会概念的超越。"市民社会"可以看作对基于社会两分法之上的传统语境中的英文 civil society 的翻译，而"公民社会"则是基于社会三分法之上的当代语境中的 civil society 的汉译。

在当代语境中，社会被分成三个部分：第一部分是政治社会，即国家系统。政治社会的主体是政府组织，主要角色是官员。第二部分是经济社会，即市场系统。经济社会的主体是企业，主要角色是企业家。第三部分是公民社会，即民间组织系统。公民社会的主体是民间组织或社会组织，主要角色是公民。相应地，我们把政府组织系统称为第一部门，企业组织系统称为第二部门，把民间组织系统称为第三部门。

按照这种社会三分法的逻辑，我们可以把公民社会当作国家或政府系统，以及市场或企业系统之外的所有民间组织或民间关系的总和，它是官方政治领域和市场经济领域之外的民间公共领域。公民社会的组成要素是各种非政府和非企业的社会组织，包括公民的维权组织、各种行业协会、民间的公益组织、社区组织、利益团体、同人团体、互助组织、兴趣组织和公民的某种自发组合等。由于它既不属于政府系统（第一部门），又不属于市场系统（第二部门），而是介于政府与企业之间的"第三部门"（the third sector）。

这一概念需要做两点说明：首先，把民间组织当作公民社会的主体，丝毫不贬低公民本身在公民社会中的基础性作用。单个的公民当然是公民社会的出发点和归宿，也是公民社会的主要角色。但是，公民社会是一种社会形式，是人类的一种社会组织形式。单个公民只有组织起来，才具有社会的意义。这一点正像国家的主要角色是政府官员，但国家的主体是政府组织一样，或者正像市场系统的主要角色是商人或企业家，但其主体是公司或企业一样，突出组织的地位，并不会贬低个体的作用。其次，作为公民社会主体的民间组织，既包括正式的组织，也包括非正式的组织。我们把公民的某些自发组合也看作公民社会的组成部分，因为这类组合在社会生活中的作用正在变得日益重要。例如，各种民间志愿服务组织，已经成为一种社会进步力量，具有很强的社会动员能力。

（二）公民社会理论溯源

洛克、潘恩、托克维尔、黑格尔、葛兰西、哈贝马斯等学者都为公民社会理论研究作出了贡献，他们的研究至少体现了两个重要问题：第一，公民社会主要是一个经济学现象还是社会学现象，问题的焦点在于经济活动被私人控制的程度高，还是社团在个人与国家之间起的作用大；第二，在涉及国家和公民社会之间的关系中，公民社会是根本独立于国家，还是在国家和公民社会之间有机地联系在一起。

洛克主张社会自由观点，认为社会先于国家，因而国家受制于其对社会的承诺。他强调根据自然法则需要限制国家权力，保护个人自由。统治者和被统治者之间必须建立社会契约，尊重个人天赋权力，并使国家保护公民社会免遭破坏性的冲突。天赋人权不是绝对的，它必须受到限制以使公民社会得到繁荣。国家和社会都应尊重的宪法是自由民主的基础，因此必须使社会不同群体之间的利益达成平衡。

托马斯·潘恩则与洛克不同，具有反国家主义的色彩。他认为当商业和制造业通过劳动分工进行扩张时，社会才变得文明起来。当国家扩张到发布命令来减少冲突时，就有可能对促成公民社会繁荣的自由造成威胁。只有在个人能够自由行使他们的天赋人权时，公民社会才能繁荣。为公民社会的形成提供机会的是市场，而不是国家，因为个人满足自然欲望的能力受到限制时只能通过商品交换来超越。由此，即使按照最低纲领派国家观点，国家也只能被社会的一部分人利用而损害另一部分人的利益。

托克维尔对强大国家的前景和多数人的专制都保持警惕，主张分立自治以及相互制衡的观点，即指社会由其政治社会予以界定，但作为政治社会的强大的君主制须受制于法治，而法治则需按分权原则独立的"中间机构"来加以捍卫。认为社团是对抗国家的和专制的最强有力的堡垒，鉴于法国大革命的教训，为了防止非理性的公民意识导致的革命，建立一种由自我管理的社团组成的活跃的公民社会是必要的。这种公民社会将培育全体公民意识，监督国家行为，有利于权力分配，并建立公民直接参与公共事务的机制。他还认为，不管公民个人的社会经济地位如何，公民社会都能够保护和促进他们的利益。

黑格尔的观点认为公民社会道德水平较低，代表的是私人特殊利益。公民社会独立于国家，但因其自身存在的不足而需要由代表普遍利益的国家对其进行扶持。把公民社会理解为私人自律的商品交换领域及其保障机制。他认为，公民社会是历史过程的产物，劳动分工使公民社会内部产生了分层，增加了这些阶层之间的冲突。他指出，公民社会是由存在于这些阶层中间的各种社团、团体和阶层组成，而国家的形成和性质是由它代表公民社会的方式来决定的。因此，公民社会处于个人与立法机构之间，立法机构调解个人与国家之间的利益关系。这些过程引起公民社会内部产生冲突，在没有强大国家的情况下，这种冲突将导致公民社会的毁灭。黑格尔认为，国家的存在是为了保护公众的共同利益，同时通过干预公民社会的活动来限制它们。

自20世纪以来，西方公民社会及其与国家关系日趋复杂化。安东尼·葛兰西与后马克思主义学派关注到公民社会的重要性。在葛兰西的著作中极大加强了公民社会概念中的文化含量，而降低了其经济含量，认为社团可以影响社会控制机制，通过代表其他规范的反霸权社团的发展，主要阶级对社会的控制可以被推翻。

　　哈贝马斯对公共领域的研究作出了独特的贡献，并重视公民社会在社会文化领域的重要影响。他认为，公共领域是一种非官方的介于私人领域和公共权威之间的一个领域，是各种公共聚会场所的总称，公众在这一领域对公共权威及其政策和其他共同关心的问题作出评判，自由的、理性的、批判的讨论构成这一领域的基本特征。他结合公民社会与政治国家之间关系的新发展，对市场经济体系及其制度规则、独立社团及其公共领域结构影响进行重新解释，指出资本主义文化危机的根源在于政治国家对公民社会中公共领域的破坏，他强调公民社会与社会组织的充分发展，并与政治国家形成良性互动，才能推进国家统治的稳定和社会的进步发展。

二　公民社会理论的复兴

　　公民社会概念本来业已成为人类思想史上的文化化石，它如何能够在当代学术界和思想界获得新的生机呢？20 世纪 70 年代末，公民社会概念重新被发掘并获得新的理论生命，这同当代各国发生的深刻社会变革和学者们对这一理论反省直接相关。起初它主要受到西方左翼学者和东欧一些政治家的青睐，用来作为批判集权国家并重新界定社会与国家关系的一个有用的概念。进入 20 世纪 80 年代，公民社会概念开始从政治理论的边缘地带进入政治理论的主流学术话语。而 20 世纪 90 年代以来，公民社会理论持续升温，在横向上不断拓展其研究领域，在纵向上也不断得到深化。这样，公民社会理论便在当代政治学中获得了不可忽视的地位。当前公民社会理论的流行程度超过了以往任何历史时期，人们不断谈论"公民社会"的"再生"或"复兴"。越来越多的学校开设了公民社会的课程或讲座，大批有关学术论著问世。公民社会概念进入许多研究领域并渗透多种学科，频频成为一些社团组织、社会运动和政党的政治口号。那么，当代公民社会理论复兴的原因主要体现在哪些方面呢？

　　第一，它是人们对斯大林国家政治模式反思的结果，也是人们在寻求否定和改革斯大林模式时探索的道路和希望。从 20 世纪 70 年代起，东欧一些国家便出现了一些政治反对派组织，他们发起了声势浩大的争取民主的社会运动，其中波兰团结工会还直接打出了争取建立"公民社会"的旗帜。一些东欧学者以"公民社会"概念来表达他们反国家主义的积极理想。这样，在斯大林模式的集权国家内部逐步形成了独立于国家的公民社会的萌芽。它引起了人们的广泛关注，也激起了人们对它的期望。面对20世纪80年代末90年代初苏联东欧集团的以市场化为方向的经济改革和以民主化为方向的政治改革在这些国家逐步推行开来，公民社会在这些国家也就应运而生了。这就促使不少学者相信，这些国家产生如此剧变的一个重要因素，就是在斯大林模式下出现了某种形态的公民社会，或公民社会的因素。在描述与分析波兰及东欧国家的社会运动时，公民社会概念成为有效的分析工具，人们将其称为"公民社会的再生"。一些研究者发现，公民社会及争取建设公民社会的运动在苏联东欧的民主化变革中发挥了关键性作用。他们认为集权主义体系更容易产生公民社会的结构，而阻止它们发生或促使其变革的最可靠途径就是培育公民社会的发展。① 这一看法刺激了东欧乃至西方学术界对公民社会理论的关注，从而形成了第一波研究公民社会理论的热潮。

第二，无论在西方还是在其他地区，民主政治的畸变，凯恩斯主义的失灵，福利国家的危机，促使人们对国家产生怀疑、失望和不满，并将目光投向公民社会。在西方，面对国家机构的持续膨胀和权力逐渐向行政部门集中带来的生活重负以及对地方自治、社会组织自治等传统观念受到挑战，国家在解决大量社会问题时表现出的无能等，一些学者在寻找救治的药方时不再把目光局限于国家本身，而是转向了公民社会，希望在公民社会的建构中寻找出路。他们认为，这些非官方的、扎根于共同体的组织比庞大的政府组织更灵活、更有效。有的学者还在各种新的社会运动中，如以生态问题、妇女问题、反战问题、贫困问题和种族问题等为内容的新的抗议运动中，看到了公民社会的力量和希望。这些运动推动了许多国家制定或改变某些社会政策，也唤起了公民关注某些不合理现实，从而改变公民的思想观念与行为方式。这些社会现象被某些学者称为"公民社会的复兴"。有些学者发现，独立于国家的志愿性社团组织的社会生活是"社会资本"充满活力的源泉，期待通过公民社会的建构为政治民主注入新的活力。② 另有学者不满意局限在国家领域的自由民主，希望通过重构公民社会，以开辟自由民主的新领域，为国家的自由民主提供新的能量之源，即

---

① John Keane, *Civil Society*: *Old Images*, *New Visions*, Polity Press, 1998, p. 20.
② Robert K. Fullinwider (ed.), *Civil Society Democracy*, *and Civic Renewal*, Rowman & Littlefield Publishers, Inc., 1999, p. 2.

谋求国家与公民社会的"双重民主化"。① 在非西方国家，无论是强势国家还是弱势国家，公民社会的发育普遍不健全。在强势国家中，虽然在"以权威主义导向现代化"治国理念的主导下，国家的权威有所增长，但公民社会软弱无力，国家决策因得不到公民社会的支持而陷入困境。同时，高度自主而不负责任的国家也因为没有公民社会的有力监控而走向专制或腐败。在弱势国家中，国家权威需要以组织化的公民社会作后盾。这样，东方与西方的学者都不谋而合地把视角投入公民社会。

第三，当今的公民社会理论敏锐地把握了市场化和民主化的世界发展潮流，因而得以再度盛行。进入20世纪70年代中期以来，几乎所有的国家尤其是非西方国家都遇到开放政治参与渠道的压力，这种压力最终汇成遍及世界的民主化潮流。公民社会理论的复兴恰巧伴随着民主化潮流的兴起不是偶然的。人们从公民社会的兴起中窥视到民主化的希望。多数学者都充分认识到公民社会对组织和教育公民、表达公民的利益诉求、维护公民的自由和权利、限制和制约国家权力等方面的作用。他们相信发育到一定程度的公民社会是民主化的前提，也是民主制度健康运作的根基。所以，从20世纪70年代末起在苏联东欧，80年代初起在拉美和东亚，80年代末起在非洲，90年代初海湾战争后的中东地区，政治家和学者们都开始关注公民社会理论。与此同时，研究政治发展理论和比较注重的西方学者也将公民社会理论广泛引入民主化理论以及地缘政治的研究之中。

三　公民社会理论的基本构架②

公民社会理论主要研究公民社会的结构性特征与文化特征以及公民社会和国家之间的关系。就西方学者已有共识的观点来综述，公民社会的结构性要素及其特征主要有以下几个方面。

1. 私人领域。持这一类定义的公民社会论者认为，私人领域是指私人自主从事商品生产和交换的经济活动的领域。其中市场机制和私人产权构成这种私人领域的两大要素，它们保证了个人能够自主地从事经济活动和追求特殊的私人领域。马克思主义经典作家早期著作中关于公民社会理论

---

① 大卫·赫尔德：《民主、一种双向的进程》，载邓正来编《国家与市民社会：一种社会理论的研究路径》，中央编译出版社，1999，第315页。
② 本小节内容选自何增科主编《公民社会与第三部门》，社会科学文献出版社，2000，"导论"第4~8页。

的论述主要是在这个意义上使用的，因此将其译成"市民社会"是比较准确的。持第二种定义的公民社会论者则主要在个人私域意义上使用私人领域这一术语，他们认为个人私域（个人的家庭生活或私人生活领域）构成个人自我发展和道德选择的领域，个人在这一领域里应享受充分的隐私权。

2. 志愿性社团。这类志愿性社团不是建立在血缘或地缘联系的基础上，成员的加入或退出是完全自愿的，并且不以营利为目的。它是团体成员基于共同利益或信仰而自愿结成的社团，是一种非政府的、非营利的社团组织。志愿性社团为公民提供了参与公共事务和社会服务的机会与途径，提高了公民的参与能力和水平。所以，当代公民社会论者多把志愿性社团看作公民社会的核心要素，有人甚至在两者之间画等号。

3. 公共领域。当代关于公共领域的思想主要得益于哈贝马斯这一当代思想家。他指出，公共领域是介于私人领域和公共权威之间的一个领域，是一种非官方的公共领域。它是各种公共聚会场所的总称，公众在这一领域里对公共权威及其政策和其他共同关心的问题作出评判。自由的、理性的、批判性的讨论构成这一领域的基本特征。

4. 社会运动。西方左翼学者一般都把社会运动或新社会运动看作公民社会中一个非常重要的结构性要素。他们把反叛现实社会和实现理想社会的希望寄托于此。

公民社会不仅包括上述结构要素，还包括与之互为表里和相互支持的基本价值或原则，这就构成了公民社会的文化特征。关于公民社会文化特征的内容，公民社会论者认识也不完全一致。大体来说，这些基本的社会价值或原则为：

1. 个人主义。个人主义的假设一直是公民社会理论的基石。它假定个人是社会生活的基本单位，公民社会和国家都是为了保护和增进个人的权利和利益而存在的。

2. 多元主义。它要求个人生活方式的多样化，社团组织的多样性、思想的多元化。维系这种多元主义的是提倡宽容和妥协的文化。

3. 公开性和开放性。政务活动的公开化和公共领域的开放性是公众在公共领域进行讨论与进行政治参与的前提条件，因此，当代社会公民论者无不坚持公开性和开放性的原则。

4. 参与性。强调公民参与社会政治生活和制约国家权力，是公民社会理论的一个重要内容。

5. 法治原则。公民社会论者强调要从法律上保障公民社会与国家的分离，在三分法的情况下还要保障它同经济系统的分离。他们认为倡导法治原则的目的是为了划定国家行为的界限，反对国家随意干预公民社会内部事务，从而保证公民社会成为一个真正的自主领域。

公民社会上述的结构特征与文化特征，无疑代表的是一种理想的或规范的公民社会模式，现实存在的公民社会与之有着很大的差距。同时，上述有关公民社会特征的论点具有浓厚的西方中心论特别是欧洲中心论的色彩，因而其普适性值得怀疑，这是一些西方学者都承认的事实。[①] 但不少公民社会论者则对这种公民社会的前景充满了信心。

公民社会论者都同意，公民社会最重要的特征是它相对于国家的独立性和自主权。只有保持这种独立性和自主权，公民社会的上述结构特征和文化特征才能得以维持。公民社会理论家往往偏激地把国家看作对公民社会的最大威胁。因此，反对国家对公民社会的压制和干预，反对国家职能的过分扩张，追求社会生活领域的自主和维护公民个人的权利与自由，是这些公民社会论者奋斗的主要目标。在三分法的情况下反对经济系统的过分扩张和商业化倾向的侵蚀，也是维护公民社会的独立性所不可缺少的。公民社会理论的批判者指出，国家并不总是对公民社会的生存和发展构成威胁，相反，国家的保护和管理对公民社会的健康发展必不可少。

公民社会与国家的关系是公民社会理论研究的一个重要内容。公民社会理论家提出的公民社会和国家的关系的模式多种多样，但概括起来有以下几种。

1. 公民社会制衡国家。现代自由主义者认为国家是"必要的邪恶"，国家之所以必要，是因为公民社会需要国家调停其内部利益冲突，保护其安全及完成公民社会所无力承担的公益事业。国家是邪恶的，如无外力制止，国家权力和国家活动范围将无限制地扩张下去，从而危及个人权利和自由，因此，自由主义者主张以公民社会来制衡国家，划定国家行为的界限（不得侵犯个人权利和自由），限制国家权力的扩张。当代公民社会论者继承了自由主义的思想并已达成了一种共识，即一个活跃的和强有力的公民社会乃是民主必不可少的条件。他们认为，只有通过独立的公民社会

---

① 吉登·巴克：《公民社会和民主：理论和可能性之间的差距》，《政治学》（英国）1998 年总第 18 卷第 2 期，第 81～87 页。

的民主实践（政治参与和舆论监督等），才能有效地控制国家权力的滥用，并使国家易于对民众的要求作出反应。

2. 公民社会对抗国家。托马斯·潘恩首次提出这一观点，他认为，公民社会和国家是一种此长彼消的关系。公民社会越完善，对国家需求就越小。理想的国家乃是最低限度的国家。他还认为，反抗那些随意剥夺公民的自由和权利的非宪政国家是正当的、合法的行为。当代少数激进的公民社会论者继承了这一观点。东欧公民社会研究者把前社会主义政权下国家和公民社会的关系描述为一种支配和被支配、控制和被控制的关系，两者相互对立。因此，他们主张反对国家对公民社会的压制，扩大公民社会自主活动的空间。美国学者阿拉托将波兰的社会运动描述为"公民社会反抗国家"的兴起。①

3. 公民社会与国家共生共强。有些公民社会论者认为，在民主体制下，公民社会与国家的关系的理想格局是强国家和强公民社会和谐共存。以研究东欧问题见长的美国学者迈克尔·伯恩哈德即持此种观点。他认为，民主体制下唯一良好的权力配置就是强国家和强公民社会共存。在这种实力格局下，国家有能力有效地工作，公民社会也足够强大，以防止国家过分自主而不对社会的要求作出反应。双方中任何一方力量过弱或者很弱小，都会产生严重的问题。② 只有双方各自对于双方的自主性得到了充分的保证并彼此处于势均力敌的状态，双方各自的功能才能得到最好的发挥。

4. 公民社会参与国家。参与国家事务是公民社会理论的题中应有之义。但对于公民社会参与国家的模式，公民社会论者并没有统一的看法。西方公民社会参与国家的模式有两类：一类是多元主义模式，美国是其代表，公民社会中的各种利益集团享有平等参与政治事务的权利；另一类是社团主义模式，以瑞典为代表，国家认可某些大的社团组织的行业或职业利益的代表权并为头目提供了制度化的参与渠道，其他利益集团则被排除在政治过程之外。对于这两类模式的优劣，公民社会论者内部意见很不一致。

5. 公民社会与国家合作互补。持这一论者反对那种把国家和公民社会

---

① 安德鲁·阿拉托：《公民社会对抗国家》，泰洛斯（Telos）1981 年总第 47 期。

② 迈克尔·伯恩哈德：《第一次转轨之后的公民社会：波兰及其他后共产主义国家民主化的困境》，《共产主义和后共产主义研究》，第 309～327 页。

对立起来，并认为他们之间存在内部冲突的观点。他们认为，在提供公共产品和对集体需要作出反应方面，公民社会和国家可以相互补充，两者之间可以建立起很好的合作关系。不少公民社会论者指出，由于"政府失效""市场失灵"和"第三部门失效"同时存在，这三者之间必须建立起一种合作互补的关系。萨拉蒙进而认为，只有在公民社会、国家以及商业领域之间建立起相互支持、高度合作的关系，世界范围内的民主和经济增长才有望实现。①

四 公民社会理论与第三部门研究和志愿组织

以非政府组织（Non-Governmental Organizations，NGO）、非营利组织（Non-Profit Organizations，NPO）为对象的第三部门研究兴起于 20 世纪 80 年代，它起初和公民社会理论的关系并不密切。这是因为，当时的公民社会理论家主要是在政治学的层面展开规范的研究，而第三部门研究则侧重于从组织理论和行政管理理论的角度开展自己的研究。进入 90 年代后，这一情况发生了极大的改变，公民社会理论家开始转向从政治社会学的角度对作为一个社会实体的公民社会进行实证的研究，而第三部门研究者也开始关注诸如非政府组织和非营利组织的作用及其与国家和市场的关系等更加一般的理论问题，双方开始找到理论的契合点。公民社会理论和第三部门研究的关系也因此越来越密切，这两种研究出现了合流的趋势。②

在第三部门研究视野中，政府和企业是现代社会经济政治结构中的两个基本部门。但是自 20 世纪 80 年代以来，在世界范围内兴起了一场"社团革命"，产生了数量庞大的介于政府与企业之间的"第三部门"。所谓第三部门，是指具有非营利性、非党派性、一定志愿性、自主管理的致力于社会问题解决的社会组织，通常又称为非政府组织、非营利组织、社会中介组织等。③ 美国霍普金斯大学的萨拉蒙教授在其《非营利组织及其存在原因》著作中提出了被学术界奉为经典的第三部门的六大特征：①正规性，即其具有正式注册、登记的合法身份；②民间性，在组织机构上与政府分离；③非营利性，即不得为其拥有者谋取利润；④自治性，能够独立控制自己的活动；⑤志愿性，即在其活动和管理中有显著的志愿参与的成

① 莱斯特·萨拉蒙、赫尔穆特·安海尔：《公民社会部门》，《社会》（美）1997 年第 2 期。
② 何增科主编《公民社会与第三部门》，社会科学文献出版社，2000，"导论"第 1～2 页。
③ 蔡禾主编《社区概论》，高等教育出版社，2005，第 119～120 页。

分；⑥公益性，服务于某些公共目的和为公众奉献。从社区志愿服务组织的基本特征来看，它具有第三部门的一般特征，因此，它也是第三部门重要形式之一，它具有突出的非政府性、非营利性、公益性的特点，而这也是社区志愿服务的基本特征。另外，社区志愿组织还是一种特殊的第三部门，它还具有利他性、自愿性、慈善性等特点。

第三部门的兴起有其深刻的社会经济背景。发达国家自第二次世界大战之后逐渐推行福利国家的政策，但到20世纪70年代则相继陷入了困境。与此同时，社会主义国家计划经济体制的弊端日益显露。人们逐渐认识到，市场失灵未必都能通过政府来弥补，政府失灵同样未必都能通过市场来解决。随着市场神话和政府神话的破灭，第三部门在各国蓬勃发展起来，涉及社会福利、社区服务、医疗保健、环境保护、文化艺术等各个领域。我国也不例外。改革开放以来，"小政府、大社会"成为我国政治体制改革的重要目标，使社会生活的自组织性不断增强，第三部门亦呈现出一种蓬勃发展的势头。从社区管理的实践来看，社区服务、社区工作的很多职能将由第三部门来承担。

第三部门参与社区志愿服务有其独特的优势：一是贴近基层。第三部门往往以社会弱势群体为服务对象，奉行自助助人的作风，有助于减少市场机制的负面效果，超越国家机构的官僚作风，增进和谐。二是灵活机动。第三部门在组织体制和运行方式上具有很大的弹性和适应性，便于根据不同情况及时作出调整。它们政治性不强、官僚化程度低，便于做政府不便做的事情。三是效率优势。在社区服务的一些空白领域和一些传统上由政府从事活动的领域内，第三部门常常比政府做得更好、更有效。凭借这些优势，第三部门在社区服务中扮演着重要角色，显示出强大的生命力。①

长期以来，我国城市实行"单位制"的管理体制。在这种"单位办社会"的体制下，社会成员固定地从属于一定的社会组织。该组织同时兼有生产职能、生活职能以及大量的社会政治职能，是一个设施相对完备的、能满足其成员各方面需求的社会复合体。随着单位制的解体，其原有的职能正在不断地向社会转移。在这一进程中，大量"单位人"转变为"社会人"，同时大量农村人口涌入城市，社会流动人口不断增加，加上教育、

---

① 蔡禾主编《社区概论》，高等教育出版社，2005，第120页。

管理工作还存在很多薄弱环节，并且政府和企业的能力有限，因此迫切需要建立新的社区服务与管理模式，这就为第三部门的生存与发展提供了广阔的空间。① 而作为第三部门的社区志愿服务组织的形成和发展主要是由于：第一，政府面临资源短缺和治理困境以及政府获取资源的合法性约束。资源短缺和治理困境具体体现在：其一，中国长期以来形成的城乡二元分离的社会保障体系，已越来越不适应社会主义市场经济发展的需要，从而使国家社会保障体系面临严重的困境；其二，国家依靠自身力量已无法满足社会保障体系的所有需求，而政府获取资源的合法性必须受到约束，也就是说，政府不可以无限制地征税。第二，随着市场经济的发展，蛋糕越做越大，但是贫富差距也日益扩大，职工失业引发的社会矛盾日益突出，生态环境也日益恶化，社会的长远利益受到侵害。于是，通过第三部门的方式，动员全社会的各类成员和社会组织参与社会救济和公益事业的建设就成为现实而明智的选择，社区志愿服务事业正是应对这一选择的必然产物。② 在社区志愿服务事业发展过程中，我们可以看到，这种新型的公共治理机制，不仅可以克服政府管理的某些困境，而且还可以弥补市场的缺陷，已显示出其自身的优势和潜力。总之，作为第三部门的志愿组织的历史发展过程演绎了我国社会波澜壮阔的历史变革，推动着中国社会不可逆转地走向公民社会。

第二节　我国公民概念的历史演变及公民教育的逻辑起点

一　我国公民概念的历史演变

公民概念源自历史，具有历史的必然性和发展性。我国自清代末年推行仿行宪政、将个人和国家之间的关系纳入宪法的范围以来，作为个人和国家之间的政治联系的"公民"法律身份并不是从一开始就得到宪法规范的明确肯定，其间经历了一个从"臣民"到"国民"，从"国民"到"人民"，从"人民"到"公民"的历史发展及演变过程。

---

① 蔡禾主编《社区概论》，高等教育出版社，2005，第 121~122 页。
② 徐麟主编《中国慈善事业发展研究》，中国社会出版社，2005，第 24 页。

（一）从"臣民"到"国民"

新中国成立之前，在历部宪法中，表述个人和国家之间的政治联系的概念并没有出现"公民"一词。1908年清政府通过的《钦定宪法大纲》采用了"臣民"一词，但该大纲文本中也没有出现与个人相对应的"国家"概念，只是使用了"大清帝国"。因此，在《钦定宪法大纲》中，个人和国家之间的政治联系完全属于"从属性"的，个人是以"被统治者"的法律身份出现在宪法文本中的。

（二）"国民"与"人民"的混用

辛亥革命胜利后，以孙中山先生为首的国民党在南京成立了中华民国临时政府。临时政府为了发扬辛亥革命之胜利成果，以及限制日后上台的袁世凯，于1912年3月11日颁布了《中华民国临时约法》。该临时约法在表述与"中华民国"相对应的个人的法律身份时，同时使用了"国民"与"人民"。但"国民"与"人民"作为宪法文本上所规定的个人的法律身份，两者之间的内涵究竟有什么差异，并不是很清晰。

1913年由当时所谓的"中华民国国会宪法起草委员会"拟定的《天坛宪法草案》，继续沿用"国民"与"人民"两词，但是，仍然没有界定两者之间的关系，以及是否指称与国家相对应的个人。该宪法草案第三章"国民"对"人民"各项权利作出了详细规定。并且在第三条明确地规定："凡依法律所定属中华民国国籍者，为中华民国人民"，首次提及"人民"资格的认定。很显然，从立宪技术上来看，该宪法草案基本上是"国民"和"人民"概念的混用。此后，1914年《中华民国约法》（又称"袁记约法"）、1923年《中华民国宪法》（史称"贿选宪法"）皆依次作出规定。

1931年5月12日国民会议通过的《中华民国训政时期约法》以及1936年《中华民国宪法草案》（史称"五五宪草"），1946年《中华民国宪法》大同小异，皆以"国民"指称国家主权的归属主体的每一分子或者具备中华民国国籍者，以"人民"概称权利义务主体。但《中华民国训政时期约法》又将"国民"与"人民"相结合，共同确认个人的各项宪法权利与义务。从上述各项规定来判断，似乎可以推断，在民国时期宪法文本上所规定的"国民"的整体范围与"人民"的范围大致上是一致的，"国民"表现的是个体，而"人民"表现的是集体。

总之，从清末仿行宪政始到新中国成立止，近半个世纪的立宪活动，由于在宪法学理论没有对个人与国家之间的政治联系，在理论上和制度上作出全面和有效的界定，因此，表述个人与国家之间的政治联系的法律术语自然也就呈现多元化的特点，从"臣民"到"国民"，从"国民"到"人民"及两者之间的混用，这些概念在表述个人与国家之间的政治联系方面都没有完全制度化、规范化，存在着简单借用和照搬国外宪法文本的问题，缺少具有中国特色的自成体系的解释理论和制度规范。

（三）"公民"概念正式进入宪法和法律文本

中国最早使用"公民"概念的规范性文件是1953年公布的《中华人民共和国全国人民代表大会及地方各级人民代表大会选举法》，其第四条写道："凡年满十八周岁之中华人民共和国公民，不分民族、性别、职业、社会出身、宗教信仰、教育程度、财产状况和居住期限，均有选举权和被选举权"，但通篇除此一处外，并没有其他地方再次涉及"公民"一词。

"公民"概念正式出现在宪法文本中是1954年宪法。1954年宪法通过规定公民的基本权利，建立起以"公民"身份为基础的人权制度，扩大了《共同纲领》所规定的宪法权利主体的范围，奠定了新中国历部宪法所确定的公民基本权利的制度基础，发展了人权的基本内涵。1954年宪法以公民的基本权利为基础，通过单独设立一章"公民的基本权利和义务"，建立了我国公民的基本权利的完整法律结构。

1975年宪法虽然是在"文化大革命"时期产生的，其中许多内容带有极"左"思想的痕迹。但是，从制度构建的层面看，1975年宪法对宪法权利的规定并没有背离1954年宪法的宗旨，除了保留1954年宪法所规定的"公民的基本权利"体系和结构，而且，还根据当时的历史条件，对"公民的基本权利"的内容做了适当的增减，有些权利规定还带有一定的历史进步性，所以，从整体上来看，1975年宪法所确立的宪法权利制度在1945年宪法所确立的宪法权利制度上有所发展，而没有出现明显的倒退迹象。

从1954年宪法、1975年宪法关于"公民"概念的规定来看，"公民"概念基本上是作为"基本权利"的权利主体而存在的。但由于受到新中国成立以来各种政治因素的影响，对于"公民资格"在宪法文本中始终没有加以确认，因此出现了有公民的基本权利的宪法规范，却没有行使公民的基本权利的权利主体的界定。这种公民的基本权利制度的设计方式在法理上是存在严重缺陷的，在制度实践中也不利于真正建立起保障公民的基本权利实现的具体的法律保障制度。

(四) 1982 年宪法确立了"公民资格",丰富和完善了公民的基本权利制度

1982 年宪法关于宪法权利和公民的基本权利的一系列规定,构成了我国现行的、完整的宪法权利和公民的基本权利体系和结构,是新中国成立以来最好的一部宪法。一方面,在保护公民的基本权利和保障宪法权利方面,1982 年宪法比较全面地恢复了 1954 年宪法的良好传统,肯定了 1954 年宪法中许多有益的、符合人权保障事业进步发展要求的规定;另一方面,1982 年宪法又根据我国的具体国情,丰富和完善了宪法权利和公民的基本权利,增设了许多新的权利,体现了该宪法在保障宪法权利和保护公民的基本权利方面所具有的先进理念。

1982 年宪法比较全面地规定了公民的基本权利,建立起完善的公民的基本权利体系和结构,特别是在宪法中突出了公民的基本权利在整个宪法中的地位,一改 1954 年宪法、1975 年宪法的传统,将"公民的基本权利和义务"作为第二章,放在第三章"国家机构"的前面,表明了公民的基本权利与国家机构的权力之间的目的和手段的关系,理顺了国家权力与公民权利的关系,符合现代宪法的基本精神。

2004 年修宪将人权的概念写进宪法,丰富了我国现行宪法关于宪法权利和公民的基本权利制度的内容,扩大了宪法权利主体的范围和宪法权利的深度和广度,使得人权保障事业获得了更加可靠的宪法保障。"人权"理念入宪扩大了国家对个人应当承担的道德义务的范围,突破了"公民"概念对个人与国家之间的政治联系法律界定的界限,丰富了现代宪政原则的内涵,为作为根本法的宪法更好地发挥维护政治国家的"国家主权"、规范国家机关的权力行使秩序、保护个人合法和正当的法律权益等方面的作用,提供了有效的制度保障。

二 公民教育的逻辑起点

起点是事物发展的原点,但在目的论范畴中,起点就是终点,终点即是起点,因为目的作为欲达到的效果,一开始就在它本身之内,而没有过渡到它的外面,"它在终点里和它在起点或原始性里是一样的"①。研究公民意识的逻辑起点,就是探讨公民意识培育的目的及其实现,核心在于培

---

① 黑格尔:《小逻辑》,贺麟译,商务印书馆,1980,第 388 页。

养什么样的公民以及怎样培养公民。

（一）走向世界历史的人：公民意识的本体论依据

公民是公民意识的本体范畴。公民意识的逻辑起点是由公民的内涵这一本体论问题所决定的。因此，如何理解公民概念，就成为研究公民意识逻辑起点的首要问题，它是公民意识的本体论依据。从历史与逻辑相统一的观点来看，将公民概念定为"走向世界历史的人"，即权利与责任一致、个体主体与类主体相统一的人，符合公民形成的历史过程，具有理论的彻底性。

从公民形成的历程来看，所谓公民就是权利与责任（义务）、个体主体与类主体相统一的人，是"走向世界历史的人"或"世界历史性个人"。它是一个真正的关系性范畴，是方法论的关系主义，而不是个人主义①，或无个性的整体主义。之所以说真正的公民仍在形成之中，就在于权利与责任时常相分离或对立，个体主体与类主体不统一。在人类历史时期，人们"不大能够区别权利和义务"；而在阶级产生以后的文明时代，"它几乎把一切权利赋予一个阶级，另一方面却几乎把一切义务推给另一个阶级"②，"权利是主体地位的一种逻辑延伸和价值确认，是人作为社会存在物所获得的社会承认和界定"③。权利和义务不可分割，"没有无义务的权利，也没有无权利的义务"④，个人权利，对他人、社会来说，则表现为他人、社会的义务；个人义务，相对于他人、社会来说，则表现为他人、社会的权利。权利与义务（责任）的分离或对立以及统一，是公民产生过程的历史表征，说明它只能在实践基础上具体地、辩证地相互决定、相互生成、彼此同构，并历史地发展。从权利与责任相互分离、对立以及统一的过程来看，公民的形成同时也是个体主体与类主体的分离、对立和统一的过程。个体主体是在物的依赖性基础上形成的人的独立性，类主体是在承认个体主体的前提下形成的"真实的集体"。脱离类主体的个体主体只能

① 赵汀阳：《深化启蒙：从方法论的个人主义到方法论的关系主义》，《哲学研究》2011年第1期。
② 中共中央马恩列斯著作编译局：《马克思恩格斯选集》第4卷，人民出版社，1972，第174页。
③ 吴向东：《重构现代性：当代社会主义价值观研究》，北京师范大学出版社，2009，第249页。
④ 中共中央马恩列斯著作编译局：《马克思恩格斯选集》第2卷，人民出版社，1972，第610页。

是"私民"，不承认个体主体的所谓"类主体"也只能是另一种"私民"及"臣民"。因此，只有在人的独立性基础上，实现个体主体与类主体的统一，形成"共生"的社会，才有公民和公民社会。个体主体和类主体的统一是公民的必然内涵。由上可见，权利与责任、个体主体和类主体的统一构成公民的内涵，包括起来即是"走向世界历史的人"，它是一种关系本体论，是公民意识的本体论依据。

只有按照逻辑和历史一致的原则，将公民定义为"走向世界历史的人"，呼唤真正的"新人"出现，强调权利与责任、个体主体和类主体的统一，才既符合历史事实，又不致产生逻辑困难，可为公民意识找到切合实际的本体论依据。

（二）民主与规范：公民意识的实践逻辑起点

权利与责任、个体主体和类主体相统一的公民范畴进入公民意识的实践领域，就集中体现为民主与规范。这是因为民主的本质是人的权利问题[1]，而所有约定俗成或明文规定的规范都是对权利和义务（责任）的约定（规定），是对主体的确认和约束。与此同时，责任与权利、个体主体和类主体范畴都需要在活动过程中表现和实现。所以，民主与规范自然就构成公民意识的实践逻辑起点，保证公民意识的有效性。

从应然的视角看，民主应从经济、政治、文化等社会全面保障人们的权利和主体地位。

将民主作为公民意识的实践逻辑起点，可从实践层面确认师生的主体地位，保证教育回归人的世界、实施人的教育。人的世界的形成，说明教育是人的教育，它规定了师生共同的主体地位，双方在人格和社会地位上是完全平等的，在工作关系上是价值引导与自主建构的统一。同时，教育作为培养人的实践活动，是以人为本的学习与生活共同体，在这里，每个人都有不受别人干涉做自己有能力做的事，并在自我选择的实际行动中实现一种真实且富有意义和价值的生活，成就一种丰满的、完整的人格，在活动中通过认识和利用必然表现出一种自觉、自为、自主的生存状态。[2]

将公民意识的实践逻辑起点定位于民主，根源在于人的成长是一个"视界融合"、社会建构和自我反思的生存—实践过程，从而是一个进一步

---

[1]　袁贵仁：《马克思的人学思想》，北京师范大学出版社，1996，第230页。

[2]　吴向东：《重构现代性：当代社会主义价值观研究》，北京师范大学出版社，2009，第287页。

落实青年权利与责任，促进其个体主体和类主体的融合及公共性的建构过程。"视界融合"是哲学解释学的范畴，在生存—实践的解释学视阈下，理解是人的一种存在方式，而理解总是在"前见"和"偏见"的引导下进行的。它直接推翻了近代客观主义将青年当作"空的容器"的假设，成人青年的"前见""偏见"的合法性，这是青年成为认识和生存主体的前提，也是尊重青年人格价值和权利地位的基础。由此，在客观体的范畴内，青年的认识和成长，必然是在社会主流的价值引导下，主体在自己"前见""偏见"的基础上，不断改造和改组自己的经验，扩展视野，深化理解的"视界融合"过程，"视界融合"过程同时是一个主体与多重主体交往互动的过程，是主体—客体与主体—主体的统一体，是个体认识社会化和社会认识个体化的双向建构过程。① 在这一过程中，将克服单一式个体主体的"私人性"，体现出人的本质的社会性、"公共性"，为公民的形成提供切实有效的途径。"视界融合"与社会建构的过程离不开自我反思。自我反思是主体与自身的对话，它意味着将"自己"与他人之间的关系内化、结构化。② 由于它所内化和结构化的是"关系"，而非实体，因而才能够扩展其"公共性"，并形成自律自主的人格，从必然走向自由。

以民主为公民意识的实践逻辑起点还在于从方法论的关系主义来看，现代青年教育所要构建的"学习与生活共同体"是一个文化生态系统，从而更加突出了个体主体的价值和类主体的必要性。在文化生态学看来，一定的社会团体、社会组织都是一个生态系统，任何事物的意义都无法从事物自身来理解和认识，而只能从它与整个生态圈的关系来把握。因此，任何事物都不可能从与其他事物的关系中分离出去，现实中的一切单位都是内在地相互联系着，所有单位或个体都是由关系构成的。③ 这充分肯定了个体主体多样性、异质性存在的价值，同时说明了人类基于个体异质性和多样性的普遍依赖，要求个体更加深入地契合于他人、社会，达成更多的共识，实现共生、共存、共荣。对每个人来说，当他把他人和社会看作自己的同胞，当他把他人和社会的命运看成是和自己的命运密切相关的整体时，也许已经是一位伟大的公民了。这也说明公民意识必须将"国家公

---

① 鲁洁：《走向世界历史的人——论人的转型与教育》，《教育研究》1999 年第 11 期。
② 佐藤学：《学习的快乐——走向对话》，教育科学出版社，2004，第 39 页。
③ 大卫·雷·格里芬：《后现代科学——科学魅力的再现》，马季方译，中央编译出版社，1998，第 151 页。

民"和"世界公民"结合起来培养，而不能局限于一隅。

规范是法治的同义语，但其内涵比法治更丰富，作为公民意识的实践逻辑起点的应该是规范，而非法治。因此，将规范与民主一起确定为公民意识的实践逻辑起点，具有更强的说服力，也可使公民意识落实在日常生活过程中。

尽管公民意识的实践逻辑起点是规范，但其精神实质是法治。这是因为法治是对民主的保障，包括对自由和平等的保障，归根结底是对公民权利的保障，它强调平等、反对特权、反对滥用权力。所以，发扬民主健全法制是统一的，他们共同维护着公民社会的正常运转，保障着人们生活的幸福安康。

从以上将民主与规范确定公民意识的实践逻辑起点的依据来看，有效的公民的养成必然是在活动过程中发挥作用的。权利和责任不仅仅是写在纸上的东西，而更重要的是实现中的"有权利"和"负责任"；个体主体和类主体的显现，也必须体现在人们的生活过程中，否则也是一纸空文。可以说，"走向世界历史的人"这一公民的本体论范畴，只有化身为实践中的民主与规范，使人们形成一种民主的生活方式、遵守规范的习惯，才能使公民培育取得成效。也就是说，公民的意义在于积极地"做公民"，而不是消极地"是公民"。如果没有主体的积极参与，也就没有公民。公民的内涵只有经过实践环节，才能真正内化为普通的公民意识和能力。公民是在公民生活中成长起来的。

但是，本体论的公民范畴转化为实践中的民主与规范，作为公民教育的实践逻辑起点，仍然具有不完备性，这是由民主与规范本身的缺陷造成的。而要克服这一缺陷，需要公正与幸福这对更上位的价值论范畴予以规约。它们构成公民教育的价值逻辑起点，是公民教育有效实施的又一重要保障。

（三）公正与幸福：公民意识的价值逻辑起点

公正是社会公平与正义的合成。社会公正是社会成员对社会是否"合意"的一种价值评判，其实质是要求经济、政治、文化等各种权利在社会成员之间合理分配，每个人都能得到其所应得的；各种义务由社会成员合理承担，每个人都应承担其所应承担的。其中，社会公平是社会公正的基本含义和基本要求。社会公正也常常用"正义"来指称。正义是公民社会的终极价值，公民社会是以追求正义为归宿的。幸福是个人合理生活计划的实现或合理欲望的满足。而社会正义与人们的幸福具有密切的关系，因为"正义感甚至更直接地指向人们的幸福"。正因为如此，所以公正与幸福就共同构成了公民教育更上位的范畴，是其价值逻辑起点。

公民之所以能够成为公民意识的价值逻辑起点，就在于它既能对民主与规范进行规约，使其具有更强的正当性，同时它又要民主与规范来充实和矫正，使其更富有人性。此外，它还对和它并列的范畴——幸福起着重要的保障作用。

首先，民主与规范自身的历史局限性需要公正来规约，使其不断具有更强的正当性。民主与法治都是历史范畴，它们自身都具有不可避免的历史局限性。民主与法治一刻也离不开公正的规约与指导，它直接规定着培养什么样的公民和怎样培养公民，这是它成为公民意识的价值逻辑起点的根本依据。

其次，公正也需要民主与规范来充实和矫正，使其更富有人性。公正作为一种价值观，具有很强的具体性、特殊性，并没有一以贯之的合理性。例如，在古希腊的智者那里，公正就是强者的利益；而在柏拉图那里，公正就是人们在自己的位置上各尽其责而不僭越，完全是等级性的；在亚里士多德那里，公正以公共利益为归依，而目前西方占主导地位的"自由型公正"是个人本位的，它虽然极大地激发了社会发展的活力，但过度的自由竞争必然带来弱肉强食、两极分化、贫富悬殊、社会对立等不公平现象，成为资本主义的致命顽症。① 因此，以科学社会主义的"平等型公正"来超越以往的公正，成为实现人类解放的根本途径和现实任务。而这正是真正的民主和法治发挥作用的地方。真正的民主与专制相对立，维护人的自由权利，倡导和实现平等，实行平等，实行法治，而法治的根本目标是公正。由此可见，用发展着的、先进的、真实的民主和人民主权的法治充实和矫正公正的内容，将使公正更加"公正"，更富有人性。这是公正与民主法治的又一层重要关系，而且只有进行这样的双向矫正、补充和充实，才能使公民培育更具有合理性。

再次，公正对个人幸福的保证发挥着非常重要的作用。公正既涉及个人，也涉及制度。就个人而言，为人做事的态度和行为公平主义，是非常重要的公民素养。但是，公正主要指的是社会制度，它是社会制度的首要

---

① 李德顺：《怎样看"普世价值"》，《哲学研究》2011年第1期。

价值，与个人的幸福密切相关，这在人们普遍交往和深度依赖的现代社会尤其如此。之所以说社会公正直接关涉个人幸福，是因为它引领人们的向心力和凝聚力；保障权利的合理分配和义务的合理承担，从而使人们保持平和的心态去创造更大的社会财富。在这样的情况下，人们就会将制度本身看作善，所有的人就会对相同的事物都感到满意，这种满意就是一种幸福。反之，如果制度不公正，社会基本善——权利和自由、机会和权力、收入和财富、自我价值感不能合理地分配，一些人从不公正的制度安排中捞取好处，并轻蔑地否定别人的权利和自由，毫无顾忌地破坏或妨碍他们利益的法律法规，人们总体上就不可能享受幸福生活。

幸福之所以是公民意识的价值逻辑起点，在于它是公民意识培养的一般价值原则，是民主与规范的价值旨趣，是对个体主体性与类主体性的弘扬。

第一，幸福作为公民意识培养的一般价值原则便决定了它是公民意识的价值逻辑起点。无论是人类个体还是整体，所开展的一切活动和一切发展，终极的、永恒的价值追求和目标都是幸福，区别只在于追求什么样的幸福和怎样追求幸福。幸福的终极价值决定了它也是教育的终极价值，其他目的都是其具体表现。既然幸福是教育的总目的，那么，它自然就是公民意识的价值逻辑起点。

第二，民主与规范的工具性要求幸福来引导和规约。就根本而言，民主与规范具有二重性，既有价值性，也有工具性。作为一种价值，它们是人类梦寐以求的重要目标。但是，它们更重要的性质则是工具性，从终极意义来说，它们只是人们追求幸福的工具，本身不具有自足性。因此，只有以幸福来引导和规约民主与规范范畴，公民意识的内涵和方向才具有完整性和鲜明的指向性，才能在培育公民意识的过程中回归人性，让主体在体验幸福中获得更多、更大的幸福。

第三，将幸福作为公民意识的价值逻辑起点，可促进公民主体性的发展，从而享受公民意识培养的幸福。从人类历史发展的进程来看，突出幸福的主体性内涵是符合历史发展规律的。这样，既然幸福是一个主体性范畴，就不能过于强调其感受性和主观性，以免滑入主观主义；也不能突出其客观性，以免陷入客观主义和宿命论。它是与人的主体性发展相一致的，人在创造生活的过程中，得到唯独人才有的一种最高享受，就是幸福。因此，促进公民的主体性发展，让他们在公民意识培养的生活中享受和创造幸福，是公民意识的题中应有之义。

综上所述，公民意识就是培养"走向世界历史的人"，这样的人是享受权利与承担责任、个体主体和类主体相统一的"新人"。公民只有在社会公正和个人幸福的价值逻辑规约下，在民主与规范的实践逻辑中才能有效地生成。

第三节　公民教育视野下的志愿服务

在中国青年运动发展史上，发轫于20世纪90年代初的青年志愿服务，是一段跨世纪的华彩乐章。在日益壮大的中国志愿者队伍中，"80后"青年群体以其创造性强、富有热情、主体意识浓厚以及实现自我价值的内在积极性，成为我国志愿服务的主力军。近20多年来，参与志愿服务逐渐成为全民性的新的社会风尚。一个遍布全国的青年志愿服务网络已初步形成和完善，并已成为一项推动我国社会发展、催生现代文明和服务社会公益的全民性事业。

在当代公民社会学理视野下，"80后"志愿服务作为社会建设和发展的重要内容，在凝聚社会力量，整合社会资源，关注民生和提供社会保障等方面发挥了重要的作用，有利于优化人际关系，化解社会矛盾，维护社会稳定，促进社会和谐。有学者研究认为："公民社会和志愿服务两者存在着一致性，志愿组织是公民社会的组织化形式，它的发展催生公共领域的形式与公民社会的发展。因此，志愿服务被公民社会研究学者普遍看作公民社会的主体和核心要素，更有学者将公民社会等同或狭义为志愿组织。毋庸置疑，志愿组织是公民社会结构要素中最为主要、最具活力的部分，它的成长对培育公民社会有着重要的作用和意义。"[1] 还有学者认为："志愿精神是公民社会和公民社会组织的精髓。"[2]

一　国外志愿服务的历史沿革

志愿服务的精神与人类古老的宗教慈善观念有着密不可分的传承关系，宗教慈善是西方志愿服务精神和公益传统的基础。从历史发展的角度看，志愿服务最早兴起于欧美国家，其形成和发展大致经历了以下三个主

---

① 沈杰主编《志愿行动：中国社会的探索与践行》，人民出版社，2009，第108页。

② 丁元竹等主编《北京奥运志愿服务研究》，北京出版社，2009，第2页。

要阶段。

（一）萌芽阶段

志愿服务起源于19世纪初西方国家宗教性的慈善服务。由于受基督教的博爱思想以及人道主义价值观的影响，慈善服务催生了欧洲大陆和美国的志愿服务。在近代资本主义产生以前，基督教组织在救助病人、帮助老人、教育儿童等公益事业中扮演着重要的角色。至中世纪时，基于基督教会发展起来的慈善事业已经在民间影响广泛。文艺复兴与宗教改革以后，许多慈善服务机构脱离了教会的控制与管理，转入世俗社会，同时这些脱离了教会的慈善服务机构不得不重新考虑资金运作机制，从而私人支持的慈善服务机构逐渐发展起来了。

在英国，自中世纪以来，由于受到饥饿、战争、疾病、灾害的影响，很多人流离失所，孤儿寡母、伤残老弱、无家可归者剧增，需要救助的人越来越多，由教会和私人以定期与不定期的方式进行的救助越来越难以应对现实需要。为了解决这一社会问题，英国政府长期以来鼓励和支持崇尚志愿服务的公益性事业，并通过慈善法规来促进这些服务活动。早在1601年就先后颁布了《慈善法》和《济贫法》，建立了各级"济贫院"志愿服务组织。更重要的是，政府开始放松对民间结社的限制，甚至鼓励民众自发组织起来的社会团体开展慈善公益活动，为了协调政府与民间各种慈善组织的活动，在伦敦成立了"慈善组织会社"。而在美国，志愿服务机构是其社会中一支重要的力量，其兴起是美国特有的历史与文化的产物。一方面，美国人崇尚自由的价值观使他们天生反对集权主义，反对政府过多地干预社会问题，希望由民间自治选择解决社会问题的方式，特别是强烈反对政府干涉宗教信仰自由，很多早期的诸如扶贫济困、卫生保健、教育和社会服务等方面的志愿服务组织是作为宗教机构的附属开始活动的；另一方面，美国社会的历史是移民不断涌入的结果，从欧洲来到北美大陆的移民，为了反抗宗教的迫害以及克服生存所面临的困难，他们之间具有极强的抱团结社、相帮互助的传统精神。英国移民驾驶的"五月花号"于1620年9月23日前往北美，全船乘客102名（其中分离派教徒35名，其余为工匠、渔民、贫困农民及14名契约奴）。他们风雨同舟，互帮互助，经过65天与风暴、饥饿、疾病、绝望的拼搏后，终于看到了新大陆的海岸线。面临荒蛮、寒冷、野兽等恶劣条件以及他们将来的生存和发展，在上岸之前，他们共同签署《五月花号公约》，签署人都立誓自愿创立民众自治团体，其达成的内容为在新大陆上建立自治与法治打下了基础。由此，美国民众自愿结为自治团体，民间"乐于助人"的风气很浓，人们乐于慷慨解囊，也乐于做义工服务，并把这种志愿行为看成是解决社会平等问题的独特的民主意识，并逐渐形成了支援和帮助他人的团队服务精神，这种精神作为一种传统美德而传承下来，致使一大批拥有慈善之心的各阶层人士成为美国早期的志愿服务人员。

（二）发展阶段

19 世纪末到 20 世纪初，欧美资本主义发展进入"垄断资本主义"时期，财富急剧集中于少数垄断组织，从而导致贫困两极分化加剧，社会矛盾日益激化，大量社会问题和社会弱势群体的出现使人们意识到，整个社会在鼓励市场竞争的同时，还需要一种能够调节社会均衡发展的机制。在这一社会发展背景下，推动社会变革的工人组织或团队不断形成，如 1881 年英国工人成立的民主联盟，1883 年俄国工人成立的劳动解放社，1886 年美国工人成立的劳动者联盟等。同时，垄断资本家为缓解社会矛盾、保障社会稳定，拿出部分利润，成立慈善事业的基金会以及其他非营利组织，开展社会公益事业。如美国的救世军、救助儿童会、劳工保障会、残疾人服务中心、老年服务中心等慈善服务组织都诞生于这一时期。美国的许多大型企业或家族都设有自己的基金会，统筹管理捐赠款项，回馈社会，如洛克菲勒、卡内基、福特、摩根等基金会，他们的社会公益捐赠和志愿服务活动遍及世界各地，捐赠或服务对象包括慈善事业、文化艺术、教育、医学、环保等诸多领域。大规模的慈善捐款和志愿服务活动催生了越来越多的非营利性组织和公益服务机构，形形色色非营利组织所针对的社会问题不同，但关心人、帮助人和服务人，解决社会问题的社会价值观以及人们团结互助解决共同关心的问题的理念是相同的。这些组织的运作和努力，改善了社会风气，也在很大程度上影响政府的管理和决策。

此外，19 世纪下半叶，社会保障和公共福利制度开始在英国建立，政府规定享受社会保障和福利是公民的基本权利。随着欧美各国政府对公共政策的重视和福利国家的出现，欧美一些国家先后通过了有关社会福利或社会保障方面的一系列法律和法规。这些社会福利方案除了要有大批具有职业献身精神的社会工作者去实施之外，同时也需要动员和招募大批的志愿人员投身于各项社会公益服务工作之中。于是，这些国家纷纷对其政策进行调整，从而促使志愿服务得到了进一步的发展，同时也受到政府的重视与鼓励。大量以民间慈善为宗旨、以公益服务为主要活动方式、以志愿参与为特征的非营利组织的存在及其作用的发挥，形成了西方国家政府与非营利组织共同推进社会公益和公共福利的独特社会景象。

（三）规范阶段

第二次世界大战以后，人们对和平的祈盼与对人类的关怀意识增强，人们的现代民主思想强化与公民社会理念日渐成熟，一场被誉为"全球化结社革命"的运动正在蓬勃兴起。大批和平维护组织和权益保护组织涌现出来，比较有影响的包括人权组织、妇女组织、儿童组织、绿色和平组织以及各种反战组织，它们在当今社会变革中发挥了积极的推动作用。在战后经济恢复与社会重建的过程中，越来越多的非政府组织致力于慈善救助、自然资源和环境保护事业，旨在帮助贫苦者的世界宣明会，旨在保护环境的地球之友、绿色和平组织等著名志愿服务组织成为这一时期的典型代表。

西方国家的志愿服务工作不仅逐渐发展成为一种由政府或私人社团所进行的具有广泛性的社会服务工作，而且也使志愿服务工作得到了进一步的规范和完善。志愿服务工作的重心不仅在于调整被救助者的社会关系，改善他们的社会生活，更重要的是在于调整整个社会结构与社会关系，使志愿服务工作逐渐走向制度化、专业化、终生化，一些有志之士将从事志愿服务作为自己的终生理想和毕生事业。

终生从事慈善志愿事业的印度修女德兰（1910～1997）是20世纪志愿服务的杰出代表。她说："我们都不是伟大的人，但我们可以用伟大的爱来做生活中每一件平凡的事。"为此，她一生过着极其俭朴的生活，一双凉鞋、三件粗布纱丽伴随她一生，却把自己的一切都献给了穷人、病人、孤儿、孤独者、无家可归者、临终者。她从12岁起，直到87岁去世，都在志愿为受苦受难的人们从事热心的公益服务。为了救助更多的贫苦者和病人，她成立了"仁爱传教修女会"，专门培训慕名而来的志愿服务者，并获得世界各处的捐赠4亿多美元。在她高尚人格的感召下，其毕生热爱的慈善志愿服务事业中有着遍布在100多个国家数不清的追随者和义务工作者；她与众多国家的总统、首相、国王、王妃、企业巨子和传媒大亨关系友善，并赢得了他们的敬仰和爱戴。鉴于她在慈善志愿服务中作出的伟业，1979年德兰修女荣获诺贝尔和平奖，这是诺贝尔奖项中最没有争议的一次，同时她也是20世纪全球获奖最多的人。当今，从志愿服务的整体规模和社会效益来看，志愿服务已逐渐步入组织化、规范化和系统化的轨道上，并在此基础上形成了一套比较完整的运作机制和国际惯例。20世纪70年代以前，在发展中国家很少有本国的志愿服务组织在活动；自80年代以来，发展中国家的志愿服务组织发展得很快，志愿服务活动相当活跃。

二 现代非营利组织兴起的社会背景

志愿服务组织作为非营利组织的重要组成部分，虽然其历史久远，但其作为第二次世界大战以后的一种主要社会力量在世界范围内的蓬勃兴起，与福利国家的困境、公共管理危机、政府改革、治理转型等相关联，是对"政府失灵"和"市场失灵"的反映。具体而言，现代非营利组织兴起的社会背景有以下三方面原因。

（一）市场失灵

人类物质交换的社会交往行为是在经济领域进行的，在市场经济条件下，以营利为目的的组织和个人，其活动领域就是市场。众所周知，市场是一只"看不见的手"，具有天然的自我调节机制，根据价格信号调节需求与供给，从而实现有效而合理的资源配置。但市场并不是完美无缺的，由于其内在的运行规律和本身固有的局限性，决定了市场也具有天然的弱点，这就是所谓的市场失灵。企业存在的最大目的是追求利润最大化，当它认为无利可图的时候，便不会提供资金去从事某项活动，更不会去从事完全尽义务和责任的志愿服务，因为志愿服务是无任何经济回报的。所以，在提供公共产品或公益服务的领域，市场是无法发挥作用的。此外，在许多经济转型国家，经济体制的急剧转化，使政府和市场开始建立一种新的互动关系，这种关系在某些时候表现为权力与商业利益的结合，导致诸多社会问题出现，如分配不公、贫富悬殊、生态环境恶化等，特别是对社会中的弱势群体造成了更多困难。由于市场机制存在上述缺陷，因而人们开始转而寻求政府的干预，但市场难以解决的社会问题，政府也可能束手无策，这就出现了政府失灵问题。

（二）政府失灵

19世纪末20世纪初，自由市场机制在西方被极为推崇，国家仅被要求作为"守夜人"的角色而存在。但20世纪30年代爆发的经济危机，使资本主义经济遭到致命打击，从而打破了"市场无所不能"的神话。在这一背景下，奉行国家干预的凯恩斯主义应运而生。在以后的几十年里，凯恩斯主义几乎成为医治西方经济问题的灵丹妙药，福利国家政策成为资本主义国家发展的主要模式。但20世纪70年代以后，全球不同类型的国家又普遍出现了经济停滞，迫使人们对政府干预的作用进行重新认识。庞大的福利开支使政府不堪重负，加上人口老龄化、失业问题严重、经济竞争加剧、政府管理成本加大等因素，使得政府在人们心目中的地位日益下降。而且，越来越多的人认为，国家向社会领域的无限渗透缩小了人们的自由生存空间，制约了社会领域的发展，这与西方国家的传统意识产生了冲突。在这种背景下，市场化的潮流又开始抬头，美国的"里根经济学"和英国的"撒切尔主义"便是最为明显的例证。他们极力主张削减政府的福利开支，希望通过发展志愿团体等非营利组织来分担政府的一部分职能。之所以会出现政府失灵，是因为社会成员对公共产品的需求并不是一致的，甚至存在很大差别，而作为单一提供主体的政府不可能全面顾及所有社会成员的需求，只能从众多方案中选择一种最为合适的方法，形成国家政策。这势必使一部分社会成员的需求得不到满足，同时也反映了政府在提供公共产品或服务方面确实存在失灵的问题。这为非营利组织的产生与发展提供了良好的契机。除了这一原因外，在西方国家，还有一些比较特殊的历史背景，可以为我们的研究提供相关信息。

（三）历史传统

1. 自由结社传统

自由结社的传统在西方国家历史上一直占有非常重要的地位。从欧洲封建社会建立之初，为了保障自我利益，大大小小的手工业者就相互结合成立了各种各样的行业组织。这种行会组织代表着新兴手工业者的利益诉求，在经济、政治和社会领域发挥着重要作用。随着封建制度的腐朽没落，新兴资产阶级开始了同封建制度的不懈斗争，在斗争过程中涌现出一大批杰出的资产阶级思想家，如霍布斯、洛克、卢梭、孟德斯鸠等，他们极力倡导言论、集会和结社自由，为资产阶级革命提供合法化依据，同时也为各类社会组织的发展提供了理论上的支持。

2. 自治传统

在国家与公民之间还存在一个相对独立的领域，即社会领域。在西方社会历史的发展过程中，长期以来，始终承认独立于国家的社会领域的存在。在社会领域中，社会成员通过自愿建立的组织来调整相互之间的关系，解决相关纠纷，无须通过国家机构权力的介入。由此可见，非营利组织的兴起基本上是人们的自觉行动，是以人们的自治精神为基础的。非营利组织之所以能在西方盛行，是与这些国家的社会自治传统和人们保护自我权利的意识密切相关的。通过自发地组建组织，确立组织的行为规范，从而保障非营利组织能够独立于政府而提供公共产品。从这个意义上讲，非营利组织实际上是人们寻求互助的公共集合体在现代社会的体现。

3. 价值观念

民族国家产生之前，社会生产力水平极其低下，面对恶劣的生存环境，人与人之间通过友爱互助相依为命，共同战胜困难，这种极其简单朴素的价值观念可以看作早期公民组织的精髓所在。随着商品经济的高度发达，自由竞争的市场经济使各种商业活动充斥着追逐利润的浓厚气息，适者生存，优胜劣汰，在这一原则的指导下，如何保障被社会边缘化的公民能获得必要的谋生条件，从而最大限度地实现社会公正？这就要求发展一种以互利互惠、责任或义务为基础的道德经济，即加强对社会弱势群体的关注，提高社会道德水平，在全社会范围内开展一场"人性化革命"。这种以互助为基础的志愿活动和价值理念正是非营利组织赖以存在的重要基础。而非营利组织的产生和发展，反过来又对社会的健康发展起着良好的引领作用。

非营利组织作为现代社会的第三大部门，其承担的基本职能就是弥补市场部门和政府部门的不足，执行市场部门和政府部门所不能完成或不能有效完成的社会职能，促进公共利益和实现公共目标。

三　中国志愿服务的发展历史

据文献《周礼·地官》记载，中国早在西周时期就设立了专门官职来施予惠政，救济贫病之民。《孟子·尽心上》也有关于战国时期"齐宣王亦尝发棠邑之仓，以赈贫民"。随后，民间私人的济贫赈灾、施医给药、扶孤恤老、修桥铺路、捐助兴学等善举，或称"义举"，历代不乏典范。如宋代范仲淹创办苏州"义庄"，刘宰开办金坛"粥局"，清代武训乞讨兴义学，清代张謇经营南通慈善机构，民国时期熊希龄举办香山慈幼院等都属于慈善义举。这些早期的善举形式对后世影响至深。但是，在新中国成立后直至改革开放前，我国的志愿服务起步较晚，因此，发展程度也不如西方国家的志愿服务成熟。这是由我国长期传统计划经济模式所决定的。新中国成立后，我国实行高度集中的计划经济体制，不可否认，这种高度集中的体制在新中国成立初期确实有强大的生命力，它使国家获得了对社会资源的全面控制，从而得以顺利完成对旧中国经济的改造。但同时，国家对社会的控制也造成了社会自主性的缺失，社会力量和资源被纳入国家统治之中，政府权力深入到社会生活各个方面，从而把原有的慈善组织全部取消，而其承担的社会功能转由政府实行。加上受"左"的思想影响，人们一度对慈善义举和志愿行为产生偏见，认为社会主义社会具有无比的优越性，而慈善事业恰恰是同落后、贫困、灾难与不幸联系在一起的，如此宣扬慈善，岂不等于矮化社会主义。就是在这种思想与观念的支配下，慈善这种历史久远的救人济世的事业在新中国成立后30年里，也就失去了它在社会中应有的地位，非营利组织的发展也因此缺少了制度上的支持。而没有非营利组织的发展和民间力量的扶持，志愿服务很难发展壮大。

传统的计划经济体制未能解决社会问题，随着社会经济的进一步发展，其弊端也逐步呈现出来，国家权力的过度集中使社会缺乏活力和创造力，经济发展缺乏生机。在这种背景下，改革的呼声日益高涨。1978年以来的改革开放顺应了这一历史发展的要求，从多方面对原有的体制进行变革，其中一项很重要的内容就是将原来由政府独家包揽的部分社会公益事务转移出来，这为非营利组织的兴起提供了合法性和广泛的活动空间。得益于改革开放的宽松环境和机遇，我国非营利组织得到了逐步发展，在社会生活中日益扮演着不可替代的角色，发挥着自身独特的功能和作用。

我国青年志愿服务是伴随社会主义市场经济的发展应运而生的。中国大陆青年志愿服务的发源地是珠江三角洲地区，这一地区是中国改革开放的前沿，毗邻港澳，经济发展惊人，社会变革迅速，但在经济发展的同时社会问题和矛盾逐渐呈现，特别是弱势群体的生活问题、外来务工人员生存和发展问题、青少年思想价值的变迁等，引起社会的广泛关注，人们呼吁爱心、救助、奉献，于是一些充满热情和爱心的有识之士借鉴香港、澳门地区义工运作的成功经验，中国大陆首家正式注册的志愿服务组织——深圳市义务工作者联合会，于1990年在深圳成立了。1993年12月5日，北京青年志愿者协会成立，这是全国最早成立的省级青年志愿者协会。1994年12月5日，中国青年志愿者协会成立，它是由志愿从事社会公益和社会保障的各界青年组成的全国性社会团体，接受共青团中央的指导。这标志着中国青年志愿者行动进入了有组织、有系统、有秩序的发展阶段。到2001年10月，形成了由全国协会、34个省级协会、2/3以上的地

（市）级协会及部分县级协会组成的青年志愿服务组织管理网络。

中国青年志愿服务是一项与国际接轨、与社会主义市场经济同向发展的跨世纪的事业，它致力于帮助有特殊困难的社会成员，推动社会保障体系的建立和完善；致力于消除贫困和落后，消灭公害和环境污染，普及科学文化知识，促进经济社会协调发展和全面进步；致力于建立互助友爱的人际关系和良好的社会公德，推动社会主义精神文明建设；立足于社会关注、党政关心、青年能为的社会公益事业，是动员和组织青年参加社会主义精神文明建设的有效载体，是新形势下共青团工作服务社会的新探索。

在中国，志愿服务事业的主体是各级青年志愿者协会。伴随着改革开放的深入和社会主义市场经济的发展，青年志愿服务从无到有、从小到大，在探索中求发展，在创新中求突破，在奉献中抓落实，志愿服务的领域不断扩大，队伍不断壮大，志愿服务的精神在社会上得到广泛传播，参加志愿服务逐步成为一种社会风尚。截至 2004 年年底，全国共有注册志愿者 1379 万人，超过 1.5 亿人次的志愿者向社会提供了 55 亿小时以上的志愿服务，他们在扶贫开发、社区服务、支边支教、环境保护、抢险救灾、大型活动和海外服务等方面开展了广泛的志愿服务，为经济建设和社会发展作出了巨大贡献。① 近几年来，我国在开展青年志愿服务方面最具影响、最有成效的活动主要集中在以下几个方面。

1. 青年志愿者"一助一"长期结对服务计划

中国青年志愿协会的该项计划是使青年志愿者更深入地走入社区、关注弱势群体的志愿活动。所谓"一助一"长期结对服务计划，就是由一支青年志愿服务队或一名青年志愿者，为一个人或一个困难家庭提供定时、定内容的经常性服务。它以孤寡老人、残疾人、生活困难的离退休人员和下岗职工、特困学生、国家优抚对象等困难群众为主要服务对象，服务内容包括医疗保健、生活服务、家教服务、科技服务、助耕助收，通过团组织和青年志愿者组织牵线搭桥，在青年志愿者和服务对象之间建立起长期稳定的关系，为困难群众提供力所能及的服务和帮助，成为青年志愿者深入基层、深入人民群众的一项经常性、基础性工作。

2. 青年志愿者扶贫接力计划

这项计划是从 1996 年开始在扶贫开发领域，长期实施的一项重点志愿

---

① 张伟：《志愿服务靠坚强毅力的支撑》，《中国青年报》2005 年 7 月 7 日。

服务工作。它采取公开招募和定期轮换的方式，动员和组织青年志愿者到贫困地区开展为期半年至两年的教育、农业科技推广、医疗卫生、乡镇企业的发展等方面的服务。服务期满后，由下一批志愿者接替其工作，从而形成接力机制。该计划实施几年来，有力地推动了贫困地区经济的发展，锻炼了一批青年志愿者，带动了全社会参与扶贫开发计划。

3. 大中专学生志愿者暑期文化科技卫生"三下乡"活动

这项活动由中宣部、教育部、团中央联合实施，自1994年以来，每年组织动员近百万名大中专学生志愿者深入农村基层和贫困地区，发挥自身的知识和智力优势，开展了内容丰富、形式多样的扫盲和文化、科技、卫生服务，推广农村实用技术，倡导健康文明的生活方式，促进农村的经济社会发展。为突出发挥高学历青年志愿者的知识技能优势，从2000年开始，在这项活动中增加了深化性的子项目——百支博士团"三下乡"志愿服务行动，产生了更加显著的社会效应、经济效应和人才效应。

4. 保护母亲河"中国青年志愿者绿色行动营计划"

这项工作以"劳动、交流、学习"为主题，通过组建绿色行动营、建设绿色行动基地，集中组织青年在重点区域开展植树造林、沙漠治理、水污染整治、清除白色垃圾等环保志愿服务活动。1999年6月，首期项目河北丰宁营正式启动，不到半年时间就吸引了全国19个省、自治区、直辖市及英国、法国、德国、日本、土耳其等12个国家的1000多名志愿者积极参与，引导青年在环境保护事业中发挥积极的作用，在全社会倡导资源节约、环境和谐的理念。

5. 成人预备期志愿服务

这是青年志愿者行动与18岁成人仪式教育活动有机结合的成功实践，它抓住16~18岁中学生向成年公民成长这个关键时期，把成千上万的中学生动员起来，把对青少年进行公民意识教育和引导青少年履行公民义务统一起来，在成人预备期号召青少年开展每年不少于48小时的志愿服务，寓教育于服务之中，取得了良好的效果。目前，成人预备期志愿服务已在全国普遍展开，成为新时期中学生实践教育的有效载体。

6. 在大型活动和急难险重任务中充分发挥青年志愿者的作用

数百万青年志愿者为第四届世界妇女大会、第二届远南残疾人运动会、昆明世界园艺博览会、上海（财富）论坛年会、2003年抗击"非典"战役、2008年北京奥运会、2010年上海世博会、2010年广州亚运会等国际、国内大型活动提供了优质高效的志愿服务。组织青年志愿者为大型活动提供志愿服务已逐步成为全国通行的做法。同时，在近些年几次大的洪涝和地震灾害面前，数百万青年志愿者在为灾区群众重建家园、恢复生产中发挥了突击队作用。

7. 围绕社会公益事业开展的特色志愿服务

如共青团维权部门开展的为进城务工青年志愿服务，"保护明天"青年志愿者开展的文化市场监督活动，学校开展的大中学生志愿者社区援助行动，企业开展的为下岗青工再就业服务，农村开展的青年志愿者"植绿护绿"，科技部开展的科技扶贫青年知识分子促进行动，以及北京的"为老科学家、老教育家、老干部献爱心"活动，广东的"绿色承诺，天天环保"，浙江的"天天青年志愿者"，山东的"双休日志愿者行动"等，都是从战线、地方和行业实际出发，选择党政关注、群众急需、青年能为的项目，持之以恒，创造性地开展青年志愿者行动。

8. 大学生志愿服务西部计划

这是由团中央、教育部、财政部、人事部于2003年6月正式启动的项目，号召广大高校毕业生到西部去、到祖国和人民需要的地方去建功立业。这项计划通过引导大学生到西部去、到基层去、到祖国和人民最需要的地方去建功立业，促进西部贫困地区教育、卫生、农技、扶贫等社会公益事业的发展，拓展大学生就业、创业的渠道，努力培养造就一大批既有现代科学文化知识，又有基层工作经验和强烈社会责任感的优秀青年人才，为实现全面建设小康社会目标贡献智慧力量。胡锦涛总书记在2005年7月就实施大学生志愿服务西部计划作出重要指示："高校毕业生是国家宝贵的人才。实施大学生志愿服务西部计划，有利于开辟高校毕业生健康成长的新途径，有利于推进西部地区的经济社会发展。"[①] 按照公开招募、自愿报名、组织选拔、集中派遣的方式，这项计划每年招募一定数量的高校应届毕业生，到西部贫困县的乡镇从事为期1~2年的支教、支农、支医、青年中心的建设和管理、农村党员干部和中小学现代远程教育、农村文化建设、基层人民法院、基层检察院、基层法律援助和开发性金融等十个专项志愿服务行动。

---

① 《胡锦涛就实施大学生志愿服务西部计划作出重要指示》，《中国青年报》2005年7月15日。

9. 中国青年志愿者海外服务计划

该计划是由中国青年志愿者协会、团中央于2002年初正式实施的长期重点项目。主要是根据受助国的实际需要，由主办单位和受助国签订合作协议，通过公开招募、自愿报名、集中选拔的方式，在约定的时间派遣优秀的中国志愿者赴受助国开展中长期的志愿服务（一般为六个月）。迄今为止，已向老挝、缅甸、泰国、埃塞俄比亚等国派遣百余名中国青年志愿者，他们在中英文教学、计算机培训、医疗卫生、农业技术、抗灾抢险、企业管理等方面开展志愿服务工作，他们在志愿服务过程中不断地磨合，积累丰富的经验，形成了较为完善的机制，成为中国青年志愿者国际行动的宝贵借鉴。这标志着我国青年志愿服务进一步走向世界，也预示着我国志愿服务事业有着更加广阔的发展前景。

四 志愿服务的相关概念

（一）志愿精神

对志愿服务概念的探讨首先离不开对志愿精神理念的分析，但是，真正要分析又发觉容易引起其他一些概念的犬牙交错，梳理不清。诸如志愿、慈善、非营利组织（NPO）、第三部门（NGO）等概念，所以，我们把分析重点放在志愿精神上，其他一些类似的概念就只好割爱了。

志愿精神是体现在志愿者、志愿服务行动之中的内在精神特质。在对志愿精神的界定上，可以从不同角度来进行，这里介绍几种有代表性的志愿精神概念。

1. 中国青年志愿者协会（Chinese Young Volunteers Association, CYVA）对志愿精神的表述采用了江泽民同志于2000年1月对中国青年志愿者工作作出的重要批示"青年志愿行动，是当代社会主义中国一项十分高尚的事业，体现了中华民族助人为乐、扶贫济困的传统美德，是大有希望的事业。努力进行好这项事业，有利于在全社会树立奉献、友爱、互助、进步的时代新风"[①] 中的"奉献、友爱、互助、进步"。中国青年志愿者协会的志愿精神，在其金奖、银奖、铜奖和服务奖奖章上都充分反映出来了，这些奖章的图案正面中央是青年志愿者"心手和平鸽"的标志，上方环绕着"奉献、友爱、互助、进步"的字样，以突出志愿精神，下方由

---

① 青文：《大有希望的事业》，《人民日报》2002年6月4日。

橄榄枝环绕，以象征和平、团结。

2. 中国社会工作协会志愿者工作委员会（China Association of Social Workers，Working Committee of Volunteers）在其章程中认为："志愿精神是一种自愿的，不为报酬和收入而参与推动人类发展、促进社会进步以及完善社区工作的精神；是个人对生命价值、社会、人类和人生观的积极态度；是公众参与社会生活的一种非常重要的形式。"

3. 联合国志愿人员组织（United Nations Volunteers，UNV）的网站上，对志愿精神是这样表述的："志愿精神是指一种在自愿的、不计报酬或收入的条件下而参与推动人类发展、促进社会进步和完善社区工作的精神，是公众参与社会生活的一种重要的方式，是个人对生命价值、社会、人类和人生观的一种积极态度。"

4. 香港特别行政区政府义务工作发展局主席李泽培先生认为，志愿精神是："志愿精神的基础是爱，是对人的想法和态度的行动表现。慈善意识和志愿精神可以说是同一的，按照自由平等和尊重人性尊严的观念，任何人有权利选择志愿贡献个人的能力、不计任何的报酬帮助别人。"①

第一种概念是我国社会主义国家的政治特色、传统文化优势的具体体现，是传统美德和时代精神的有机结合。但它具有较强的官方色彩和行政意识。比如，中国青年志愿者的誓词："我愿意成为一名光荣的志愿者。我承诺：尽己所能，不计报酬，帮助他人，服务社会。实践志愿精神，传播先进文化，为建设团结互助、平等友爱、共同前进的美好社会贡献力量。"从严格意义上说，目前的中国青年志愿者协会并不是完全独立于政府和企业的第三部门，而是由党团组织、各级政府、企事业单位与社会大众共同参与的社会联合体，其运作模式为"各级党团主导、专门机构发动、下属单位协作、社会大众参与"的必然结果。第二种概念则是完全借用联合国志愿人员组织对"志愿精神"（见第三种概念）之定义，这表明我国志愿服务事业起步较晚，在志愿服务领域日益全球化的背景下，是对国际志愿服务理念、技能等方面的学习和借鉴。第三种概念则反映出了志愿精神概念的超脱性与独立性，并具有一定的广泛性和民间性的特点，反映了以志愿求公益的特点。第四种概念源自宗教的慈善传统，涉及"众生平等""普度众生"普世价值观念在现代社会的体现。但因为是对志愿精

---

① 冯琰：《义工发展之路：香港义工局主席李泽培访谈录》，《志愿服务论坛》2005 年第 4 期。

神界定而非对志愿行为的界定，这样，以上概念并没有完全反映出志愿精神更深层次的内涵。比如，志愿精神的动力是如何产生的？志愿精神与人的心理需要的关系如何？需要指出的是，第三种、第四种概念尽管表述不同，但它们也有明显的共同之处，即对志愿服务的奉献性（自愿和无偿）与志愿精神对促进社会进步和完善人生意义的作用的强调，折射出志愿精神的自愿性、无偿性、公益性的特点。

在此，我们认为，志愿精神是一种慈善主义与利他主义的精神，是个人或团体依其自愿意志和兴趣，本着帮助他人与服务社会的宗旨，不求私利和报酬的社会理念。

志愿精神的指向很宏观、很集体化，即参与为社会服务为公益奉献的行列；它的方式很微观、很个体化，即凭借个人偏好，出于个人意愿，全靠个人选择。所以，它是以很私人化的方式参与社会化工作的一种理念、一种价值观的实践。恻隐、怜悯和同情之心是蕴藏在人类精神深处的人文关怀意识，不求回报是人类所共有的利他动机，并不是哪一种特定社会或特定文化的专利。所以，今天在许多国家，志愿精神已为社会公众广泛接受和认可，被作为公民精神大加赞扬和倡导，成为其公民社会的基础。志愿精神是人类的天性与本能。我们用著名社会心理学家马斯洛的"需要层次"理论来解释志愿精神的动力，就是人的需要。马斯洛的"需要层次"理论认为，人的需要可以概括为：生理需要、安全需要、社会需要、尊重需要、自我实现需要五个基本层次，人的一切活动都是为了满足自己的需要。当低层次的物质欲望得到满足之后，并开始进入高层次的精神层次，追求社会需要的实现、尊重需要和自我意识需要的实现，以及追求更高层次的心灵需要。参与志愿服务，就是在慈善主义、利他主义精神的感召下，人们追求心灵的满足和更完善的人生，满足人们谋求发展，交流情感，寻觅同道，希冀社会承认的需要，从而实现自我价值的具体表现。这些都充分表达了人们对于建立一种人与人之间、人与社会之间和谐相处理想社会的真诚诉求和价值取向。

（二）志愿者

由于目前我国对志愿服务活动的研究还处在起步阶段，因而对"志愿者"的概念还没有统一的学术界定。下面列举一些常见的定义。

1. 商务印书馆2003年出版的《新华新词语词典》对志愿者的概念解释是，"志愿为社会公益活动、大型赛事、会议等服务的人员"。

2. 我国最早的地方政府立法《广东省青年志愿服务条例》中认为，"青年志愿者是志愿无偿地服务于人民群众生产、生活和其他有利于社会发展行为的人"。

3. 香港特别行政区政府义务工作发展局将志愿者定义为，"任何人在不为任何物质报酬的情况下，为改进社会而自愿提供服务、贡献个人时间及精神的人"。

4. 中国青年志愿者协会在《中国青年志愿者注册管理办法》中指出，"志愿者是指不为物质报酬，基于良知、信念和责任，自愿为社会和他人提供服务帮助的人"。

5. 中国社会工作协会志愿者工作委员会在其《章程》中对志愿者的界定是："志愿者是不为报酬而主动承担社会责任的人。"

我们认为，志愿者是志愿精神的直接体现或人格化。因此，根据志愿精神概念的内涵，可以给"志愿者"的概念作这样的界定：志愿者，是志愿精神的践行者，是指那些具有志愿精神、能够不计报酬、主动帮助他人、承担社会责任的人。简言之，志愿者就是对社会提供志愿服务的人。在不同的地区，人们对志愿者的称谓有所差别。在我国大陆地区，一般称为志愿者；但在香港特别行政区，一般称为义务工作者，简称义工；而在台湾地区，一般称为提供志愿工作的人，简称志工。与一般志愿者相比，青年志愿者主要是年龄限定问题。一般来说，青年志愿者年龄的下限为 14 周岁，其根据是《中国青年志愿者注册管理办法》规定的"年满 14 周岁"可以注册；青年志愿者年龄的上限为 35 周岁，这是因为目前国内外学术界多把青年年龄的上限划定在 35 周岁。

通常情况下，根据志愿服务的活动性质，可以把志愿者分为三种类型：第一，管理型志愿者，加入志愿服务组织的理事会或担任顾问。他们是志愿服务组织领导层的成员，参与组织活动的决策和运作以及治理。管理型志愿者构成志愿服务组织的理事会，理事会对组织、社会担负着法律和道德上的具体责任，保证志愿服务非营利组织的项目合理有效、公开透明地进行，保证组织履行其法律和道德的责任。对自身一切的行为负责并保持透明度和阳光性。第二，日常型志愿者，参与志愿服务组织的日常工作并承担一定的组织角色，包括策划、管理、协调等，同志愿服务组织的其他员工一样能够每天工作。第三，项目型志愿者，主要参与各种志愿服务项目或活动，为之提供支持；主要集中在志愿服务或活动开展期间，一旦项目或活动结束了，志愿服务也就暂告一段落。项目型志愿者享有一定的权利，如接受志愿服务组织提供的培训，获得从事志愿服务的必要条件和必需保障，优先获得志愿服务组织和其他志愿者提供的服务；同时也负有一定的义务，如履行志愿服务承诺，自觉维护志愿服务组织和志愿者的形象，不得以志愿者身份从事以营利为目的的活动等。他们是不拿工资的义工。志愿者为志愿服务组织的发展提供了发达的人力资源，体现了志愿服务组织人力资源管理的特点。

需要指出的是，志愿者协会在志愿者参与活动之前都会对其进行相关的培训，并签订一份协议。另外，还会开展一些活动来鼓励志愿者，以引导志愿者的活动热情。比如评选优秀志愿者，并对工作表现良好的志愿者进行积分，在下次志愿服务活动中对其优先录用。但是，无论签署协议还是开展鼓励、引导活动，实质上都不能对志愿者产生硬性的约束，而只属于倡议和引导。因此，志愿者遵守约定，按时参加志愿服务活动，是需要自觉的。志愿者应当负责任地、诚信地履行自己参与志愿活动时所做的承诺，遵守自己申请参与志愿活动时所签订的协议，充满热情地为社会公益服务，坚持完成自己的工作，从中得到快乐、满足感和荣誉感。现在很多人特别是年轻人，说起做志愿者，都满腔热情。但做志愿者，光有热情是不够的。有很多志愿服务工作都是很琐碎、很花时间的。建议在真正决定报名做志愿者之前，还要认真考虑一下。做志愿者，需要签订志愿服务协议。是否能按协议要求履行自己的承诺，靠的不光是诚信、责任心等，还要结合自己的实际情况。做志愿者，大多数情况下用的是工作之外的业余时间，那么首先要考虑自己的时间、精力是否允许按时参加志愿服务活动。如果志愿服务活动与工作时间有冲突，不能如约前往，一定要尽快将情况通报给志愿服务组织，以便争取时间协调其他志愿者补位。

随着人类社会的发展，越来越多的社会事务被志愿者所承担，志愿服务日益丰富与广泛，为了纪念志愿者作出的贡献，也为了鼓励和吸引更多公众参与志愿服务，1985 年 12 月 17 日，第 40 届联合国代表大会通过 40/212 号决议，从 1986 年起，把每年的 12 月 5 日定为"国际志愿者日"（IVD）。其目的是为了在全球范围内弘扬志愿精神，宣传志愿者在社会和经济发展中的促进作用。每年的这一天，世界各国都开展多种多样的庆祝活动，大力宣传、倡导志愿者为社会义务服务的奉献精神，以推动志愿服务活动的开展。国际志愿者日作为国际志愿服务的重要标志，已经深入人心。

（三）志愿服务

所谓志愿服务，是指志愿者出于自愿意志，秉承以自己的知识、技能、体能与财富等贡献社会的宗旨，不以获得报酬为目的，以提高公共事务效能和增进社会公益事业为己任，所从事的各项活动。

中央精神文明建设指导委员会于 2008 年 10 月 9 日颁布的《关于深入开展志愿服务活动的意见》中明确指出，深入开展志愿服务活动的指导思想是："坚持以邓小平理论、'三个代表'重要思想为指导，深入贯彻落实科学发展观，紧紧抓住社会主义核心价值体系建设这个根本，贴近实际、贴近生活、贴近群众，广泛普及志愿服务理念，大力弘扬志愿精神，着力壮大志愿者队伍，着力完善志愿服务体系，着力建立志愿服务社会化运行模式，推动志愿服务有一个新的更大发展，使更多的人成为志愿者，使更多的志愿者成为良好社会风尚的倡导者，成为社会主义精神文明的传播者、实践者"。

志愿服务是公众参与社会生活的一项非常重要的方式，是志愿精神的具体体现。志愿服务的基本思想是个人或组织通过参加社会活动以促进社会发展和公共福利的保障。它表现为个人或组织，为追求社会利益和自我价值的实现，在志愿精神的感召下，自愿奉献出自己的知识、技能、体能、精力、财富，通过志愿服务为他人和社会提供服务。志愿服务是一个传递爱心、播种文明的过程。对志愿者而言，它是奉献社会、服务他人的一种方式；对被服务对象而言，它是感受社会关怀、获得社会认同的一次机会；对社会而言，它是提升社会文明风气、保障社会稳定的一块基石。

志愿服务的类型，可以从以下两个角度进行划分。

1. 从志愿服务组织管理性质来划分，我国目前存在着两种类型。

由于我国目前实行社会团体登记管理制度，合法的社团都在政府的直接管理之下，民间组织或社团都实行民政部门登记和业务管理部门管理的双重管理体制。这样，立法的滞后和过于刚性的管理体制造成了发展最快、规模最大的我国两大志愿服务组织群体——中国青年志愿者协会、中国社会工作协会志愿者工作委员会，它们具有"半官半民"的特点，而不是严格意义上国际"非营利组织"概念的非营利组织，这是一种志愿服务组织的类型。

而另一种类型是独立于政府存在之外的非营利组织，他们多半处于社会边缘地带，像一些草根性的民间公益组织或志愿服务组织，为了获取法人地位只好到工商部门办理企业登记，难以明确其身份，影响了其作用的充分发挥。这类草根性民间志愿组织从发起、招募、培训到经费筹措、项目运作都更接近国际"非营利组织"概念。目前，国内这类组织比较有代表性的主要有"自然之友""北京地球村""绿色网络联盟""绿家园自愿者""瀚海沙""三江源生态环境保护协会""北京猛禽救护中心""淮海卫士""绿色江河""香港地球之友"等。

2. 从志愿服务的内容来划分，我国目前有如下几种类型。

其一，专项性志愿服务。

大多数志愿服务属于专项性的服务，即它的发起、组织与实施、评估的过程均围绕专门的项目或目标展开，当该服务项目完成或服务目标实现后，此项志愿活动即宣告结束。专项性志愿服务内容广泛，几乎涉及社会、教育、文化、经济、环境等各个方面，其社会反响强烈，影响意义巨大。

例如，北京青年志愿者协会、共青团北京市委发起的"北京青春奥运行动规划"就是一专项性志愿服务。它以"建设新北京，奉献新奥运，展示新形象，塑造新青年"为主题，在动员北京青年全面参与奥运志愿服务过程中，展示北京青年风采，提升北京青年素质，创造北京青年与时俱进的时代精神。"北京青春奥运行动规划"主要内容有：青春奥运文明行动，青春奥运绿色行动，青春奥运科技行动，青春奥运健康行动，青春奥运友谊行动，青春奥运志愿行动。"北京青春奥运行动规划"指出：组建"北京青春奥运志愿服务总团"，形成一支规模宏大、构成多元的青年志愿服务队伍，到2008年北京奥运会期间，北京市的注册青年志愿者总数将达到100万人。它是广大北京青年志愿者积极参与国家奥运特定时期志愿服务的一个品牌行动，成为新时期北京乃至全国青年志愿者热心参与社会、热心公益事业的一面旗帜。

再如，由中国青年志愿者协会、团中央、教育部、人事部、财政部共同组织实施的"全国大学生志愿服务西部计划"，通过西部支教、支医、支农行动，西部基层法院志愿服务行动，西部基层开发金融志愿服务行动，西部基层农村文化建设志愿服务行动等一系列专项志愿服务行动，吸引和激励了一大批大学生志愿者投身到西部计划中，引导大学生志愿者树立和践行社会主义荣辱观，鼓励大学生志愿者在基层的广阔天地里建功立业。"西部计划"已经成为推动我国青年志愿服务的新模式。专项性志愿服务虽然不一定是完全尽义务性质的，但通过社会服务所得的报酬不归志愿者所有，通常作为志愿者组织的活动基金，仍用于社会工作与志愿服务事业。

其二，专业性志愿服务。

专业性志愿服务是由具有一定专业知识与技能的志愿者为主进行的服务活动。在欧美等国家，主要是由专业社会工作者或受过社会工作专业训练的志愿服务人员，通过一定的机构向公众提供志愿服务。如免费的专业咨询、向突发事件的遇难者家属提供援助和支持、向受过暴力侵袭的妇女提供生理和心理方面的康复辅导、帮助犯罪人员回归社会等。

专业性志愿服务工作在中国较广泛，如文化、科技、卫生"三下乡"活动，就是由团中央组织全国大中专学生志愿者利用暑假的时间，开展农村扫盲和科技、文化、卫生服务的专业性活动。这项活动在实施过程中主要采取集中和分散两种方式。集中方式就是在"中国大中专学生志愿服务总队"与各省市大中专学生志愿服务总队的基础上，根据各级政府部门制订的扫盲计划和科技扶贫计划，由各级团组织招募学生组成精干的志愿者服务队，赴基层开展扫盲和"三下乡"服务活动；分散方式就是发动回家乡度假的大中专学生志愿者开展扫盲和"三下乡"服务活动。几年来，在各级团组织的指导下和在各学校精心宣传和组织下，各学校纷纷开展暑期"三下乡"志愿服务活动，并在不断的改革和探索中逐步地深化。

其三，公益性志愿服务。

公益性志愿服务通常与政府所举行的国际会议、活动、庆典、大型赛事有着密切的联系。为大型活动、会议、赛事提供大规模的公益性志愿服务，已经成为中国青年志愿服务行动最具代表性、最有影响力的志愿服务领域之一。

早在 2001 年 8 月，举世瞩目的第 21 届世界大学生运动会在北京举行。一面面书写着"彩虹志愿者"的大旗，把仲夏的北京辉映得更加灿烂。运动会期间，从翻译、礼宾、接待到文秘、技术保障、会务后勤，千百名充满青春朝气的北京青年志愿者的身影，活跃在会场内外千余个工作岗位上，"彩虹志愿者"成为这届大运会一道最亮丽的风景线。人们把北京青年志愿服务看成是首都这座国际性大都市的灵魂和标志。这仅仅是北京青年公益性志愿服务的一个缩影。改革开放以来，北京举行的国际赛事、国际会议和国内大型庆典活动日益增多，都离不开北京青年公益性志愿服务。北京青年志愿者先后参与了筹备和举办远南运动会、世界妇女代表大会、新中国成立六十周年庆典、北京奥运会等一系列大型公益性志愿服务，提供了数百万人次的优质高效服务，向世界展示了当代中国青年志愿者的风采。同时，迅速地扩大了青年公益性志愿服务的社会影响与国际影响，为青年志愿者为大型国际性赛事、活动、会议提供高水平的公益性志愿服务积累了丰富的经验。

其四，社区性志愿服务。

欧美等国家的公民有较强的社区认同感和归属感，他们中的大多数人对其生活的社区有着强烈的社区环保意识和邻里意识，并积极参与社区的各项活动。这些国家的社区活动除文化、体育及宗教活动之外，通常还有一些社区民间团体发起的志愿活动，如单亲父母俱乐部、老年人活动中心、妇女援助中心、再就业服务中心等。在不同群体特征的团体中，人们定期举行会议讨论彼此最关心的问题，希望通过互助以解决共同面临的问题。以社区支持老人家庭的志愿服务为例，它是以社区为基础，通过志愿者上门提供服务以增强老人的生活能力。

在中国，随着社区的发展，社区已成为青年志愿服务开展的新天地。早在1994年初，北京三位年轻学子叩开了原北京城建集团职工部三喜烈士的家门，为烈士子女义务家教。这轻轻的一叩，拉开了首都乃至中国青年志愿者行动走进社区的序幕。从此以后，一支支青年志愿服务小分队穿行于工厂、农村、学校、社区，活跃于城市的大街小巷。他们高举着"服务他人，奉献社会"的旗帜，运用自己的知识、技能和劳动，扶贫帮困、敬老助残、疗病治伤、解惑释疑，还积极参与文体辅导、种树护绿和法律援助等社区性志愿服务。在人们对社区的观念尚不清晰的情况下，志愿者尤其是大学生志愿者积极主动地参与社区性志愿服务，不但能促进社区服务功能的发展和完善，更能起到示范与表率的作用，使更多的人认识社区志愿服务，并且最终参与到社区志愿服务中来。可以说，青年志愿服务进社区，对促进社区和谐发展、提高居民整体素质，都有着重要意义。

其五，宗教性志愿服务。

欧美等西方国家的宗教团体从事志愿服务工作的历史悠久，且影响很大。许多宗教团体和信徒开展定期的慈善救济和慈善募捐活动，向失业者、无家可归者、被遗弃的老人与儿童提供生活支持。还有的志愿者帮慈善机构募捐钱财衣物，资助贫穷者或灾民。此外，志愿者还经常在医院为病人喂饭送药、洗漱护理等。还有一些宗教性志愿服务志愿者则为艾滋病人提供服务，帮助吸毒、酗酒的青年戒毒、戒酒。

（四）志愿者组织

什么是志愿者组织？直到今天也没有完全统一的看法和定义，由于各志愿者组织的实践和推广，对于志愿服务的界定呈现出多元化的特征。应该说，这也是十分正常的，因为各种志愿者组织的文化、背景、服务对象和范围不同，所以，研究中的侧重点则不同，难免存在某些分歧。那么，志愿者组织的概念主要有哪些呢？

1. 中国社会工作协会志愿者工作委员会在《中国社区志愿者注册管理办法》中把社区志愿者组织定义为："是社区志愿者的管理单位，负责建立健全社区志愿服务的规章制度，组织开展社区志愿者的服务活动，负责社区志愿者的招募、注册、培训、管理、考核、表彰以及宣传等相关事宜。"

2. 中国青年志愿者协会在《中国青年志愿者注册管理办法》中把志愿者组织定义为："志愿者组织为志愿者注册机构，负责志愿者注册管理工作。"

3. 《广东省青年志愿服务条例》中把青年志愿者协会定义为："青年志愿者协会负责所在区域内青年志愿服务活动的规划、管理、组织、协调、指导工作。"

4. 香港义务工作发展局在《香港义工参考手册》中把"义工组织"定义为："以推动义工服务和任用义工为主的机构、组织、社团或小组，界别可多元，如学校、社会福利服务、医疗、政治、环保、文娱康体、地区事务，皆有义工组织协助推动本地义务工作。"

尽管以上四个志愿者组织或机构对"志愿者组织"概念的表述不完全一致，但是，总体来看，志愿者组织一般具有这样两个本质特征：一是为促进志愿行动的组织建设更加规范、有序、健康地发展，全面地推动志愿服务事业，加强对志愿者的注册、培训、考核等一系列管理工作；二是通过志愿者组织来开展志愿服务行动，而不完全是志愿者的个体行为，这就要求志愿者要符合各个组织所要求的素质和条件，并履行组织的权利和义务，确保志愿者的权益。

因此，志愿者组织是指由关心和支持志愿服务的个人或单位自愿组成的，依照章程开展志愿服务活动，弘扬志愿精神的非营利性、公益性的社会团体。

五 志愿服务的特征

联合国、世界银行、经合组织等于1993年编写的《国民经济预算体系》中指出了非营利组织具有以下特征：向社会提供公益性服务；取之于民，用之于民，不以营利为目的；捐赠者不得享受任何形式的经济回报，非营利组织职员的待遇不得超过处于相似情况、履行相似职责、执行相似任务的其他人的收入；非营利组织通常得到优惠的税收政策支持；非营利组织受到社会和政策的严格监督，有相应的财务管理制度和监督制度。青年志愿组织作为第三部门一个重要的非营利组织，根据上述中心内容和志愿服务的精神内涵，其基本特征主要有六点。

（一）志愿性

志愿性是青年志愿服务组织成员服务他人和社会的一个重要特性。志愿服务的非强制性，就是志愿服务有别于其他行为的根本区别。自愿就是指被称为青年志愿者的人参与服务是自主的，不受行政命令或外在强迫的，参与或不参与完全由自己决定。

之所以要强调这一点的原因是：首先，志愿服务的对象是他人或社会，服务结果实现的是他人的利益或社会的利益，自己并不从中直接受益。也就是我们通常在评价青年志愿服务时常说的"服务他人，奉献社会"。其次，志愿者提供服务不像其他社会部门或机构提供服务那样带有营利的目的或性质。所以，青年志愿者参与服务的动力并非来自物质利益，志愿者的动力源于更高层次的心理需求，即个人道德感和社会责任心。也就是说，青年志愿者参与的目的在于达到自我实现、获得自我认同和肯定自我价值。如果以强迫命令的方式要求其成为志愿者，那么在志愿服务中，"志愿者"参与服务并不能获得心理激励，因此参与服务就不可能做到尽心尽力，同时志愿服务的真正意义也被歪曲了。

青年志愿者是志愿精神的直接体现或人格化，表现为他们无偿地参加各种社会公益服务活动，不求任何回报；志愿组织接受社会捐赠则是志愿性的物化，表现为人们为了社会公益服务活动无偿提供资金与其他物质财富。正是这种志愿性，避免了以往学雷锋活动中易出现的"热一阵、冷一阵"现象，让青年志愿服务走向日常化、社会化、可持续化。

（二）非营利性

非营利性是青年志愿服务区别于市场服务的最根本的特征。在市场经济条件下，市场服务的主要经营活动都以获取利润为目的，非营利的市场服务是不存在的。而志愿服务存在的根本宗旨是不以营利为目的，不进行利润的分配或分红，并不得以任何形式将志愿服务组织的财产转变为私人财产。志愿服务的非营利性使其能够进入营利性市场服务一般不愿涉足的公共领域，如无利可图的慈善事业和环境保护事业。这样，志愿服务组织赢得了公众对它的信任。但这并不是说志愿服务组织不可以进行经营活动，我们必须要明确这样两点：志愿服务组织并不意味着在运作过程中不会营利，而是说活动的获利不能分配给个人，而应将利润投入组织的运行或发展；志愿服务组织提供的服务可以不免费，即可以根据服务享受对象的不同情况，实施不同服务的提供方式，或无偿、或低价、或付酬。

而对志愿者来说，非营利性的特征就是志愿服务的无偿性。一般而言，志愿者提供服务并不获得金钱回报，当然更不是以之为目的。这也与志愿者不是单单提供物质方面的支持，而更多的是提供非物质方面的服务或援助相对应。志愿者并不等同于仅仅提供金钱或物质捐助的慈善家，志愿者所奉献的主要方面并不是金钱，而是个人的爱心、精力、知识和技能，提供的主要是人力资本而非财力资本，奉献的是自己而非是自己的金钱。

（三）民间性

民间性是青年志愿服务组织区别于政府部门的重要属性。它主要是指青年志愿服务组织不是政府的附属机构，而是独立于政府之外，不受政府支配的非政府组织。它是相对独立的自治组织，具有自我管理、自我判断和行为的机制与能力。但这并不完全意味着志愿服务组织不能接受政府的资助，事实上，现在我国的一些志愿组织的经费很大一部分是来源于政府或企业，非政府的含义是指志愿组织拥有独立的决策权、项目运作权，从而不受制于政府的意志。

（四）服务性

作为民间自发组织起来的形式，志愿服务组织灵活的组织形式和活动方式，使其具有很强的适应能力和应变能力。同时，同一类型的志愿服务组织在提供服务方面也存在着竞争，为了能够获得更多的资源和更强有力的社会支持，绝大多数志愿组织都具有强烈的创新精神和自我发展能力，以此提高自身的公信度和服务质量，提高服务效率。

与政府部门相比，志愿服务组织更愿意采取先进的管理方法和技术。另外，大多数志愿组织与社会基层的人民群众接触密切，他们经常深入社区乡村，了解社情民意，了解弱势群体的需求，从而能根据实际情况快速作出反应，或依靠自身力量解决受助者的实际困难，或及时与外界包括政府机构进行沟通来促进某一社会问题的化解。从这个意义上说，志愿组织比政府机构具有更高的服务效率。

（五）公众性

公众性是志愿服务组织参与社会生活的一种重要方式，通常可以分为有组织的与非组织的两种类型。前者有时被称为正式的志愿活动，后者则被称为非正式的志愿活动。所谓正式的志愿活动，即志愿活动必须通过正式的志愿服务组织来进行，又叫有组织的志愿服务，表现为志愿者通过参与特定组织或共同组成一定的志愿者组织，以组织的形式或组织中成员的身份向社会提供志愿服务。2008年北京奥运会为志愿者搭建了彰显风采的广阔舞台，为我国志愿服务事业创造了难得的发展机遇。北京奥运会期间，京城涌动志愿热潮，10万名赛会志愿者、20万名啦啦队志愿者、40万名奥运城市志愿者、100万名社会志愿者，他们在各自的岗位上提供了优质的服务，向世界展示了文明和进步的志愿中国，成为北京奥运会一道最亮丽的风景线。

所谓非正式的志愿活动，是指志愿活动可以以个人身份单独进行，又叫非组织的志愿服务，表现为志愿者为实现其价值和理念，以自我认知回馈社会需要的形式开展志愿服务，这种志愿服务往往并不采取一定的组织形式，也不受组织的限制，表现为个人或一定群体自发地、不计报酬地为社会或他人提供服务。例如，梁苏会这位"80后"青年，清华大学材料科学与工程系博士研究生，无论是校园义务导游、孤独症患儿陪护、民工子弟学校支教，还是汶川大地震、北京奥运会志愿服务，她都踊跃参与志愿服务，践行"紫荆志愿者，厚德清华人"的使命与责任。由于她多年来在志愿服务中的出色表现，荣获2006年"北京十大志愿者"，2007年"中国大学生年度人物"，北京奥运会、残奥会志愿服务先进个人，联合国卓越志愿服务奖。她以个人的志愿服务事迹，感召社会，弘扬志愿服务的伟大精神。这类志愿服务的事迹更感人，让人们感受到志愿服务是看得见、摸得着的，志愿者就在自己身边，值得效仿和追随，从而有效地激励更多的社会公众投身到志愿服务的时代洪流中去。让志愿服务成为"人人可为，时时可为，处处可为"的社会现象，成为社会人人追求的一种时尚行为，成为社会公众的一种社会方式。

六 青年志愿服务的原则

青年志愿服务的原则在志愿服务的全过程中起指导作用，带有宏观纲领性的指导意义。它是根据志愿服务精神的内涵，总结志愿服务的实践经验，提炼出来的基本原则。青年志愿服务的原则主要有以下几个方面。

(一) 坚持以人为本的原则

以人的发展需求为导向，充分尊重人的选择与个性，倡导公众自愿参与。尊重志愿者劳动，发挥志愿者的积极性、主动性和创造性。尊重志愿者的权利和愿望，重视和保护志愿者的资源，维护志愿者的合法权益。要通过多种手段呼吁全社会鼓励和关心志愿者，为志愿服务创造更好的社会条件，要积极推动志愿者立法工作，争取制定相关鼓励政策，努力为志愿服务事业提供法律保障和政策支持。

志愿服务事业如今面临的问题是如何对青年人有吸引力和感召力，在青年人中成为一种社会时尚、一种生活方式、一种有品位的行为。青年人认为志愿服务应该是有趣味的和愉快的，所以快乐的志愿服务更能吸引青年人。各地志愿服务组织在这方面开展了一些具有青年特点、富有阳光特色的活动，在这些志愿服务活动中，如北京志愿者协会举办的"志愿北京大型演唱会"，特意结合了一些青年人喜爱的时尚元素和流行文化中优秀的成分，让青年人在志愿服务过程中得到快乐的体验，打造一种亲切、随和的志愿文化，激励志愿者的主体意识。让高尚成为时尚，让活动成为行动，让口号成为心灵的共鸣，让青年人感觉做志愿者是值得效仿和愿意追随的。

(二) 坚持项目化的原则

项目化运作方式是国际开展志愿服务的通行原则与要求。志愿服务事业的健康发展，必须根植于切实服务社会、服务公众的服务项目之中。要不断培育出一批富有生命力与影响力的服务品牌，要把创新意识贯穿到志愿服务项目的调研、设计、论证、实施等各个环节，努力建立和完善功能多样的开放式志愿服务体系。要根据社会的需求和公众的参与愿望，积极调查和合理对接社会需求状况，关注弱势群体的实际状况，不断拓展新的服务项目，切实使志愿服务发挥积极的现实功效。"社区志愿服务和谐行动"是中国青年志愿者协会的一个品牌项目，近年来，该项目依托社区青年志愿服务站点等网络，广泛实施了百万青年志愿者"助残行动"、青年志愿者为老年人服务"金晖行动"、法律援助志愿者服务计划、维护社会治安志愿者"筑城行动"、"爱心助成长"志愿服务计划以及青年志愿者社区禁毒等项目，广泛动员青年及其他社会公众参与社区建设和社区服务，取得了良好的社会反响和服务效果。

随着我国志愿服务事业的发展和完善，项目化运作应成为我国志愿服务开展工作的重要方式和发展方向。例如，"大学生志愿服务西部计划""北京奥运会志愿者行动计划"都是坚持项目化、社会化、国际化原则来运行和操作的。此外，还要开发和完善志愿服务项目，把志愿者、服务对象和社会支持系统有机地结合起来，建立各地与全国项目、创新项目与传统项目、不同领域项目有机结合、功能多样的志愿服务项目库。要面向社会公众，推出形式多样的志愿服务项目菜单，为更多社会公众参与服务提供便利。要引入志愿服务项目招标、竞争机制，实施项目化管理和多中心管理，在良性竞争中为志愿项目创新、发展提供动力。要做好品牌项目的宣传推广工作，开发社会公众参与品牌项目的便利渠道，不断提升品牌项目的社会影响力，促进志愿服务的长远发展。

（三）坚持激励性的原则

所谓激励性原则就是指在志愿服务过程中，通过各种方式提高志愿者的工作积极性和创造性，并以适当的非物质手段对志愿者的成绩与贡献给予认可与奖励。志愿者来去自由，参与动机多种多样，决定了其激励机制的综合性特征。志愿组织管理者不可能采用各种具有约束力的方式让人们主动参与志愿服务，必须从各个维度来激发志愿者的内在参与动机。

应当对志愿者进行多种方式结合的综合性激励，如宏观激励与微观激励、内在激励与外在激励、形象激励与榜样激励、奖惩激励等，但最突出和最实在的激励在于志愿服务的经历与资格的证实与认同，满足他们复杂多样的内在需求，使之保持稳定的热情。所以，完善激励措施是保证注册志愿者制度长期化、规范化发展的前提。尽管我们的志愿者参与志愿服务，服务社会、服务他人，并不是有目的性地为了获得某种回报，但作为对志愿服务行为的一种褒奖，激励措施的规范、完善，既体现了党和政府对志愿服务行为的重视和倡导，也体现了社会对志愿服务行为的支持与肯

定，作为志愿服务的组织管理者对志愿服务行为的尊重和认可，它是一种
社会评价和导向方式。教育部出台的"大学生志愿服务西部计划"中规
定：凡参加"大学生志愿服务西部计划"并完成志愿服务期、考核合格的
志愿者，符合报考条件，在服务期满后三年内报考硕士研究生，可享受初
试总分加 10 分的优惠政策；在同等条件下招生单位应优先录取。① 福建省
政府在 2006 年春季公务员招考中作出明确规定，从今年起凡参加西部计
划、服务欠发达地区计划的大学生志愿者，在报考省直机关和各地区市机
关时，公共科目笔试成绩加 3 分；报考县乡机关时公共科目笔试成绩加 5
分。② 这些政策表明了各级政府支持志愿服务的鲜明态度，也积极鼓励了
广大青年志愿者。

（四）坚持长效性的原则

长效性原则是指志愿服务的目标应具有广延性和伸展性，既要有效促
进志愿服务项目的运作与成功，更要放眼未来，注重志愿者综合素质的提
高和对社会志愿活动的推动，以及对志愿精神的传播与弘扬。丛飞的奉献
精神和感人事迹在全社会尤其是广大青少年中引起热烈反响，他于 1997 年
加入深圳义工联，一次义演改变了他的人生。从此丛飞热心志愿服务事
业，尽心竭力，不计个人得失，参加公益演出 300 多场，义工服务时间
6000 多个小时，无偿捐助失学儿童和残疾人 146 人，认养孤儿 32 人，捐
助金额超过 300 万元。由于他长期以来志愿服务的突出成就，多年来坚持
不懈的奋斗诠释了志愿精神的深刻内涵，丛飞被授予"爱心大使""中国
青年志愿服务金奖"，当选"感动中国 2005 年度人物"。丛飞深圳义工服
务领袖的事迹非常感人，在深圳乃至全国引起了强烈反响，要求加入义工
队伍的深圳市民络绎不绝，注册义工由最初的 19 人发展到现在的 6 万人。
在丛飞病重期间，为使丛飞长期资助的孩子继续完成学业，深圳团市委、
市义工联于 2005 年实施了"爱心接力——丛飞助学计划"，建立长效扶贫
助学机制。通过该机制募集的款项将以"丛飞爱心助学基金"的名义，支
付原由丛飞资助的贫困山区孩子的上学费用。③ 丛飞用生命诠释了志愿服
务的精神。在全社会进一步弘扬了"奉献、友爱、互助、进步"的时代新

---

① 《"大学生志愿服务西部计划"志愿者报考硕士研究生享受优惠政策》，《光明日报》2004
年 11 月 17 日。
② 《福建：西部计划志愿者报考公务员加分》，《中国青年报》2006 年 3 月 4 日。
③ 李桂茹：《定格在感动中国的背后》，《中国青年报》2006 年 4 月 26 日。

风,他用真情传递爱心,用奉献感染社会,用平凡铸造辉煌,为广大青少年和社会公众树立了学习的榜样。他的志愿行为以及崇高的人格魅力,必将对我国的志愿服务的发展产生深远而持久的影响。

虽然志愿服务项目的运作或实施具有一定的时间期限,但它对受助者、受助单位、受助地区的经济、社会的影响具有长效性。志愿服务的有形与无形的多重作用会在志愿服务项目结束后的很长时间内继续发挥作用。志愿服务的后续效应与志愿文化理念的传承性,需要尽可能吸收公众尤其是青年的广泛参与,不断增强他们的责任意识,努力实现志愿服务的社会认同。这就需要积极打造中国青年志愿服务的品牌,品牌是社会公益事业的生命线,品牌名气越大,志愿服务事业的边际效应就越大,传播社会正能量的作用就越强,进而志愿服务组织将成为公众参与社会生活的有效平台。

第三章　新公民在成长："5·12"地震灾害中的"80后"志愿者

　　2008年5月12日在四川汶川周边发生的8级大地震，给当地人民造成了极其惨重的生命和财产损失，但正如温家宝总理5月23日在北川中学临时学校教室黑板上写下的四个字"多难兴邦"所言，大灾难空前地激发了中华民族的同胞情和公益心，很多人得知灾情之后在第一时间进行捐款、捐物、献血，甚至迅速赶赴灾区现场参与救助。他们来自全国各地、各行各业，大家素不相识，却在同一面旗帜下携手互助——"志愿者"。据不完全统计，在震后救灾和安置的过程中，有近500万名志愿者先后到灾区参与服务，其中很大一部分是"80后"的青年，他们的表现得到了灾区民众和国家救灾人员的肯定，也受到了国内外媒体的广泛关注。因此，有人称2008年为"中国志愿服务元年""公民社会元年"，以此概括这次灾难对中国民间志愿服务和公民意识潜能的强烈激发。在地震发生之后，中国的媒体展现出空前的公开、开放姿态，整个社会以最高的效率动员起来，尤其"80后"的青年一代，他们在灾难面前展现出出人意料的道德素质和社会责任感，也展现出鲜明的独立意识和参与激情，更展现出相当成熟的思考能力、行动能力和合作能力，同时也在这个过程中收获了各方面的成长。经过这次灾难的洗礼，中国的公民社会已初现雏形，而"80后"的一代新公民也逐渐开始成熟，成为中国未来发展的生力军。

第一节　地震后的"井喷"：应急响应与行动

　　"5·12"汶川地震发生之后的救灾过程中，不仅中国的政府和军队展现了一贯的快速动员和积极应对能力，而且实现了中国救灾史上的多个第一。这是第一次全面透明的救灾：不仅权威媒体在第一时间发布了灾难的真实情况，而且迅速向国内外媒体全面开放灾区的采访，第一次实现了对救灾行为的全程直播，第一次允许网络媒体直接采访和编发新闻；这也是第一次全民参与的救灾：不仅社会各界参与的积极性和深度前所未有，而且一改传统的军队主导封闭式救灾模式，与快速汇聚在灾区的民间志愿者力量和非政府组织形成了积极的合作关系，并在第一时间接纳国外救援队进入灾区。因此，地震发生之后中国社会尤其是民间社会的快速高效应急响应和行动能力，成为救灾初期最令人瞩目的现象。这可以说是地震之后的"井喷"，中国人尤其是青年人以公民的责任感和意识能力，投入一场空前的自主社会动员行动之中。

一　公民在行动：一场高效的自主社会动员

"5·12"汶川地震可以说是新中国成立之后最大的一起公共危机事件，也是我国有史以来最大的一次救援行动，全国各地、海内外各种力量加入救援行动中来，体现了中国公众的巨大社会行动力。这次社会动员最突出的一点，是突破了自上而下"对社会动员"的传统模式，体现出公民社会积极参与、群策群力"由社会动员"的自主行为能力。

在危急情况下，需要动员全社会的力量来控制和战胜危机，动员因此成为危机管理的基本手段和环节。在此次抗震救灾中，政府仍然是主导力量，但社会组织和广大民众彰显了强大的主体力量，他们的积极参与，使政府的努力得到社会各界的充分信任与自觉支持，是救灾行动高效运转、维护灾区稳定的重要保障。

所谓社会动员，最初是指战争时期以发动群众支援战争为目的的，通过公众热情所激发的有计划的大规模运动，后成为社会学概念中的一种社会发展策略，旨在调动各种资源和社会力量，促进社会公众的广泛参与。"社会动员是一项人民群众广泛参与，依靠自己的力量，实现特定的社会发展目标的群众性运动，是一个寻求社会改革与发展的过程。"[①] 也就是说，社会动员是把社会发展目标转化为社会行动的过程，它需要把发展目标与人民群众的需求相对接，从而凝聚最大量的人力、物力和财力资源，并使目标获得广泛的政治合法性。目前的和平环境中，社会动员主要体现在应对自然灾害、流行疾病等突发公共危机事件的情况下。在我国的政治

---

① 王敦志、黄裕庚：《公共卫生学新进展》，四川科技出版社，1999，第92页。

生活传统中，由于社会空间的不发达和民众参与渠道的缺乏，导致社会动员往往被窄化为政治动员即国家机器和政治体系的"对社会动员"，危机应对基本由政府垄断，民众必须在国家控制的前提下有限度地参与。但事实上社会动员也可以是"由社会进行的动员"，即社会凭借自身力量主动进行的、调动各方面资源应对危机的动员，这是社会组织、个人通过宣传、发动和组织各方面力量，形成群众有效参与，调动社会各方面积极性，依靠人民群众和社会各方面的力量，克服危机、恢复社会正常秩序的行为方式和过程。① 在此次汶川抗震救灾过程中，自主社会动员的能力和优势充分体现出来，它使国家在短时间内集中、配置大量的物质、人力与信息资源，在集中民意、民智的基础上提升了整体应急机制的科学性和有效性，也使得应急的方针、策略赢得社会公众的理解、支持和配合，并使社会监督得以有效地介入进来。

（一）令世人瞩目的高效社会动员

在此次抗震救灾的过程中，无论国家动员还是社会自主动员，都表现出令人惊叹的高效性。在得知地震发生的消息后，温家宝总理在 2 个小时内即决定搭乘专机奔赴灾区，12 日 19 时到达成都后直接乘车前往震中地区，20 时许到达都江堰，随即率领指挥部在就地搭建的帐篷中开展工作。中国的军队也即时集结开赴灾区，并有空降兵冒着生命危险在第一时间强行空降震中地区，打开生命通道。14 日下午，在第一批空降兵成功着陆汶川的消息传来后，温家宝总理又随即搭乘直升机直飞汶川。中国国家领导人和军队的行动令国际媒体叹服，一致认为这种中国特色的动员机制是不可复制的。

到 5 月 14 日中午，距地震发生 36 小时之内，民政部、国家质检总局、国家防总、水利部、教育部、国家发改委、国家粮食局、安监总局、商务部、新闻出版总署、国资委、农业部、中纪委、科技部、工业和信息化部、工商总局、总后勤部都纷纷启动应急机制，发出紧急通知，更体现出了国家层面上政府部门的动员能力。美国《纽约时报》对此评价说，"在这种时刻，中国能以不寻常的速度采取行动，很少有哪个国家的政府能像中国那样集中资源和注意力"②。

① 龙太江：《从"对社会动员"到"社会动员"——危机管理中的动员问题》，《政治与法律》2005 年第 2 期。

② 吴为、王博、王鑫方、李晨曦：《汶川的超越》，《世界知识》2008 年第 11 期。

同样，中国社会也开始了高效的自主动员，各种志愿力量迅速地表现出来。如 2007 中国慈善排行榜上名列首位的江苏省黄埔投资集团的董事长、江苏省慈善总会副会长陈光标，5 月 12 日下午召开董事会时接到四川朋友的电话，得知地震灾情，立即将董事会改成了抗震救灾部署会。在发动捐款的同时，他立即作出决定，将公司经营陈旧建筑物拆迁的 60 台工程机械从原计划的施工中途转道，火速开赴四川。这支队伍在 36～47 小时内先后抵达灾区，几乎与救灾部队同步。这支民间机械救援队伍的行动速度，令军事专家也感到诧异。① 随后的 20 多天里，这支队伍凭借自己的器械和经验，救回了 128 条生命，陈光标也捐助了近 800 万元现金和各种物资。②

（二）充分体现主动性的社会动员

自主社会动员的一个关键特点，就是民间社会在国家行政动员体系之外的主动性和自主组织能力，这一点在此次抗震救灾的动员过程中充分地体现出来，并实现了与国家动员的互动和互促。尤其借助互联网这个开放的信息和言论平台，中国公民实现了一次空前的主动参与。他们不仅通过各种博客、组群、贴吧、论坛以及 QQ、MSN 等即时通讯工具传递灾区信息，汇聚捐赠物资和志愿者队伍，而且进行积极的讨论，主动就救灾安置工作提供信息、提出建议。

灾情发生后，由于汶川的特殊地形和天气恶劣，军方一直无法进行空降、展开救援，各大媒体报道了这一消息。5 月 14 日上午 10 时，一个名为《希望大家顶起来！》的帖子忽然在网上流传起来，内容是："我是汶川人，有个地方特别适合空降！就在距离汶川县城往成都方向 7 公里的七盘沟村山顶"。这个帖子受到网友的密切关注，一经发出就被广泛转载，在各个论坛、博客、QQ 群中广泛传播。15 日，四川省抗震救灾临时指挥中心军方指挥层电话联系了这位发帖人——从小在七盘沟山脚下长大的女孩张琪，在核实情况后根据帖子信息迅速展开勘察，并最终成功空降汶川。③ 这位女孩说，她在 14 日上午尝试发出这份帖子，自己也没有想到居然真的能够成功。可以说，如果没有网络平台上公众参与的积极性和主动性，以及信息传播的快捷性，这种个人力量发挥成效的结果是不可想象的，这也

---

① 陈歆耕：《废墟上的觉醒》，上海文艺出版社，2009，第 172 页。

② 杨国英：《陈光标：千里驰援，大爱无垠》，《华人世界》2008 年第 2 期。

③ 周丽娜、王婧：《网络的力量》，《新闻周刊》2008 年第 18 期。

典型地反映了此次社会动员过程中的主动性。

(三) 广泛而热情参与的社会动员

在此次抗震救灾的社会动员中，社会各界主动参与的范围之广、志愿奉献的热情之高，都是前所未有的。自主社会动员所形成的积极参与超越了城乡、地域、收入、年龄等所有的差异，如有人这样形象地描述道："几乎所有的网友都在参与，港澳同胞在参与，孩子在参与，老人在参与，残疾人在参与，拾荒者也在参与"[1]。得益于各大电视台对救灾现场的直播，以及网络、手机等新型媒体和通讯工具的普及，使灾情在极短的时间内得到传播。而灾难就是命令，在得知灾区的情况之后，几乎每个人的第一反应都是：我能为他们做些什么？在成都团市委的院子里，在绵阳、德阳等救灾枢纽城市的街头，在每一处受灾区和安置点，都有来自全国各地的志愿者忙碌的身影；在每一座城市里，人们聚集在募捐点和采血车的周围，慷慨解囊；各大企业、影视明星等公众人物也纷纷捐赠钱物、参加义演。从捐赠的数字上，我们就可以看出慈善热情之高。在 5 月 13 日地震发生的第二天，全国捐赠总额达到了 12 亿元，随后随着媒体报道的深入，捐赠数额直呈井喷之势，在 20 日即迅速达到 139.25 亿元，到 26 日则达到 308.76 亿元。而中国民政部在 2009 年 5 月 12 日震灾发生一周年之时的公告表明，截至 2009 年 4 月 30 日，共接收国内外社会各界抗震救灾捐款 659.96 亿元，捐赠物资折价 107.16 亿元，合计 767.12 亿元。[2]

在这次全民参与的救灾行动中，出现了许多令人感动的事例。一个"漂"在成都的失业年轻人，在地震发生当天就捐出了身上仅有的 307 元中的 300 元，随后又加入志愿者的队伍中去。一名山东农民在 13 日晚下地回来得知了震情，随即带着家中仅有的准备用来买肥料的 1300 元辗转来到成都。一名唐山农民 12 日晚从唐山赶到郑州，准备乘飞机入川，但航班因气候原因取消，他为了以最快的速度赶到灾区，作出了一个惊人的决定，打车去北川。14 日上午 8 点他抵达灾区，花费了 4600 元。[3] 这三个人都是普通公民，甚至自身的收入水平和生活条件都算不上优越，他们的行动有

---

[1] 黄冲：《中国网友的心被震到一起：几乎所有网友都在参与》，《中国青年报》2008 年 5 月 21 日。

[2] 《民政部公告汶川地震抗震救灾捐赠款物及使用情况》，新华网，2009 年 5 月 12 日，http://news.xinhuanet.com/newscenter/2009-05/12/content_11360462_1.htm。

[3] 陈歆耕：《废墟上的觉醒》，上海文艺出版社，2009，第 27、29、57 页。

冲动和极端之处，却最生动地表现了社会深层所蕴含的参与热情和志愿精神。

（四）彰显理性力量的社会动员

长期以来，我国在面临危机事件时的动员模式都是以国家动员为主，并有意识地封锁消息，控制民间的自发动员和参与。如1976年唐山地震发生之后，全面控制媒体的报道，损失情况和伤亡人数也长期得不到公布；2003年"非典"爆发之初，公众也迟迟得不到正面的、科学的信息，直到流言和猜疑大规模传播之后，才开放公共募捐和参与。究其原因，很大程度上是源于对公众理性能力和政府治理能力的双重不信任，担心灾害信息造成社会的非理性恐慌，影响救援工作的有序稳定进行。而在这次汶川救灾的过程中，政府采取高度开放的态度，积极鼓励各种形式的信息发布和公众参与。实践证明，自主的社会动员是具备充分理性的，无论自发的还是有组织的社会力量，都表现出主动合作、理智思考的能力，从各个层面、各种角度发挥自己的最大优势，参与到一场全民性的志愿服务之中。

在初期，虽然有一些自发的志愿者在没有做好准备的情况下赶往灾区，难以充分发挥作用，也在一定程度上对救灾工作造成了影响。但更多的志愿者是在审视自己的能力之后，通过各种渠道联络"战友"、形成团队，并制订了工作方案，做好了充分物资准备。而一贯被认为是非理性情绪传播温床的互联网，此次也彰显出充分的理性力量。灾后各大论坛和博客广泛转载着一份《"5·12四川汶川大地震"中国网民自律公约》，承诺面对地震的"十不"：不恐慌、不信谣、不传谣、不造谣、不盲动、不悲观、不恶搞、不冷漠、不无知、不谩骂。[①] 与此，网络上形成理性互动的氛围，并成为自主社会动员的重要载体，发挥了积极的作用。在这次救灾社会动员中，公民的监督权利也得到发挥和重视，媒体和公众对善款和救灾物资使用情况的一些质疑，促使各级政府部门先后制定出台一系列抗震救灾捐赠物资的管理、使用、统计、监管办法，并成立了监督检查领导小组和专项检查组。凡此种种，都彰显着中国公民意识和能力的提升，标志着中国公民社会的成熟。

此次抗震救灾的社会动员，体现了政府主导与民间社会参与、监督的合作，二者形成相互信任、相互补充的关系，共同进行了一次艰巨而高效

---

① 杜骏飞、周海燕等：《公开时刻：汶川地震的传播学遗产》，浙江大学出版社，2009，第169页。

的对抗自然灾难、挽救生命、重建家园的行动。这种高效的合作源于中国人民固有的民族精神和国家情怀，但也是近年来社会建设的产物，尤其与国家的开放、公民权利的提升、公民社会的建构和民间力量的发展具有密切的关系。改革开放在这些领域取得的成果，形成了今天众志成城的高效响应。

二 众志成城：高效响应的原因探析

汶川抗震救灾，社会的响应速度和动员深度是前所未有的，也是出乎所有人一开始的意料的。可以说，中国改革开放 30 多年来政治、经济和社会发展的成果尽管已经得到多方面的总结，却是在这次灾难面前集中地表现出来，使我们感受到中国社会、中国公民的成熟。探究此次众志成城的原因，主要表现在以下几个方面。

（一）前提：信息公开激发公民意识和责任感

在民主政治的背景中，公民知情权是一种基本的权利，它的最初确立，也许是出于引导民意的需要，如美国独立宣言起草人杰斐逊曾说，"为了避免人民失误"，有必要向人民提供有关政府活动的充分情报。而到 20 世纪中后期以来，随着"新公共管理"运动的兴起，传统的以"强制"为特色的行政目标和管理手段发生变革，"服务型政府"的观念日益受到各国的重视。此外，善治理论的发展带来了从"从统治到治理"的转型，也强调在政治国家与公民社会之间建立新型的合作互动关系，使国家权力回归社会，实现政府与公民对公共生活的合作管理。而要实现这种服务、合作与互动的目标，就需要通过法律保障公民知情权的落实和信息公开渠道的畅通，使政府和公民在信息公开活动中建立起信任和互相支持的关系。因此，知情权是列入《国际人权公约》的一项基本人权，我国也在 2008 年 5 月 1 日正式开始实施《政府信息公开条例》，明确政府部门通过多种渠道发布信息、保障公民了解并参与公共生活的义务。在此次汶川震后救灾行动中，政府主动开放渠道、提供准确有效的信息，充分保障了公民的知情权，这份信任和尊重，极大地激发了全国人民的公民意识和责任感，形成了普遍动员、积极响应的形势。

在地震发生 17 分钟之后，新华社即在国内官方媒体中第一个发布了有关地震的中英文快讯，随即在震后 28 分钟时发布了第一场地震图片。中央电视台在 15 时整点新闻中播报了四川地震的消息，随后即打破原有节目安排，推出汶川地震直播。12 日 22 时，中央电视台新闻频道和第一套综合频道开始并机直播"抗震救灾、众志成城"特别节目，采取 24 小时滚动的形式播出抗震救灾有关消息和工作进展。从 13 日地震第二天开始，国务院新闻办、四川省政府即每天举行一场新闻发布会，公开回答中外记者的提问并现场直播，温家宝总理在映秀镇废墟上举行的一次记者招待会上更明确说，"这次救灾采取了开放的方针"。在这些公开发布并传播的信息中，全国人民目睹了灾区的受难景象和自救努力、党和国家领导人的爱民情怀，其效果正如一名上海的年轻商人所说的，"当你知道了，就不得不做些什么"①。公民一旦体会到被信任，就会对政府的作为报以高度的信任和支持，并感受到个人与国家民族不可分割的联系，这份责任感的产生，是自主社会动员和响应的基本前提。

（二）载体：媒体发挥积极的作用

在现代社会和政治生活中，媒体扮演着越来越重要的角色。具体就信息公开而言，《政府信息公开条例》规定了四种公开方式即政府公报、政府网站、新闻发布会和传统媒体，媒体虽然排在最后一位，实际上却起着其他三种方式的触发器（引领、启发政府信息公开）、集合器（收集、整理、解读已有的公开信息）、放大器（最广泛地传播、宣讲信息的公开）和矫正器（匡正已发生错误的信息公开，确保客观性，促进公众的信任）的作用②，是公众获取信息的最快捷、充分的路径，也深刻地影响着公众对已公开信息的理解和接受程度。尤其在出现突发性公共危机事件时，媒体的作用更为明显。简言之，媒体如果是负责任的、富有专业精神和职业伦理的，就能够传递准确信息、防范流言传播、稳定社会情绪，起到积极的作用。而在这次抗震救灾的过程中，媒体的作用就十分突出，尤其是电视媒体以其现场性和细节性，网络媒体以其开放性和互动性在促成社会动员的气氛方面，发挥了巨大的作用。

中央电视台新闻频道在地震发生不到一个小时的时候就推出了特别直播节目《关注汶川地震》，随后则开始了中国电视史上持续时间最长的一次现场直播。在这些日子里，"每天守住电视机直到深夜"成为大部分人

① 陈丹燕：《赤子之心——汶川地震青年志愿者访问记》，上海文艺出版社，2009，第 14 页。

② 杜骏飞、周海燕等：《公开时刻：汶川地震的传播学遗产》，浙江大学出版社，2009，第 5~6页。

的自发选择，电视因其直播而带来的感同身受的现场画面和感人肺腑的真实细节，成为许多人关注灾情的首选媒体。如一位观众所言："发生在地震灾区最真实的画面，通过电视直播在第一时间甚至同步传递给了远在数千里之外的观众。这种与灾区一线同呼吸共患难的揪心感和震撼感，是其他任何新闻形式都难以给予的。"不少志愿者在出发之前，都曾被电视画面中的悲惨景象所震惊，被救援者的奋不顾身所感动，产生"必须马上行动"的决定并付诸实施。此外，近些年来兴起的电视公益广告也发挥了巨大的作用，据有关方面监测发现，地震发生后的一周时间里，电视媒体商业广告花费减少 37%，公益广告投放费用则增长 92%。中央电视台制作的"我们在一起""信念凝聚力量""万里长城永不倒"等公益广告深受观众好评，在振奋精神、鼓舞斗志、凝聚人心方面取得了积极的效果。

网络作为新兴的媒体，其作用则更加主动和多元。在对灾情的新闻报道上，国家大型新闻门户网站（新华网、人民网等）和著名商业门户网站（网易、新浪等）充分发挥网络的快速便捷优势，以及网络空间充足、编辑灵活的特点，制作了一系列的专题栏目，集合同一主题不同来源的各种新闻、图片、评论等，方便公众主动地多方面了解灾情的实时变化。而各 BBS 论坛和个人博客则成为最迅速的信息发布平台和公共交流空间，公民新闻的力量在此得到充分展现。凡此种种，都为全社会的自主动员提供了多样化而又互相呼应的载体，使不同人、不同层次的"为灾区做些什么"的愿望都能够得到实现。

（三）基础：民间社会积累的经济实力和道德潜力

改革开放 30 多年来，中国社会得到了长足的发展。尤其经济在 30 多年里经历了持续的高速增长，GDP 年均增长率达 9.7%，进入 21 世纪之后更是连续多年保持两位数的年增长率。目前，中国的 GDP 总量已达到世界第二位，人均 GDP 超过 3000 美元，2007 年国家财政收入也超过 5.1 万亿元。尽管这些数字并不直接意味着居民的可支配收入，但也足以表明，中国不仅国家实力有了巨大的提升，而且民间社会也已经积累了丰富的经济实力。这种积累构成了大规模社会动员的经济和物质基础，从而当大灾降临，国家可以拿出充足的资金支持救援、安置和重建工作，可以采用各地对口支援的制度设计来发挥地方政府的积极性，各类企业、民间团体和公民个体也能够在短时间内积累出数量惊人的捐赠额度。

但经济基础的存在只构成了志愿精神和慈善热情生发的可能性，真正使可能性落实的催化剂，是改革开放给人们的精神心态所带来的变化。物质财富的积累使人们超越了生理的需要，和谐社会构建的工作也逐渐满足了人们对安全的需要，这种发展成果使人们逐渐开始追求社会身份、关爱情感、个人自尊以及自我实现的需要，追求更为充实而幸福的人生，并有了奉献社会、回报他人的强烈动机。这种道德潜力的积累具有丰富的背景，既是仁者爱人、扶危济困、修德行仁等中国传统慈善理念的现代转化，也是以雷锋精神为典型的集体主义价值观教化的延续，更是近20年志愿服务事业发展的积极成果。

此次地震震中在四川省汶川县，波及陕西、甘肃、宁夏等多个西部省份，不少受灾村落属于边远少数民族地区，与外界交通并不便利，但即便在这些地方，也能够看到志愿者的身影，而且志愿者甫一出现就获得当地灾民的认可并建立了信任关系。这种情况可能是很多人没有想到的，究其原因，从1989年底开始实施的"希望工程"、1994年开始实施的"大中学生志愿者暑期文化科技卫生'三下乡'活动"、1996年启动的"青年志愿者扶贫接力计划"，以及2003年开始启动的"大学生志愿服务西部计划"等青年志愿者服务项目，众多以扶贫开发、社区援助、环境保护等为主要服务领域的非政府组织的活动，都在全社会普及了志愿服务的理念，也在热心志愿服务的青年和需要帮助的西部贫困地区之间搭建了桥梁，使两者之间已经有了一定的认知和相互了解。这种社会氛围和切身了解使受灾民众对志愿者并不陌生，能够充分接纳，这也成为经济实力与道德潜力落实为志愿行为并产生成效的最坚实基础。

（四）保障：各层次的组织和自主组织能力

在这次空前的全社会动员参与抗震救灾的志愿精神"井喷"中，如果说信息公开所激发的公民责任感构成动员的前提，媒体发挥积极作用形成"众志成城"精神意志酝酿和发扬的载体，改革开放与志愿服务事业发展积累的资源成为物质与精神双方面的基础，但这一切还停留在愿望和可能性的基础上，精神要落到实处，尤其在精神与激情感召下奔赴灾区的志愿者要真正发挥最大效用，就必须有组织体系和力量的保障。尽管有众多"个体"志愿者在奋战，但个人的力量和资源都是有限的，只有结成群体形成合力，才能使志愿服务持续有力，这可以由外在的、既有的组织机构发挥作用，也可能是内在的、自发形成的自主组织力量。而在此次汶川抗震救灾中，两方面的组织力量都发挥了巨大的作用，结成了一张志愿者的"战时"联络与保障网。

首先，共青团系统展现了强大组织资源与能力。中国青年志愿者行动是由共青团中央组织发起的，各级志愿者协会也都与各级团组织形成挂靠关系，由后者指导和管理志愿服务的开展。经过近 20 年的宣传和普及，这套组织管理体系已经为社会广泛认知，而且共青团作为权威型自治组织，也确实能够有效地利用体制内和体制外、官方和民间、政府和社会两种资源，这是中国志愿服务事业发展的特色优势。地震发生之后，全国各地希望参与救灾的人们首先想到的就是团组织，5 月 13 日四川团省委通过媒体发布志愿者公开招募，随即各地志愿者踊跃咨询，在 5 天时间里打坏了 3 部电话。而在四川团省委和成都团市委的门口，挤满了各地赶来的报名者。全国其他省市的团委则利用遍布各行业单位的团组织，招募组建专业志愿者团队，如北京、上海的团委都迅速组建了医疗卫生志愿服务队和心理专家团队。北京团市委还在 5 月 25 日推出了"捐出 500 小时，北京志愿者支援灾区接力计划"，结合灾区实际需要，以项目形式组织志愿者开展专业志愿服务。遍及全国的完善的层级组织体系，使团组织成为志愿者的招募站、中转站和派遣中心、联络中心，成为此次抗震救灾志愿服务的组织核心。

其次，非政府组织显示了集体行动的能力。中国的非政府组织总体上仍是弱小的，在发展上面临着一系列的体制和观念障碍，而且很多非政府组织也习惯了固守本专业领域、各自独立的工作方式，它们尽管有形成合力，谋求政策环境突破的愿望，但在实际中缺乏相互之间的沟通和合作。但在此次地震发生之后，不仅非政府组织的志愿者迅速到达现场配合政府力量开展救助服务，而且在组织层面上也展开了集体行动。地震发生当日，全国数十家草根组织就通过网络沟通组建了松散的"民间团体赈灾援助行动小组"，此日正式成立由 30 家非政府组织联合的"NGO 四川地区救灾联合办公室"，进行信息收集与发布、资源整合、人员物资调拨等统筹工作，并定期发布《民间团队赈灾特刊》电子版。而几乎同时，通过 QQ 群组成的"爱我成都青年同志中心"迅速与 20 多个在成都设有基地的本土和国际 NGO 联合成立"成都 5·12 民间救助服务中心"。这个组织成为抗震救灾中的两大 NGO 交流服务平台及各 NGO 在成都的大本营。同样在 13 日，南都公益基金会也联络一批知名公益组织，发起了"中国民间组织抗震救灾行动联合声明"，有 100 多家民间组织响应。所有参加联合声明的民间组织都标明了参与抗震救灾的行动方式，并公布联系办法，以方便受地震影响需要帮助的人士及时找到相关民间组织、获得帮助，也方便社会公众通过这些组织奉献爱心。这一系列的举动，充分表现了民间非政府组织的集体行动能力，使它们成为动员组织志愿者的另一支重要组织力量。

最后，志愿者展现了高效的自我组织能力。在救灾的初期，大批志愿者满怀激情地涌向四川，汇集到四川团省委和成都团市委的门口，排队报名、等待任务。但很多人在报名两三天之后，还是只能原地待命，此时有人意识到，必须组织起来形成一个团队，才能够得到重视，更便于参与救援工作。15日，一名年轻的退伍军人买了一面党旗，贴上"老兵突击队"五个大字，立即就召集了一支队伍。在随后的日子里，一个个志愿者加入进去，最后形成了一支400多人的团队。这支团队是灾区最有战斗力的一支队伍，他们的身影活跃在抗震救灾的各条战线上。

更多的志愿者则借助现代社会发达的通信手段，以组织成形的团队奔赴灾区。5月18日，一名北京的退伍军人在网上发出"退伍军人抗震救灾战友志愿队需要你！"的召集帖子，并留了多种联系方式，20多名网上结识的志愿者很快聚集起来，组建了"战友志愿队"，进行了为期两天的军事训练、心理辅导、紧急救助和避险等方面的紧急培训，并制作和采购了统一的队旗、臂章、胸牌及背囊、雨衣、水壶等用品，尽一切努力自给自足，不占用当地救灾物资。经与四川省红十字会和四川团省委取得联系后，这支队伍于27日起程来到成都，随即转战各个受灾点。还有一名来自北京的年轻志愿者李镇男，随着一个网络自发团队奔赴成都，在火车上，他利用广播把所有志愿者的领队集合到餐车上，进行信息汇总并研讨救援方案，他的组织能力得到其他志愿者的肯定，被推举为此次志愿行动驻成都地区总联络人。后来，他就留在了成都，专门负责接待北京地区的来川志愿者，并协助团省委和汶川团县委开展志愿者的招募、安排、调配等工作。① 这是一个从个体自发志愿者转化为组织者的典型案例，充分展现了青年志愿者中蕴含的自主组织潜力，并与正式的组织力量形成了合作。

---

① 北京志愿者协会：《我们在一起——北京志愿者赴四川抗震救灾纪实》，新华出版社，2009，第48、67页。

第二节　青春在废墟飞扬："80后"志愿者群像

志愿服务没有年龄、地域甚至收入水平的限制，人人可为，它所需要的，只是一个人的公民责任感，奉献社会、服务他人的愿望，和对他人困难感同身受的同情心。因此，活跃在"5·12"震后救灾和安置现场的志愿者身影是丰富多彩的，上至六旬老人，下至学龄稚童，都为灾区的救援付出着自己的体力、精力和能力。但有一个群体是最为人瞩目的，那就是曾一度作为"问题"出现在公众视野中的"80后"青年。这些曾经被认为是自我中心、娇生惯养、冷漠而缺乏责任感的一代人，此刻却表现出令人吃惊的民族情怀、奉献精神、行动能力、合作态度和吃苦耐劳，成为服务灾区志愿者的主体。有人说，是地震使"80后"一代在"一夜之间长大"，但这更多只能算是一种形象的感叹，"80后"生于改革开放的中国，伴随着志愿服务事业而成长，他们在今天的作为和担当，是有着清晰的可以追溯的发展路径的。

一　伴随志愿服务成长的"80后"青年

所谓"80后"，直接从年代意义上理解，是指出生在 20 世纪 80 年代的人群，但我们这里所说的"80后"，并不是一个简单的年龄层次概念，而是以中华人民共和国成立之后的社会变迁和人才代际划分为基础的。对这一群体的第一个界定是"第五代人"，即出生于 20 世纪 70 年代末独生子女政策确立之后到 80 年代中期，在 90 年代中后期进入青春期的一代人，也被称为"新人类"。而"80后"首先是作为一个文学批评界定出现的，其原因是 20 世纪 90 年代末期"新概念作文"培养出来的一批少年写手的突然成名。新概念作文本身就是对传统教学的挑战，加之这批少年人独特的用词和文风、自由叛逆的行为方式等，使他们从一开始就和传统文学界构成一定的对立关系。2004 年 2 月 2 日，美国《时代》周刊亚洲版以北京少女作家春树的照片作为封面，并将她与韩寒等并称为中国"80后"的代表，至此"80后"的概念正式确立，并超越文学圈而成为对整个一代人的指称。媒体在"80后"典型作品的文本及部分作者行为的基础上，总结出一套这一代人的"特点"，如自我中心、功利主义、叛逆乖张、心理脆弱等，从而形成了相当长一段时间里对"80后"青年的刻板印象。只有以此为背景，我们才可能理解如今对他们的"平反"。

对"80后"一代进行把握，首先必须明确他们生活环境中的两大变迁。一方面，这是"独生子女"的一代，他们处于迥异于前辈的家庭环境。我国的独生子女政策从20世纪70年代中期在部分地区实施，到1980年在全国推广，使在这一代中一个家庭只有一个孩子成为常态。这一变化的结果，是孩子必然成为家庭的核心，受到家庭过分的关注保护，同时也承担了家庭过度的期望。同时，城市居住方式发生变化，独门独户的单元式住宅逐渐成为主流，也使这一代儿童相对缺乏同龄之间相互交流、玩耍的空间和机会。从而，人们开始担心这一代人会过于以自我为中心、缺乏合作和分享意识。另一方面，孩子的中心地位促使中国传统"父权"消失，家长更倾向于用宽容、协商甚至纵容的方式与孩子交往，这种关系的一个积极后果是有助于平等的现代人格的培养，反而促进了儿童沟通能力和协商、合作意识的养成，并形成基于个体权利和自我认同的责任感。应该说，比之传统上基于服从而形成的责任感，后者更具有"公民"的特色，也更适合现代社会。

其次，"80后"成长的社会空间发生了巨大的变化，尤其是在20世纪90年代初全面展开市场经济建设之后。此前几代人生活其中的中国社会，总体上说是泛政治化的，政治意识和政治热情构成了人们对爱国主义和社会责任感等的判断基础。因此在90年代之后相对淡化意识形态争论的环境中，就自然形成了对"80后"一代可能对政治淡漠、缺乏国家意识等的担心。加之随着中国社会的日益开放，"80后"在大规模地接触西方世界之后，形成了对西方青少年亚文化和港台流行文化的亲和，这种状况进一步加剧了老一代对年轻人"西化""颓废""叛逆"的担忧。但事实上，这是一个社会文化尤其青少年文化回归常态的过程，新一代人摆脱了过度的政治负担，在市场环境中学习着竞争意识、契约意识和法制观念，并在对具体"个人"的关注和尊重中逐渐形成现代公民责任感，既注重个人权利又勇于承担义务，既具有国际视野又关心国家发展。这种复合的素质无疑是更为理性的。

实际上在20世纪90年代末，研究"第五代人"的学者就已经发现，这一代人的一个特点是"热心社会公益活动，有较强的公民意识"，尤其"在参加社会公益活动上，年轻人往往比成年人热心，他们常常带动家长参加社会公益事业"①。出现这种情况的一个原因，就在于他们是伴随着作

---

① 杨雄：《第五代人：自身特点与发展趋势》，《中国青年研究》2002年第3期。

为新兴公益文化现象的"志愿服务"而成长的,他们在中学甚至小学阶段就参与到各种志愿服务之中。比之传统的"学雷锋"和 90 年代初的"学赖宁"活动,新的志愿服务也许不那么轰轰烈烈,却更潜移默化,也更为尊重个人的自主精神和自我选择,更具有个性化和生活化的特色,从而更受"80 后"的欢迎,对他们的成长产生了深刻的影响,进一步促成了公民精神的内化。

志愿服务在中国的滥觞是在 20 世纪 80 年代末,首先在广州、深圳等沿海开放地区,出现了借鉴香港义工服务模式和经验的、以中学生和外来青年务工人员为服务对象的团队。1989 年,天津市成立了中国第一个社区级的志愿者组织;1990 年,深圳成立第一个市级志愿服务组织"深圳市青少年义务社会工作者联合会",现代意义上的志愿服务在中国逐渐为人所知。1993 年年底,2 万余名铁路青年打出"青年志愿者"旗帜,在京广铁路沿线开展为旅客送温暖的服务,这标志着共青团主导的"中国青年志愿者行动"正式启动。此后,中国青年志愿者协会先后实施了一系列服务项目,动员组织了大批处于中学至大学阶段的"80 后"青年参与其中。如1994 年启动的"中国青年志愿者'一助一'长期服务计划",延续"学雷锋日"的活动传统,通过团组织、青年志愿者组织牵线搭桥,在志愿者和服务对象之间建立起长期稳定的关系,为社区孤寡老人、残疾人、下岗职工、部分离退休人员等困难群众提供多方面的帮助。随着社区青年志愿者服务站的创建,社区已成为大中学生利用周末和课余时间开展志愿服务的重要基地,当年的"80 后"少年,很多都是从在社区中照料老人、整饬环境和维持治安中开始自己的第一次志愿服务的。此外,1994 年开始的"大中学生志愿者暑期文化科技卫生'三下乡'活动",1996 年启动的"青年志愿者扶贫接力计划",以及 2003 年开始启动的"大学生志愿服务西部计划",构成了一个完整系列的乡村援助型志愿服务项目群,"80 后"一代从中学期间即通过这些项目深入农村基层和贫困地区,发挥自己的知识、技能和观念优势,并切实感受到了服务的成效。

对"80 后"青年影响深远的另一个项目,是 1994 年开始实行的"18岁成人仪式教育活动"。这项活动针对 16～18 岁成人预备期的青少年,包括公民意识教育、成人预备期志愿服务和成人宣誓仪式三个环节。其核心环节是要求青少年在 16～18 岁至少完成 48 小时志愿服务,通过这一实践的过程深化公民教育意识成果,切实培养社会责任感和奉献精神。这一活动的设计显然就是针对"80后"中学生，比之前述的专题志愿服务项目，它起点较低、普及面广，而又内容丰富，以公民意识为线索，将教育、引导和服务实践有机结合，是一个适合新时期中学生特点和需求的活动，也很受他们的欢迎。

在"80后"青年的公益服务经历中，"希望工程"也是难以磨灭的记忆。这项公益助学活动开始于1989年年底，但直到1992年推出"一对一"捐赠、1994年推出"1+1"结对助学项目之后，才获得社会各界的广泛关注和大量参与。在"80后"一代的城市青年中，很多人都是从为希望工程捐款或募捐开始接触"志愿者"概念的。在一份关于汶川志愿者的访谈录中，一名"80后"前期（生于1979年）的志愿者说，自己"第一次做志愿者"是在1995年帮助慈善基金会为希望工程募捐，并且在看到自己工作的成果之后，感到由衷的快乐；另一位"80后"后期的女孩，则在小学期间与父母协商有偿做家务，中学期间带领同学到居委会要求拔草挣钱、包干学校食堂清洁工作，而这些"有偿服务"所挣到的钱，都捐给了希望工程。① 这些经历都是"80后"一代的宝贵财富，是志愿服务精神的逐步积累过程。

在参与这些志愿服务的过程中，"80后"收获了现代的志愿服务理念，形成了一些值得注意的特点。而这些特点也都体现在这次抗震救灾的志愿服务过程中。

其一，注重个人的自主性。志愿服务的一个核心观念就是参与者的自愿性和自我选择，它与我国原有的"学雷锋"活动具有承接关系，但扬弃了后者政治强制性和过于强调集体参与、整齐划一的弊端，倡导个体发挥公民意识，将自我发展与服务社会有机结合。因此，这一代的志愿者更具有个体意识，也有着更强的自我组织能力，此次救灾过程中大量的自发志愿者就充分体现了这一特点。

其二，重视服务的结果。此前的"学雷锋"式公益活动，不少都存在动机优先和单纯强调场面轰轰烈烈的现象，甚至出现"一哄而上、一哄而散"的尴尬，以致有"雷锋叔叔三月来、四月走"的批评。而志愿服务在项目设计阶段就注重结果设计和对志愿者能力的分析，力求使服务延续化，产生可持续的有效成果。志愿者在这一过程中也形成了成果意识，学

---

① 陈丹燕：《赤子之心——汶川地震青年志愿者访问记》，上海文艺出版社，2009，第33、116页。

会了科学理性地审视和评判自己的能力，做力所能及的事情，以服务对象的需求和发展为重，明确志愿者作为辅助者和同行者而非替代者的角色。

其三，关注细节。注重志愿者个体自主和服务结果的一个合理延伸，就是注重细节，力求把服务做细做深，不留空白。只有做到了细节，志愿服务才能够避免沦为临时性的政治运动，真正解决动机与效果的结合问题。在此次救灾中，很多个体的志愿者避开大部队和焦点地区，寻找尚未被重视的受灾村落的行动，以及对受灾民众心理需求的重视等，都表现了这一点。

其四，注重服务对象的感受和参与。关注结果、关注细节的最终落实，就是真正从志愿服务对象的需求和感受出发，激发他们积极参与，将受助转化为自助。志愿者毕竟是外来的，也终究会离开和轮换，真正了解受灾地区状况和安置、重建需要的，是当地的民众，他们才是救援和重建过程的真正主体。正是基于这一点，很多受灾地区和安置点在外来志愿者的帮助下，成立了自己的志愿服务组织。

二 "80后"志愿者的汶川群像

在地震发生之后，志愿者几乎第一时间就出现在救灾现场，随后，在各个受灾城镇村落，每一个灾民安置点，散落各处的帐篷学校、板房学校中，都活跃着各种志愿者的身影。他们每个人都有一段充满了艰苦、危险和感动的故事，每个人都作出了自己的努力，也都有自己沉甸甸的感悟和收获。在这一部分中，我们只是从几个角度出发，撷取一些闪光的事例，勾勒出一幅"80后"志愿者在地震废墟之上的群像。[①]

(一)"80后"党员的风采

在中国全面进入市场经济时代之后，在世俗化和娱乐化成为我们文化生活的主要标志之后，很多人都有一个疑问：共产主义理想对青年一代还具有吸引力吗？"共产党员"还能够成为一个让年轻人自觉追求并感到骄傲的身份吗？尤其对那些在民营高新技术企业、外资或合资企业就职的、高学历层次的青年来说，如何建构并继续党的组织体系和组织生活，更是

---

① 相关事例，多来自陈歆耕《废墟上的觉醒》（上海文艺出版社，2009），北京志愿者协会《我们在一起——北京志愿者赴四川抗震救灾纪实》（新华出版社，2009），陈丹燕《赤子之心——汶川地震青年志愿者访问记》（上海文艺出版社，2009），以及散落在网络、报纸上的报道。文中不再一一注出。

一段时间以来党建工作的重点。在此次汶川抗震救灾的现场我们发现，共产党员仍是先锋队，党的组织仍是先进青年追求的心灵家园。

在四川灾区有这么一群志愿者，他们创造了众多的第一：这是灾区接纳的第一支由松散的民营企业党员组成的服务队，他们为灾区带去了第一批《四川灾后心理自救手册》，他们为四川团省委创建了第一个“赈灾信息交互平台”，他们指导建立了灾区第一个“志愿者服务队战地临时党支部”，他们援建了绵竹第一个帐篷学校，并组织当地的孩子自我管理。做到这一切的是“红色中关村5·12党员志愿者服务队”，一共11名队员，其工作得到四川团省委抗震救灾指挥部的充分肯定，并受到了团中央第一书记陆昊的接见。

这个团队的发起人是北京中关村科技园区海淀园联合党委第六党总支副书记张燕，一个出生在20世纪70年代末的兼职党务工作者。地震发生后，她一边组织党员为灾区捐款捐物，一边联络了11名具有硕士以上学历的党员志愿者组队，自费赴灾区参与救助服务。当她15日向领导提出请假做救灾志愿者时，领导的回答是无情的，要去，就只能“跟单位说再见”。再次找工作并不容易，但她毫不犹豫：“你若是拿饭碗挑战党性，我别无选择，只能选择后者！”就这样，她辞职带领队伍奔赴地震灾区。

这支队伍的每一个党员志愿者都立下生死状。临行前，大家还不约而同地做了两件事：一是再一次戴上党徽、面对鲜艳的党旗，高举拳头，含着激动的泪水重温入党誓词，作出“随时准备为党和人民牺牲一切”的庄严承诺。二是向党组织交纳党费，他们说，“如果我们牺牲了，回不来了，也不愿意留下任何遗憾”。当队伍在成都接受完任务分头行动时，他们相互的鼓励是“在一线好好干，为党旗添彩”。

在灾区，党员的身份和胸前的党徽为他们提供了很多方便，使他们更容易得到当地政府和灾民的信任，但也使他们感到沉甸甸的压力，体会到身为共产党员的责任感。他们觉得，应该把这份共产党员的认同和感受传达出去，将志愿者中的党员凝聚起来，形成坚强的核心。队伍中的一个北京女孩随团中央派遣的医学专家小组驻绵竹，她与绵竹县委组织部联系，表示想在医疗志愿者队组建临时党支部。在得到支持之后，她借来党旗，在营地边的空地里组织队里的14名党员庄严宣誓，这是第一个抗震救灾战地志愿者临时党支部。随后，越来越多的党支部建立起来，更有一些志愿者“火线”入党。

作为我国唯一的执政党,中国共产党确实有过一些失误,也有部分党员不能保持先进性,这一切曾一度使年轻一代对党疏远淡漠,甚至心怀疑虑。但大灾当前的时候,年轻的共产党员仍然在危险时刻率先挺身而出,他们构成了志愿者中特别能战斗的群体,并继续吸引着追求进步的青年。即便曾以"叛逆"著称的"80 后"作家春树,也在从灾区回来之后说了一句话:"灾区之行改变了我对大多数共产党员的印象"①。

(二)永远是战士

在历次抢险救灾中,中国军队的表现都是极其优秀的,也是让人们充分信任的。此次汶川大地震后,军队的救灾表现也同样令世界瞩目,新加坡《联合早报》说:"无论在电视画面还是报纸图片报道中,出境率最高、人数最多的都是解放军、武警官兵和警察,他们是抗震救灾的主力。中国军队的快速行动和冲锋在前的精神,同样让世界思考军队的功能。"② 在"80 后"志愿者中,也有着这样服务的战士,他们自觉地以军人的身份要求自己,这就是年轻的退伍士兵的群体。

一名北京的退伍军人通过网络召集,组成了一行 20 人的队伍"战友志愿队"。他们身着迷彩服,携带户外生活物资,纪律严明,富有战斗力。从 28 日开始的一个星期时间里,他们在江油物资中转站负责救灾物资的运输、搬运、分发、防疫消毒等工作,处于 24 小时待命的战备状态。在任务紧急的时刻,因为前一天的衣服还没有干,男同志们就光着上身装卸生石灰,很多人的胳膊、肩膀都被烫伤了。随后他们又转战各地,一直发挥着军人的本色。在回京之后,他们的一面绣有"退伍不退役,抗震续忠诚"的队旗和带有志愿者中英文标志的臂章、胸牌,被军事博物馆永久收藏。还有一支"火线"成立的"老兵突击队",400 余名成员主要是年轻的退伍兵,也包括一些主动加入的没有从军经验的年轻人。在各个受灾地点,他们都倾尽全力,先后从事过搬运物资、卫生防疫、抢收农作物、徒步运送食品、搭救伤员等各种服务。在车辆无法通行的地段,他们就背着几十斤的背囊,冒着随时可能发生的滑坡的危险,顶着纷飞的落石,手脚并用地攀爬,以最快的速度把食物和药品送到灾民的手中。

让我们看看这些年轻的退伍军人是怎么说的吧。

---

① 李美皆:《序二:拥抱一个庄严的誓言》,陈欣耕:《废墟上的觉醒》,上海文艺出版社,2009,第 7 页。

② 《大地震让世界重新认识中国》,《参考消息》2008 年 5 月 23 日。

1984年出生的王雪健，在大二时曾应征入伍当了两年兵，退役后回校继续读书。地震发生后，他迅速成为一名志愿者。他说："做这些事情，我根本就没有思考的闲暇。一个中国青年，正值壮年，刚退役，我不去叫谁去啊？这还用思考吗？"

邓先伟2004~2006年曾在武警部队服役，2005年入大学读书。他参加了一个20人的小分队，往深山中的灾区运送物资。他说："我们年轻人应该趁有条件有能力的时候，对国家和社会多做我们自己力所能及的事情，多尽我们自己的义务。不要浪费了年轻的大好时光，让我们以后不后悔。"

1982年出生的张颖曾经是辽宁省消防总队的一名士官，地震发生后，听说原部队要开进灾区救援，他马上丢下在上海经营的企业，回队与战友们一起开进北川。他始终以一名消防老兵的标准要求自己，反复强调说："不要把我当成一名志愿者，而是一个兵。""我既然来了，就要挑重担。"他在灾区整整救援了一个月，企业因他不在而亏损10万余元。

（三）毁家纾难

毁家纾难、舍身救国，一直是中华民族推崇的崇高美德，也是挑战来临时每个仁人志士的自觉选择。在此次地震中，大自然展示了它的强大和暴虐，它可以轻易地毁掉人类千百年积累的生产建设成果，可以在一瞬间吞噬成千上万的生命，但它没有摧毁人心，反而激发了众多普通人的英雄情怀和奉献精神。在灾情面前，"80后"的年轻人挺身而出，演绎出新时代的毁家纾难壮举。为了奔赴灾区做一个普通志愿者，他们可以丢掉工作，可以捐出手中的每一分钱，可以取出家里的全部储蓄。

尹春龙是一个年仅20岁的普通农民，在成都郊区租地种植香菇，生活十分艰辛。5月12日地震发生时，他正在大棚里摘香菇，大棚的剧烈摇晃和纷纷掉落的房瓦使他明白发生了地震。晚上，他看电视时才意识到震情的严重，第二天一早就带上干粮和水，揣上4000多元钱出发赶往都江堰市，这是家中全部的储蓄。他徒步10小时进入震中的映秀镇，立即开始在废墟中挖掘救人的工作。因为身材瘦小，他主动请缨钻入废墟凿洞，艰难地刨出一条生命通道，成功救出被困150小时的虞锦华和被困179小时的马元江，而后者是映秀镇最后一个幸存者。这种近乎疯狂的救人行为使他成为志愿者中的传奇人物。当他在2008年7月赴京参加团中央举办的全国十大杰出志愿者表彰大会时，几乎是身无分文。他说，做这些事情并不是想做英雄，只是机缘凑巧而成了一个传奇。"我就是要用生命拯救生命，哪怕是牺牲我自己的生命。"

21岁的河北承德青年孙海彬，是一个月工资只有1000元的临时工。他决定去灾区当志愿者时，大多数朋友都反对。13日他到当地市政府部门咨询，得知当地并没有组织志愿者的计划。但他还是决定立即出发，他卖掉自己最值钱的摩托车，又向朋友借了1000元钱，于当晚赶到北京转车去成都，随身携带了大约40公斤的饮用水、压缩饼干、常备药品和两套迷彩服。他说，做志愿者，不需要动因。他期望做一个侠义衷肠的好人，"为了生命的价值，为了生命的荣誉。作为中华民族的一员，作为一个中国人，我有必要也应该去"。

这是一对维吾尔族兄弟，都即将面临大学毕业。地震发生时，他们正在乌鲁木齐的家里，准备着各自的毕业论文。5月21日，他们带着家里仅有的3000元现金来到了成都。尽管没能实现到一线直接救人的愿望，而被分配到双流机场的救灾物资转运站搬运救灾物资，但他们仍然很积极、很快乐。他们说，这一刻我们都是四川人，能给受灾的同胞搬运物资，我从心底感受到了"一方有难，八方支援"的意义。"坚守住平凡的搬运岗位，就是为灾区做出了不平凡的事情。"

22岁的湖南小伙子龚北宁今年大学毕业，家里给了他一笔20万的创业资金。他在家乡考察项目时听到了地震的消息，就立即到红十字会要求去灾区服务。一个志愿服务队的领队觉得他既没有专业技能，又年轻冲动，就以车子坐不下为由婉拒了。"车子坐不下，我给队伍买台车行不?"他这样说，并在第二天用那20万创业资金买了台起亚的越野车。就这样，他来到了绵阳。对自己的行为，他这样说："用这20万我可以做笔大生意，赚更多的钱，但我觉得赚钱要看是什么时候，现在国难当头，首先要做点什么，钱的事情，以后再想。"

在志愿者中间，这样的例子还有很多很多，他们的家境、收入、学历、职业各不相同，但在需要的时候，每个人都可以放弃一时的物质利益，奉献出自己最大的力量。

(四) 向极限挑战

灾难是无情的，垮塌的废墟和狼藉的尸体对每一个人的精神都是考验，灾区时时发生的滑坡也威胁着救援人员的生命。"80后"青年生活在物质富裕的时代，他们没有经历过多少苦难，以致人们担心，这温室中养大的一代人，是否还能够承受得了这样的压力，是否能够在艰难危险的救灾过程中坚持下来。但事实证明，他们承受并突破了自己的极限，他们说，"一站到废墟上，我就仿佛变得坚强了"。

为了灾民的生存，他们可以突破生死极限。一群活跃在蓝天户外论坛上的年轻户外运动爱好者组成"蓝天救援队"，依托自己的特长深入山林深处的受灾村落。5月17日，他们来到深山中的一个村落，当时救援部队还没能进来，村民没吃没喝没药品。他们把人员集中起来，分发了所带的食品和水，并对伤员进行简单包扎。临离开时，几个志愿者留守，其余人把全部物资都留在了这里。每一个熟悉户外运动的人都知道，这可能意味着什么，但他们没有犹豫。队长对村民们说，明天我们还会过来，带来食物和药品。但当晚天气预报有强降雨，堰塞湖随时会出现险情。第二天几乎所有人都劝他们不要再进山，但仍有几个队员坚持要履行诺言，每人背着近60斤的背囊出发了，因为"我们不去，他们就得饿着"。

在每一次行动时，他们都挑战着体力极限。"蓝天救援队"有两个成员一直在重庆灾区为深山老林里的受灾群众运送物资，从营地到目的地一来一回要走18个小时，其中一段路还要用绳子攀爬。他们一趟回来只能睡两个小时，就起身再背东西上去。在他们到达之前，当地村庄完全被毁，每人每天只能分到一小把豆子吃。他们说，志愿者的努力对受灾群众的需要而言无疑是杯水车薪，但他们别无选择。

即便不是在救灾第一线，每个人也都是在极限状态下运转着。在成都、重庆、德阳等地的救灾物资转运中心，志愿者们都是随时处于战备状态，各地捐赠的物资甫一落地，他们就立即冲上去，肩扛手抬，用最快的速度清点分发完毕，再等待下一次任务。6月中，一支由北京团十六大代表组成的志愿服务队奔赴什邡市，他们的主要目的是与当地团委落实长期派遣志愿者的计划。在走访过程中，他们得知一些灾民种植的木耳无人照管，就决定帮忙。这些队员都是长在城市的"80后"独生子女，几乎没有干过农活，但每个人都毫无怨言，冒着38℃的高温和火辣辣的太阳，整理木耳地里散落的铁丝竹篾，皮肤划伤了、汗水滴到眼睛中，都不曾休息片刻。这项工作完成之后，他们自己也感到一丝吃惊：没想到自己有那么大的潜力。

在挑战面前，他们也超越了心理极限。在崇州市殡仪馆遗体处理现场，有一支6位成都农村年轻人组成的志愿者队伍，他们从14日起被安排在这里，最初的任务只是维持秩序、安抚遇难者家属。可是当上百具从都江堰等待处理的遗体运到，而殡仪馆工作人员根本搬运不及时，他们冲了上来。但对没有经历过这样的事的人来说，心理上的冲击是可怕的，看到尸袋破裂露出的尸身，他们不由地尖叫着松手，蹲下干呕起来。但他们几分钟后就回过神来，继续搬运遗体。15日之后，他们开始协助警察翻捡遗体、残骸，收集遗物、联系家属，这是更可怕的煎熬，但他们超越了心理极限，一直坚持到最后。

1981年出生的邸娜是长春市聪慧心理服务中心心理医生，随吉林省首批青年医疗卫生抗震救灾服务队来到绵阳。21日中午，志愿队接到指令，要穿越地震断裂带奔赴重灾区北川县桂溪乡。得知消息，邸娜犹豫了，她想到患有冠心病的妈妈，想到自己是独生女，又没有防疫知识、缺乏自保能力，就希望留在绵阳进行心理危机干预。但在队友集结出发之后，她心乱如麻，半个小时之后又回到了队伍中。对这最后的决定，她称之为"27年人生岁月中最伟大的坚持"。她说："从掉队到归队，我感觉自己有一个比较大的成长，那就是：遇到恐惧，不能逃避，大胆面对、迎头而上，这样才能战胜它。"

面临生命、体力和心理的极限，这些年轻的志愿者们交出了令人满意的答卷。可以说，他们并不缺乏勇敢和坚韧，只是缺乏激发的契机。而这些素质一旦展示出来，就是令人惊叹和感动的。

（五）灾民的自救

地震发生之后，当地的民众承受了最大的伤害，很多人的家业与财产丧失殆尽，很多人饱尝了痛失亲人之苦，但他们没有被灾难击垮，而是以最快的速度行动起来，开展自救，他们要用自己的双手为重建的新生活奠基。很多从灾区回来的外地志愿者都说，自己首先的体会是感动和感谢，那些经历了磨难的人绝不是等待别人怜悯的难民，而是真正的英雄。是他们在危难中表现出来的坚韧的生命力量、对生活的渴望、友爱与互助、奉献与牺牲，才激发与点燃了全民族以及每一个人内心同样具有的爱与力量，将外在的"拯救"转化为内在的"自救"。

在地震发生的头两个晚上，部队还没有进来，外来的志愿者们还在路上，组织运转也还没有展开，但成都的出租汽车司机们已经行动起来，他们在路上接到电台的号召，就自愿成批地放弃了城内赚钱的活，一趟一趟奔赴城外义务运送伤员。那一天，在通往都江堰等灾区的公路上，行驶者基本是清一色的出租车。

绵阳市的九洲体育馆是最大的一处灾民安置点，这个占地2.4万平方米，设计观众容量为6000人的体育馆，最终承接了多达4万名的灾民。5月13日上午10时，第一批志愿者就出现在体育馆，首先到达的是当地三台县的古晓兰、来自西安的旅游者薛栋，以及甘肃来绵阳经商的李燕。这3位女士素昧平生，只是偶然在地震发生后走在同一个街区，并不约而同地投入对周遭受伤群众的救助。她们得知九洲体育馆将成为安置点，便迅速赶赴这里协助救护伤员、发放药品、食品。3个小时之内她们身边就聚集了上百名志愿者。为了便于协调工作，他们决定成立组织，经过协商，决定命名为"完美春天"，寓意志愿者要用爱心和热血为受灾群众服务，要做到春天般完美。这个团队人数最多时达到200多名，尽管包括来自全国各地的志愿者，但大部分都是当地的在校学生和二十来岁的年轻人，他们很多人自己也是受灾者。如北川县擂鼓镇的青年黄朝礼，地震发生时正在外地打工，当他赶回家之时，11名亲人已全部被埋在了废墟之中。他失声痛哭，但随即就抹去眼泪，加入了"完美春天"志愿服务队。在九洲体育馆的几十天时间里，他们为抗震救灾指挥部接收发放近3000吨物资，处理社会各界捐来的近20万件衣服，发放矿泉水近25万件，发放降暑降热药品近20万人次，搭建、拆除帐篷近万顶。他们几乎干遍了安置点上所有的活儿：分发物资、照顾伤员、下货扛包、环境消毒、照顾老弱、组织文艺演出、协助心理抚慰……他们坚持个人生活一切自理，不吃捐赠食品、不喝捐赠的矿泉水、没有固定的地铺睡觉。志愿者常常是劳累了一天之后就在某个角落小歇一会儿，身边就是垛得小山般的食品箱，但没有一个人伸手。温家宝总理视察九洲体育馆的时候，高度评价了他们的服务，他说："'完美春天'志愿队很了不起，这个名字很好，春天意味着生命的复苏。希望你们'完美春天'队将爱心救助活动持续下去"。

在更多的地方，外来志愿者的角色是"触发器"，将灾民暂时慌乱的心境稳定下来，并及时将零散的自救行为组织起来。一名志愿者来到中坝的安置点筹建志愿服务站，他在休息区打出招募的牌子，立即就有当地青年热情地围了上来，很快，一支由100多名年轻人构成的志愿服务队就成立了。这支队伍包括突击组、卫生组、宣传组和文艺组，并有师范学生专门统计安置点有多少学生，需要筹备多少所帐篷学校。志愿服务也顺利地开展了：卫生组每天清理公共活动区的垃圾，使安置点卫生环境得到很大改善；突击组协助乡里搬运物资，并清理了公路两边的阴沟，还接受了安置点治安巡逻的任务；宣传组负责安置区卫生、消防常识的宣传，以及各类画报和手册的发放；文艺组则排练各种节目，丰富安置点的文化生活。外来的志愿者绝大多数是要离开的，支持和完成灾区重建工作的，最终是这些本地的志愿力量。

（六）自觉的力量

灾难发生之后，各方面的力量都以最快的速度行动起来。军队是抗震救灾的"正规军"，在抢险救人的正面战场上战斗，而志愿者则更多地扮演了"游击队"的角色，活跃在各个局部战场。尤其是那些个体自发的或小规模自主组织志愿者，更是将"游击队"的功能发挥得淋漓尽致，称为志愿者队伍中不可忽视的一份力量。他们的自由性、自觉性和创造性，令人印象深刻。

他们往往成为救灾的先遣队。近几年来，户外运动在中国迅速发展，大批城市青年成为其中的积极参与者。汶川地震发生之后，很多知名户外运动网站、QQ 群等都通过网络召集，组建了自己的救援队奔赴灾区。他们有丰富的户外生存经验，有专业的装备，还拥有对山区复杂地形和行动技能的熟悉，因此在震后救灾的初期，他们发挥了巨大的作用。在道路被摧毁无法通行的地段，往往是户外爱好者三五结伴，率先探路，了解各个受灾点的情况，再把信息反馈给救灾指挥部。如"蓝天救援队"就是这样说的："登山者的任务是走遍深山中的受灾点，把受灾群众集中在一起，打好 GPS 经纬坐标点给政府和空军。"

他们充分发挥着自由和灵活机动的优势。很多自发的志愿者都是驾驶着私家车来到灾区的，到达当地之后，就积极地帮助红十字会向各地运送捐助物资，护送其他志愿者、医疗队或记者到各个受灾点。一些志愿者发现，把物资直接卸在政府的安置点然后再分流的速度较慢，就开始自己行动，事先联系了沿途的几个受灾村落，直接把食品和药物送到村边。他们把货卸在路边，向村民示意后即开车离开，由村民自行将物资搬走。在高川安置点组织灾民搬往 10 公里外的板房小区时，一些志愿者发现指挥部医疗点在离开时，将大量捐助药品和消毒液弃置不要了。他们查看之后，就将药品全部捡回，部分分发给当地灾民，部分运回志愿者仓库，供发放和调配给其他地方的志愿者团队。应该说，大规模救灾行动由于统一指挥的需要，难免在效率和效果方面有所遗漏，是这些灵活机动的志愿者的力量，保障了救灾能够做到最好。

　　他们往往会更关注细节。"爱心直通车"是由北京鹏程万里国际汽车俱乐部发起的一支物资运输车队，通过中国自驾网、大旗网、北京交通台等进行宣传和召集，从5月到8月，先后组织了四支车队奔赴灾区。在第三次"爱心直通车"启动时，他们收到了青岛一家残疾人工厂送来的3000多个精致的心形香味蜡烛，上面写着"青岛—汶川"。这些蜡烛在一个多月前就已经捐给了某个机构，但可能被认为没有什么实用价值，一直积压在库房里没有送往灾区。车队接受了这份捐赠，承诺把爱心送到每一个受灾的孩子的手里。在广元，他们为即将参加高考的800多名青川县学生送上爱心蜡烛，和北京某所学校参加完高考后孩子们使用过的几百支签字笔。后来，为了把剩下的800支蜡烛发下去，他们从成都联盟俱乐部调了一辆越野车，绕行近800公里，冒着沿途不断塌方的危险，终于到达汶川安置点，将蜡烛发给了帐篷小学的孩子们。这些物资也许确实没什么实用意义，因此常常会被集体救灾行动所忽视，但他们传达的爱心是无限的，通过细节传递关爱和鼓励，是自发行动的志愿者们更关注的事情。

　　他们致力于查余补缺。此次地震的震中在四川省汶川县，受灾最重的地区也集中在四川，这些地方吸引了太多的目光，媒体反复报道，救灾部队集中，志愿者云集。但在震波所及的甘肃、陕西等地，灾情或许不那么严重，就难免被大规模救灾行动忽视了。这时候，就需要志愿者发挥灵活机动的优势，去查余补缺。7月初，第三次"爱心直通车"行经甘肃陇南，在与当地教育局联系之后，在白龙河畔的橘柑小学发了1500个书包。那里的学校已经坍塌，但仍有100多个孩子坚持上课，这是他们第一次接受到外界的捐助。而在救灾冲锋期过去之后，还有一些志愿者悄悄地出来，到不为人注意的乡村，帮助那里的村民。一对来自上海的年轻情侣，在5月底到达平武县的一个小镇，自己带着野外旅行的全部行李，在镇边安营扎寨。他们每天帮助村民清理垃圾，和防疫人员一起喷洒消毒剂，帮助村民领取救灾物资，和当地青年一起组织劳军晚会。

　　在灾区，这些自发的志愿者们往往更为自觉和自律。他们的基本观念是，先管好自己，不占用当地人的任何资源，然后提供无偿的帮助，不索取，甚至不拍照。他们更期望维护人与人之间互助但独立的关系，维护志愿者和救助者之间健康的精神联系。这种自觉的、民间的志愿者力量，吸引了众多具有独立意识和思考精神的年轻人，从某种意义上说，他们将成为现代志愿精神普及的重要推动力。

（七）网络上的民意

地震发生之后，全国各地的志愿者纷纷启程奔赴灾区，希望用自己的力量亲手为抗震救灾作出贡献。但更多的人没有机会和条件亲赴灾区，他们是在后方尽着自己的一份努力，或捐款捐物捐血，或收集资源、传播信息，或进行各种哀悼活动。尤其是通过网络空间，以"80 后"甚至"90 后"年轻人为主体的网民们都将自己的心和灾区紧紧联系在一起，他们被形象地称为"网络救援者"①，也构成了一个独特的志愿者群体。

他们的行为可以看作"公民新闻"在中国社会的一次集中实践。公民新闻，又称为"参与式新闻""开放新闻"或"草根报道"等，发端于 20 世纪 90 年代的美国。它最早引起大范围的关注，是由于 1998 年一名美国人在自己的博客上率先揭露了克林顿性丑闻的内幕。关于公民新闻的界定，最初集中在新闻报道与媒介活动的结合，即新闻传播者不仅报道新闻事实，还广泛介入公共事务中，寻求解决公共问题的对策。此后，其核心含义被归纳为受众积极参与报道实践，即作为非新闻从业者的普通公民借助各种渠道，在收集、报道、分析和散布新闻和信息的过程中发挥积极的作用。在各类突发事件中，由于事件本身的不可预知性，新闻记者难以及时赶赴现场，公民新闻则可以大放异彩。如在印度洋海啸、伦敦地铁爆炸案、美国新奥尔良市遭遇"卡特里娜"飓风袭击等事件中，亲历者在第一时间采集和传播的信息，都在新闻播报和紧急救援的初级阶段发挥了重大作用。

公民新闻的概念是在 2000 年左右传入我国的，几乎与互联网上 BBS 论坛的兴起同步，并在个人博客普及之后得到巨大的发展。在这一过程中，网络扮演着民意表达平台的角色，成为网民关注公共事务、发挥社会责任感的重要表达渠道和参与渠道。在此次抗震救灾过程中，理性的力量和声音成为网络的主导，众多网民及时通过通信工具、论坛、博客等多种渠道，参与各项救援事务，并对现实的决策产生了一定的影响。

网络是发布和汇集信息的最便捷渠道，在地震发生之后，"每个公民都是记者"的公民新闻理念在网上得到很好的实践。据统计，BBS 论坛是第一个发布地震消息的平台，震后仅 6 分钟，即有一名网友在百度贴吧地震吧发出一篇题为"地震了"的帖子，内容为"四川地区发生地震"；

---

① 杜骏飞、周海燕等：《公开时刻：汶川地震的传播学遗产》，浙江大学出版社，2009，第 211 页。

9分钟时，新浪论坛也出现第一个相关网帖。各地网友纷纷通过QQ、MSN等即时通信手段和论坛、博客等讲述亲身经历，交流信息，上传视频、图片。这些亲历者拍摄的影像资料，为初期的众多媒体所采用。在新浪论坛上，一名四川南充网友进行"滚动报道"，即时更新信息，并收集各地网友反馈的统计资料和避震的应急要点。由于网络的无限信息容量和网民的巨大数量，公民新闻的报道范围之广之细远远超过了传统媒体，并逐渐形成了持续的跟踪报道。这种及时全面的传播，使公众尽快了解到地震的具体情况，对缓解恐慌情绪、稳定人心、形成良好舆论氛围起到了积极的作用。

博客和各类组群则成为更重要的信息平台和资源中心。在博客中，有地震亲历者、医护人员和志愿者讲述自己的灾区经历，有社会各界人士为灾后重建建言献策，有博友建立"领养孤儿""寻找亲人"等专题博客圈。还有很多身在灾区的志愿者在博客描述专业媒体上难以看到的灾区和灾民生活细节，公布灾区急需的物资清单，个人博客成为一个小小的动员中心。新浪网推出了"绿丝带——新浪在行动"专题论坛，它的口号"每一个你都是抗灾最前线"完美地表达了这种作用。

网络充分发挥了公民监督的作用，尤其是对救灾物资和善款使用的监督。地方红十字会的"储备金提留""管理费"风波、红十字总会采购的"万元帐篷"风波、成都小区出现救灾专用帐篷等问题，都是由网络率先揭出并引起众人关注的。这些网络民意引起了政府有关部门的高度重视并积极应对，促使民政部、国务院办公厅、国家审计署等先后发文，明确抗震救灾捐赠物资的管理、使用、统计、监管办法，并成立各类领导小组和专项检查组，定期向社会公开捐赠接收和使用情况。

网络民意影响政府决策的一个最令人瞩目的例子，是国家哀悼日的设立。地震发生之后不久，全国各地就有很多民众自发进行哀悼，网上也出现了很多的哀悼网页，各大论坛都有网友呼吁设立哀悼日、降旗志哀。5月16日，复旦大学教授葛剑雄以知名学者的身份在《南方都市报》撰文，主张效仿外国先例设立国家哀悼日，并定在中国传统上哀悼逝者的"头七"即5月19日，届时为死难者降半旗、鸣笛，全国停止一切娱乐活动，"以表达全国人民对这次地震灾害中的罹难者、在救灾中的牺牲者的哀思，并向全世界昭示中国政府和中国人民对生命的关爱以及亿众一心救灾重建的决心"[1]。他的

---

[1]　葛剑雄：《建议以5月19日为全国哀悼日》，《南方都市报》2008年5月16日时评。

建议得到了网友的大力支持，并最终为政府所采纳，将5月19~21日的三天设为"全国哀悼日"。

在这次抗震救灾过程中，网络充分地体现了理性思考、人文关怀和凝聚人心的力量，成为全民动员、参与救灾的重要载体。这次空前的公民新闻实践，标志着中国网民的成熟，也彰显着公民社会建设的成果，以及青年一代的公民意识和社会责任感。

（八）明星"80后"

在巨大的"80后"群体中，也有着一些明星，他们由于各方面的原因而成为媒体的宠儿，并拥有自己的崇拜者阵营。应该说，社会上流行的很多对"80后"的刻板印象，不少都来自对这些明星"80后"特点的总结和夸大。那么我们在这里有必要看一下，当地震发生之后，在"80后"志愿者踊跃的身影之中，这些明星们都做了什么。

韩寒可以说是第一个"80后"明星，也因为特立独行而备受批评。在地震发生的第三天，韩寒就自己驾车带着救援物资来到灾区，16日晨，他在博客上发布消息，说明灾区目前急需的物品，并发布了捐赠物品的寄往地址和联系方式，号召他的读者和朋友们向灾区捐赠。此后，他用自己的钱维持组建了一个小团队，深入条件艰险的受灾点。他虽然公然宣称"以我为名义向相关部门的捐款为零"，但发动朋友们捐献了"大约有几十箱的药物，上千个手电，近500个帐篷，很多睡袋和5万多个口罩，还有好几千件其他的生活用品"。

张悦然是另一个知名的"80后"作家，她在得知汶川地震后的第一反应是"我应该去"，并在第三天携带药品飞往绵阳。随后，她与灾民一起赶往北川，沿途发放手套、口罩，并在北川县城做了5天志愿者。她说，自己在现场体会到深深的挫败感，"可以帮上忙的事情，确实非常有限"，但众多志愿者自发行动的良善力量依然是强大的，就像血小板，"在灾难造成的伤口上，迅速聚集"。

姚明和刘翔是体育界的"80后"明星，地震发生时，他们正在紧张地备战奥运会，但他们也都迅速行动起来。得知地震发生后，在美国的姚明先后向灾区捐款200万元人民币，并积极参与美国社会的各种募捐活动。不久，他成立了个人慈善基金——"姚基金"，重点支持灾区校舍的重建。刘翔在5月14日与师傅孙海平联合向灾区捐款50万元后，又于20日以个人名义在上海红十字会捐款300万元，成为中国体育界以个人名义捐款最多的运动员。

广东碧桂园集团董事杨惠妍是另一位著名的"80后"明星人物，也是一度备受指责的"富二代"代表人物，2007年，她曾登上内地财富榜的首位。在地震发生后，她以集团的名义向友成企业家扶贫基金会捐资300万元，用于支援救灾，随后又于5月14日以个人名义向广东省青少年发展基金会捐款1000万元，委托基金会设立"汶川地震孤儿救助基金"，用于救助在这次地震中痛失双亲的儿童。这是我国首个民间善款设立的因灾孤儿专项救助基金，重点关注教育尤其是儿童的心灵救助方面。广东团省委副书记陈东高度评价了这一善举，他说："越是在灾难面前，越能显示出当代青年可敬的社会责任意识。希望更多青年人以各种方式积极参与抗震救灾及灾后重建的实际行动"。

当然，在众多普通人的志愿行为和奉献精神衬托下，这些明星"80后"的行动并不十分耀眼，但他们以典型的力量向社会证明，"80后"一代并不缺乏公民意识和责任能力，一旦国家和人民需要，他们就能够有所担当。经过这次灾难的洗礼，"80后"的青年确实已成长为可以信赖的公民。

第三节　收获成长：灾难中淬炼的公民意识

"5·12"地震发生之后，"80后"年轻人尤其是志愿者的表现赢得了国内外的广泛关注，如美国《新闻周刊》称，"'80后'以此次大地震为契机，展示了他们对国家和社会事务的关注"，《国际先驱论坛报》则在文章中说，四川地震固然是场悲剧，但它涤清了"中国新一代学生是自私物质主义者"的偏见。凡此种种，一方面说明"80后"确实在灾难的考验下成长、成熟了，另一方面则说明社会对"80后"的认识也在走出片面和武断的误区，从而能够客观地评估他们的特点和优点，接纳他们富有时代色彩的公民精神和公民意识。

从某种意义上说，"80后"从一开始就是受到过度关注和过度诠释的一代人，他们于20世纪90年代初逐渐进入青春期，开始展现个性、独立甚至叛逆的一面，这是个体成长的必然阶段，却遭遇了中国社会全面开放之后新闻媒体业大发展的时刻，从而不可避免地成为话题的焦点。正是以此为背景，"80后"的众多问题才暴露在公众的视线之中。

一 "80后"问题之辩

"80后"曾被形象地称为"草莓族":外表光鲜美丽,甚至疙疙瘩瘩、充满个性,但切开了看内里却苍白软弱,一压即碎。从而,人们对"80后"所存在问题的基本判断,也多集中在缺乏社会责任感,过于个人主义、自我中心,没有经历过苦难、脆弱幼稚等几个方面。但事实上,这些问题首先都是时代而非个人的问题,同时问题的背后也蕴含着新的发展与成就契机。

(一)"80后"缺乏社会责任感?

缺乏社会责任感、民族精神、爱国主义等,是对"80后"政治意识层面上最突出的指责。其潜台词,是将"80后"的"第五代人"与20世纪中国此前的四代人进行比较。的确,与前辈们尤其是出生在五六十年代的父辈们相比,"80后"对政治不再热衷,对曾经激励了一代人的集体主义、奉献精神抱有怀疑态度,对国家的各种号召也往往有所回避。对这种冷漠不能一概而论,因为它折射着一种新的社会形态及时代精神的生成,也蕴含着青年一代的全新思考和选择。

前几代人的社会责任感,一般是在对国家利益的无条件遵从、对集体事业的全面奉献中形成的,其渠道是以群体响应号召为基本形态的政治参与。在改革开放之后,中国社会从原来的"泛政治化"形态逐步转向以经济建设为中心,个人利益、个人需求和个人成就开始得到认可,获得发展和实现的空间,在客观上引导人们更加重视个体生活,一段时间曾广为流传的"主观为自己、客观为大家"的说法,就客观地反映了这种心态。另外,大规模群众运动式的政治参与被否定之后,由于客观上政治改革和社会发展的滞后,并没有形成新的公共空间和参与渠道。对众多"80后"来说,除了人大代表换届选举之时的投票之外,国家政治生活和公共事务一度对他们很遥远,基本被隔离在日常生活之外。这种生活空间的物质化和个人化必然会带来政治和精神空间的相对狭窄,使社会责任感无从发育。而在进入21世纪后,随着互联网高速发展所带来的信息开放和自由交流空间,以及国家政策向社会建设方面的倾斜,使公民权利、公民参与日益受到重视,现代政治学意义上的"公民社会"开始成形,从而为培养社会责任感提供了新的条件。因此,2008年出现在"80后"年轻志愿者身上的社会责任感和担当精神并不是突然的爆发,而是有着自身的发展逻辑。

此外，社会责任感的表现是需要一定机会的。在和平建设和政治稳定的环境中，社会也并不需要太多的参与热情，此时，每个人在本职工作岗位上做好自己的事业，遵纪守法、积极纳税，就是社会责任感最合理的体现，其表现是平淡而日常的，并不需要特别强调。正如四川省委政策研究室副主任李后强在接受采访时所说的，过去国家没有大的事件让"80后"参与，因此他们的精神、民族情、爱国情、兄弟情无法得到检验，他们的才华无法得到施展，没有释放能量的地方。①而"5·12"地震正是这样一个契机、民族的劫难、生命的危机成为巨大的命令，使年轻人的责任意识群体性地激发出来。很多"80后"自己也是这样说的：以前，眼睛里只有周围的那个小世界，考虑的只是个人的发展、前途，是地震震出了一个"大世界"，突然感受到自己的生命原来是和别人的生命息息相关的，有无数的和自己一样年轻的生命需要自己去救助，自己的生命只有在和更广大的生命相互依存中才获得意义。这次经历，使精神境界得到蜕变，个体的生命境界为之扩大。

地震发生之后，"80后"的社会责任感不是突然出现，而是突然显现出来，并得到了强化。

（二）"80后"过分个人主义？

关于"80后"个人主义、自私自利之说，实际上最初是源于一种担忧，即第一代独生子女如何才能顺利地走出家庭、进入社会？20世纪80年代开始普遍实行的独生子女政策，对中国传统的家庭结构带来革命性的冲击，一个孩子对应父母二人甚至四位祖父母的状况，必然造成家庭重心的下移，使孩子成为家庭全部注意力的焦点。因此，至少城市中的"80后"一代普遍受到了家庭的极大重视和保护，父母习惯于为孩子提供最好的生活条件，尽可能满足他们的要求。在传统家庭中，兄弟姐妹间存在着竞争和分享，如今的家庭只有一个孩子，加之城市环境的变迁，原本邻里之间同龄儿童集体游戏的空间也减少了，因此，"孤独"确实是这一代青少年共同的经历。教育者不免担心，这种环境中长大的孩子，习惯了自己拥有和掌握一切，是否会自然而然地认为外部世界遵循同样的逻辑，以"自我中心"的姿态进入社会生活，不会分享和合作，造成一个人情冷漠的社会？但一名亲赴灾区的"80后"志愿者却说：正因为我们的成长环境

---

① 廖兴友、贾知若、高冰洁、丁伟：《危难中的年轻身影——"80后"在这一刻让我们动容》，《华西都市报》2008年5月25日。

是孤独的，所以我们珍惜亲情和友情的价值，不能让灾区的孩子们再感到孤独。

"80后"一代从一开始就生长在激烈竞争的环境中，这也是前几代人的成长经历中所罕见的。改革开放之后，教育和知识的价值得到充分重视，父母对孩子有着强烈的成就期望。这一方面是孩子未来生活的客观需求，另一方面也是出于父母对自己被政治运动所"耽误"了的青春的补偿意识。于是"80后"儿童几乎从小学开始就处在激烈的竞争之中，为了孩子们的学习成绩，父母倾向于包办生活中的一切，学校也尽可能地压缩学生的自由活动时间。这种教育和生活方式，确实在客观上造成了部分"80后"年轻人自私和缺乏生活能力的一面，但这更多是成年人的观感而非青年人的自我感受。如一个带着19岁儿子一起去四川救灾的北京父亲对记者说：他没有想到，"在家里连袜子都不洗的人，到这里没有喊过'辛苦'，最重的活都是抢着干"①。可见，很多情况下是成人"想不到"，没有为孩子们提供发展和表现素质的机会，而不是青少年"不愿意"。

此外，在"80后"一代思想人格形成的关键阶段即20世纪90年代初中期，又是中国社会转型的一个独特阶段。当时，由于改革开放前期集中精力进行经济建设，相对忽视了精神文明和思考道德的建设，导致在社会全面进入市场经济环境之后，市场的无序性与道德、法制的滞后并存，客观上造成整个社会的诚信失落和"道德滑坡"。在这一时期，学校虽然仍进行着正向的道德教育，但青少年在家庭和社会上接受的实际上是一种个人主义和"反信任"教育，父母总是对孩子说，管好自己的事情，小心自己的利益不要受到伤害。但这种冲突的环境反而促进了"80后"一代的思想成熟，使他们能够将个人和社会结合起来。90年代中期，有很多媒体报道中小学生干家务要向家长收取"劳务费"，并视为青少年道德教育缺失、注重物质利益的表现。实际上很多孩子拿到钱之后就积攒起来，然后捐给了希望工程。用自己的劳动换取收入，证明自己的价值，然后用于帮助他人、奉献社会，这是一种现代形态的集体意识和社会观念。

"80后"是重视个体权利和个人独立的一代，他们富有个性，更加自信，但并不是个人主义或冷漠自私。相反，他们对自己更加负责，也更善

---

① 《废墟上的成人礼：青年志愿者在抗震救灾中成长》，《中国青年报》2008年6月4日。

于在平等和理性的基础上与他人合作。

（三）"80后"脆弱幼稚？

"80后"一代可以说是20世纪中国第一批完全没有经历过物质贫乏和社会动荡的人群，改革开放之后的经济社会发展为他们提供了充裕的生活条件，加之父母倾注的高度关爱，使他们仿佛"温室中的花朵"，难以体验到风雨的残酷。因此，老一代人往往觉得他们是脆弱的，难以适应现代社会的高度压力环境。近年来多次发生的大学生自杀事件，似乎进一步证实了这种判断。这种看法有客观合理的一面，因为"80后"与此前的几代人相比，确实缺少一份苦难磨炼出来的坚韧。但就如前面已经说过的，他们从小就生活在竞争之中，经历过"千军万马过独木桥"的残酷高考压力，也在大学生不包分配之后体会了就职的艰难，这种经历必然会塑造他们自己的坚强。另外，"80后"对自己身上的脆弱一面是有清醒认识的，目前户外运动在青年中的流行也表明了这一点。参与户外运动，一开始也许是出于时尚，但一旦身处荒野山林，面对体力和环境的挑战，在一次次迎战成功的喜悦中，坚强和信心也慢慢地形成了。

而"80后"幼稚的一面，更应该说是社会环境变化在他们身上的一种折射。他们成长的年代，是市场经济高速发展，商品和消费的社会逐渐来临的时期。消费社会的一个特点就是鼓励主体的幼稚，用不停更新和提升的消费满足替代个人的真实满足和人格发展。于是，人们看到年轻人追逐名牌和流行，热衷于不停更新的电子产品，时时担心自己会不会落伍。他们迷恋流行文化，更愿意成为娱乐明星的"粉丝"而非敬仰传统的榜样。有时，他们似乎不愿长大、逃避成熟，是因为担心成人社会消弭自己的个性。但随着中国社会的日益开放和多元化，"成熟"也不再是只有一种模式，"80后"正在成长为保留童心而又能够担当的一代人，实际上正是由于这份"幼稚"和童心，使"80后"青年在灾区的志愿服务做得更为注重细节，更加关怀心灵。

"80后"给人幼稚感的另一个原因，是他们在生活中似乎不喜欢"认真"，更愿意采用"幽默""调侃"乃至"恶搞"的方式来对待一般认为是严肃的问题。有人称之为"消解崇高"，但更准确地说，应该是他们在用自己的个体感受作中介来理解和思考崇高。前几代人往往是预先接受了社会界定的价值观，然后在此基础上建立自己的思考，这一代人成长在价值转型的社会中，则更忠实于自己的内心，他们不愿简单地遵从成年人的教诲，而总是要先问"为什么"。价值澄清和重建的思考是艰难的，在完成之前，年轻人就会用"调侃"来掩饰自己的困惑。这种幼稚是独立思想成长过程的一个必然阶段，并最终会走向成熟。2008年抗震救灾志愿服务对"80后"一代的价值，并不在于改变了这一代人，而是用一场突发的灾难和全面的动员，加速了他们成熟的过程。

总之，"80后"的问题，更多是社会发展和个体成长过程中的阶段性问题，也必然会随着时间的流逝而得到解决。"80后"在救灾志愿服务中的表现，说明他们收获了成长，"我们不是以自己为中心的一代，是懂得关心别人的一代；我们不是仅仅习惯长辈围绕自己转的一代，是懂得亲情的一代；我们不是花钱无度奢侈的一代，是能吃苦能奋斗的一代；我们不是缺乏合作意识的一代，是有强烈的团队精神的一代；我们不是任何事都不愿意承担责任的一代，是有着上一辈人所不同的责任感的一代；我们不是总是高估自己的一代，是新的价值观在我们身上重新塑造、建构、形成的一代"[1]。

二 "80后"特色的公民意识

1997年，上海作家陈丹燕出版了《独生子女宣言》一书，书中一个女孩说："没有人知道，我们将变得多么好"。11年之后，"80后"在灾难面前的作为确实让人们相信，他们是优秀的一代人。2008年5月底，年逾七旬的杨叔子院士在做客武汉商贸职业学院时说："从大地震中我看到，'80后'的表现是很有希望的，你们绝不是'垮掉的一代'，相反，中国会因为你们更加繁荣富强。"说完，他起身向现场的2000多名"80后"学生深鞠一躬。[2] 那么，"80后"的优秀和希望有哪些具体表现呢，他们在灾难中淬炼成熟的公民意识又有什么特色呢？

公民意识是与公民社会伴生的概念。在普遍意义上，公民社会是社会变迁的产物，它作为现代社会结构中相对独立的一域，与国家和市场共同构成了完整的社会生活形态。公民意识则指公民个人对自己在国家中地位的自我认识，以及在此基础上对国家事务的参与意识和政治权利的诉求意

---

① 《他们在灾难中而立 记奋战在抗震救灾一线的"80后"》，见大旗网专题，《汶川地震，80后撑起中国脊梁》，http://shehui.daqi.com/feature_273453_1_index.html。

② 《杨叔子院士向"80后"鞠躬："你们绝非垮掉的一代"》，新华网，2008年5月31日，http://news.xinhuanet.com/politics/2008-05/31/content_8289191.htm。

识,它以宪法和法律规定的基本权利和义务为核心内容,以自己在国家政治生活和社会生活中的主体地位为思想来源,把国家主人的责任感、使命感和权利义务观融为一体。公民社会的空间与国家政治、社会生活和个体公民三者都具有密切的关系,从而,公民意识也在三个领域中分别表现出不同的倾向和特色。

(一)在个体与国家的关系上,用理性扬弃激情

在个体与国家的关系方面,公民意识体现为权利和义务的综合体,公民一方面有对国家事务进行参与和监督的权利,另一方面则要有责任意识和法律意识,自觉履行公民义务。在这一方面,公民意识的核心是民族国家身份的认同。认同是包含情感的联系,因此公民意识必然内含激情的因素。但成熟的公民意识必须要用理性来规约激情,将对国家和人民的爱与忠诚以理性的形式表达出来。

长期以来,我国公民参与国家公共生活的渠道是比较狭窄的,对响应国家号召、履行义务和奉献精神强调较多,而相对忽视公民对国家事务尤其是政治事务的参与和监督权利。在对公民义务的倡导上,也多习惯采用政治动员的激情形式,较少注重个人的理性思考和个性表达。如20世纪60年代开始的"学雷锋"活动,以及"80后"前期青年在中小学阶段经历过的"学赖宁"活动,一般都是采用集体呼吁、集体学习、集体行动的模式展开,在教育过程中高调颂扬共产主义、爱国主义和集体主义,在"做好事"的行动中又往往缺乏对行为效果的客观评估。因此在改革开放之后,随着社会环境的变化和公民个体意识的提升,这种以激情奉献为主导的参与活动逐渐受到质疑,这也是在90年代之后青年中出现政治冷漠现象的原因之一。而在2008年积极参与抗震救灾志愿服务的过程中,"80后"青年的民族国家激情令人印象深刻,社会各界也高度评价他们"天下兴亡、匹夫有责"的民族意识和人道主义的道德情怀,但我们更应该注意到的,是他们用理性扬弃激情的成熟一面。

现代意义上的公民首先是独立和自主的,个体需对自身具有理性存在的自觉,并以反思的态度进入公共空间。在此次震后救灾志愿服务中,"80后"理性、自主的公民意识表现在多个方面。首先,他们体现出强烈的自主动员意识和自我组织能力。地震发生后不久,很多网络论坛、博客群、QQ群、小组等的成员就在国家动员之前迅速聚集起来,交流信息资源、呼吁成员为受灾民众提供帮助,在捐款捐物的同时,一些组群也形成了自己的志愿服务队,开赴灾区进行直接救助和服务。这些通过网络形成的志愿队伍大多在出发前经过了充分的讨论和规划,它们制订行动计划、携带救援物资,在现场灵活机动、互通信息、协作行动,是此次救灾工作能够做好细节的重要保障。

其次,他们理性地发挥了监督权利。近几年来,网络的强大监督能力表现得日益明显,逐渐成为公民行使权利的一个新型公共空间,但其非理性的一面同时也暴露出来,引起社会的广泛担忧。在"5·12"抗震救灾期间,年轻的网民却表现出充分的理性。在诸如募捐款项管理费、救援物资挪用等事件中,尽管也能够听到谩骂的声音,但更多的是坚持公民知情权,呼吁国家加强监管的建议性声音。

最后,它们表现出强烈的思考精神和能力。救援服务结束之后,很多志愿者在回顾自己的灾区经历时,都提供了积极的思考。这些思考涉及志愿者的自我认知、现场志愿服务组织管理等各个方面。灾区重建中 NGO 的介入方式和持续开展志愿服务的可能性,是"80 后"志愿者尤为关注的问题。显然,他们已不满足于短暂的激情爆发,而是思考着如何将个体公民对国家的责任感以理性的方式长期延续下去。

（二）在个体与社会的关系上，实现公民意识的日常化

在个体与社会的关系上,公民意识主要的体现就是公共精神,其落脚点则是日常的社会生活。志愿服务是当今青年人表达公民意识的主要方式,据有关统计,截至 2008 年 12 月,中国青年注册志愿者人数达到 2946 万名。15 年来,累计已有 3.82 多亿人次为社会提供了超过 78 亿小时的志愿服务。[①] 伴随着志愿服务逐渐超越集体动员的单一模式,走向日常化、持续化渠道的过程,青年人的公民意识也呈现出日常化的趋势。

日常化意味着公民意识与日常生活的融合,个体不再简单地同化为集体的一员,单纯为集体牺牲个人的一切,而是在坚持个人发展和个性价值的同时关心集体和社会的利益。在相当长一段时间的单位制社会中,中国人是缺乏个人意识和个体生活的,经济体制改革的一个重要成果,就是私人生活和业余生活空间的扩展。可以说,"80 后"是第一代能够对职业和闲暇生活进行明确划分的群体,闲暇和自由时间的存在,使他们能够发展兴趣爱好、构建多方位的能力。目前,各种业余兴趣群体已经成为青年参

---

① 《中国注册志愿者人数超过 2900 万》,"国际在线"网站,http://gb.cri.cn/18824/2008/12/05/3785s2351131.htm。

与志愿服务的重要组织载体。在此次汶川抗震救灾中，很多业余无线电爱好者组织、户外运动组织、车友组织等，都建立了自己的志愿服务队，发挥了突出的作用。

公民意识日常化发展的另一个表现，是志愿服务成为时尚和生活方式。每个人在生活中，都存在着有意义的追求和交往的需要。而在工业化、市场化的进程中，工作作为社会分工体系的一个环节，往往难以提供生活意义，生存的压力也使人们很难在日常进行广泛和经常的交往，尤其无法实现交往的自由和自主。在这种背景下，志愿服务则构成了重要的日常生活意义空间，它作为现代社会中实现公民意识的方式，将具有社会关怀和共同兴趣的人聚集在一起，形成了一种独特的自由交往形式和氛围，能很好地满足人们的意义需求，提供丰富的价值体验，促进人的全面发展。而志愿者的这种收获又会激励他们继续下去，并吸引更多的人参与进来，从而使志愿服务对志愿者个体而言成为生活方式，对整个社会则成为文化时尚。

此外，“80后”主导的志愿服务发展也表现出差异化和专业化的取向，更加注重发挥个人才干、实现个人价值与奉献社会的统一，注重形式和层次的多样性，从而能够适应人们对意义追求的生活化和个人化，满足各种不同的能力和需求，真正通过对一种负责任的生活方式的倡导，实现公民意识的日常化。

（三）在个体与他人的关系上，以平等与人本为基础

公民不是抽象的概念，而是首先表现为一个个具体的个人，因而公民意识也必然包含个体如何对待他人、如何与他人在社会空间中共存和合作的内容。在这一方面，公民意识的体现就是以平等和人本为基础，尊重与维护每一个个体的权利。

此次抗震救灾的一个最大特点，就是完全打破了原来的等级观念，关爱每一个生命，不分贵贱、贫富，不分职务高低，不分官员平民，在灾难面前人人平等，我们一起受难、互助互救、共度艰难，共同承担生命的艰险，也共享生命的意义和欢乐。正如温家宝总理在废墟之间充满感情的话语：“绝不能让一个百姓伤亡。”“只要有一线希望，我们就尽百倍努力，绝不会放松。”这种对个体生命的尊重，是公民意识的突出表现，它极大地凝聚了全国人民的情感和力量，实现了一次空前的全社会自主动员，确保了救灾过程的有序和高效。

这种个体之间公民意识、公民情感的另一个表现，是个体之间休戚与共、互相扶持的信念。它既体现在受难者以"一定会有人来救我"的信念支撑自己战胜了死亡的众多事例中，也体现在每一个救灾战士和志愿者不顾个人安危尽一切可能寻找幸存者的选择中。就像有论者所说的："或许，只有在汶川大地震这样的灾难面前，我们才有机会看清人与人之间最本质的相互关系。那就是，我们生活在同一个群体之中，同一片天空之下，每一个人都同时是别人生命的一部分，你的伤就是别人的痛。在这群体之中，任何一条生命的逝去，都会让所有活着的人悲痛，感到生命的减损。"① 在这一信念中，公民意识超越了民族国家之别，彰显着全人类相互依存的普世价值。

个体之间以平等和人本为基础的公民关系的更深层面，是个体独立基础上的积极合作与共赢。具体到志愿服务上，这就是现代志愿服务理念的一个核心内容：自助与互助。与传统的慈善不同，现代的志愿服务强调受助者的主体尊严和自主能力，志愿者不是外来的施惠人，受助对象也不是消极被动的受惠者，两者之间存在能力和资源的差异，但必须在人格平等的基础上进行合作。志愿服务的目的，是协助受助者明确自己的需求，激发他们用自己的力量改变现状的潜能。在此次的抗震救灾的全过程中，志愿者都非常注重灾民的自我组织和自我管理，注重灾民对物资发放、分配安置等事务的参与。在安置点上，他们协助灾民成立志愿者组织，管理日常生活，开展文化娱乐活动。在帐篷学校，他们鼓励学生自己担当"校长"和任课教师，维持教学秩序。众多此类做法的出现，标志着志愿者与受灾民众的共同成熟，也标志着公民社会在 21 世纪中国的逐渐成形。

---

① 舒圣祥：《活下去，是一种信念》，《中国青年报》2008 年 5 月 17 日。

第四章 世界视野中的家国情怀： "80 后"的奥运志愿者

2008 年的 8 月和 9 月，北京成为整个中国乃至世界瞩目的焦点，第 29 届夏季奥林匹克运动会和第 13 届残疾人奥运会先后成功举办，各国体育健儿们的优异表现为我们呈现了两个精彩的奥运会，中国则向世界展示了政府对大型赛事的组织管理能力和人民的奥运热情。在此之外，还有一个特殊的群体赢得了运动员、官员、媒体记者和观众、游客们的交口称赞，这就是由 170 万人组成的奥运志愿者群体，他们青春的朝气、真诚的微笑、开放的心态、职业的素质和热情的服务令世界惊叹。为表达对志愿者贡献的高度肯定，在奥运会、残奥会的闭幕式上，分别安排了新当选奥委会、残奥委会委员为志愿者代表献花的环节，这是国际奥林匹克运动史上前所未有的举动。国际残奥委会主席克雷文由衷地说："在中国，我遇到了最出色的志愿者"，并在闭幕式致辞中对"优秀的志愿者们"表示衷心的感谢；国际奥委会主席罗格在中国农业大学体育馆观看摔跤比赛之后，为志愿者留言表示祝贺。在 2009 年 3 月 5 日的中国志愿者日，罗格再次致辞肯定北京的奥运志愿服务工作，称"2008 年北京奥运会无疑是一届真正的无与伦比的奥运会，这不仅要感谢取得骄人成绩的各国家和地区的优秀运动员，更要感谢作出巨大贡献和极大支持的数以百万计的志愿者"。那么，在奥林匹克运动的百年发展史中，志愿服务的志愿者扮演着什么样的角色？此次北京的奥运志愿服务又体现出什么突出的特色呢？在多达百万的奥运志愿者群体中，占主体地位的"80 后"青年表现出什么样的风采，又在哪些方面取得了收获呢？

第一节 奥林匹克运动与志愿服务的"联姻"

回顾百余年奥运史或近代体育发展史，志愿者一直在其中起着重要的作用。近代体育运动是随着资本主义的发生、发展而逐渐兴起的，它率先出现在英美及其他欧洲工业化国家，并伴随殖民者的脚步而传播到世界各地。在这一过程中，体育爱好者们自发组建各类体育俱乐部，不少国家在俱乐部的基础上成立了单项体育组织。在这一阶段，体育运动的一个基本理念是业余性，不仅个人参与运动是出于兴趣爱好，而且体育组织的发展也都源于业余人士的自愿奉献。1894年，在巴黎举行的国际体育运动代表大会正式成立了国际奥林匹克运动委员会，并决定每四年举办一次奥运会。作为近代体育运动和教育的产物，奥运会长期坚持业余体育的原则，在很长一段时间里排斥职业运动员的参与。

可以说，业余性和自愿性本身就是奥林匹克理念的一部分，它内含着对志愿精神的展望。国际奥委会作为奥林匹克运动的最高权力机构，是一个"国际性、非政府、非营利、无期限"的组织，其性质决定了奥林匹克运动是一项非营利的公益性事业。而随着奥运会的发展，规模和影响力越来越大，志愿者的参与也越来越具有突出的意义和价值，引起人们广泛关注。1992年巴塞罗那奥运会上，"奥运志愿者"的概念正式确立；1996年亚特兰大奥运会上，志愿者的使用显著地节省了主办经费。在此背景下，国际奥委会于1999年在洛桑举办了"志愿者、全球社会与奥林匹克运动"研讨会，对奥运会志愿者的概念、动机、价值和管理模式等进行了理论探讨。2001年11月，在纽约召开了"世界奥林匹克与体育志愿主义"研讨会，研究和探讨了志愿者对于运动、体育教育、奥运会的举办以及国家、地区和世界运动竞赛的作用，并通过了《纽约宣言》，认为志愿主义是奥林匹克运动的基础，要促进、发展和巩固志愿文化。正如国际奥委会第一副主席理查德·庞德所说的："奥林匹克运动是以志愿者活动为基础的社会现象。"①

一 奥运会与志愿服务

志愿者是奥运会必不可少的组成部分，其发展脉络与奥林匹克运动相随相伴。宽泛地说，所有为了奥林匹克运动的发展而自愿贡献劳动、技术和时间的人，都可称为奥运志愿者。奥林匹克运动不同于一般的体育运动，它是在奥林匹克主义指导下，以体育运动和四年一度的奥运会为主要

① 北京奥运会志愿者工作协调小组办公室等编《微笑北京》，人民出版社，2008，第123页。

活动内容，促进人的生理、心理和社会道德全面发展，沟通各国人民之间的相互了解，在全世界普及奥林匹克主义，维护世界和平的国际社会运动。① 因此，奥运的内涵超越了体育，指向文化和教育，其成员也超越了竞技场上的运动员，而倡导所有人积极参与。志愿精神与奥林匹克主义的高度契合产生了奥运会志愿服务，使越来越多的志愿者以不同的形式参与到这项赛事中来，并发挥越来越大的作用。②

在 1896～1908 年最初 4 届奥运会的正式报告书中，并没有明确地出现“志愿者”一词，但实际上 1896 年第一届奥运会举行时就出现了 900 多名志愿者，他们大多属于松散的个人行为，通过家族关系和私人的友谊而参与其中，主要从事相关的外围工作。

在 1912 年斯德哥尔摩奥运会上，提供志愿服务的童子军和军队第一次出现在正式报告书中。此后几届奥运会，童子军一直发挥着重要作用，从事相对简单但不可或缺的工作，如发送信息、维持安全和秩序、举彩旗、搬运器材等。这种志愿者团队格局一直延续到 1948 年伦敦奥运会。在这一时期，志愿者尽管发挥一定作用，但提供的服务是零散而不全面的，也缺乏系统的管理，在奥运会赛事的组织中处于边缘地位，并未引起主办方的足够重视。

1952 年的赫尔辛基奥运会是奥运会志愿服务发展的一个里程碑。第二次世界大战之后，奥运会的规模急剧扩大，这推动了奥林匹克运动的发展，但也给举办城市带来巨大的压力。组委会开始动用大量志愿者来承担各种工作，奥运会志愿者由童子军和军队扩展到青年组织、学生等，其服务内容与组织形式也产生了很大变化，自赫尔辛基奥运会之后，志愿者开始承担诸如赛场设施维护、技术咨询、导游、翻译等技术性的工作。这届奥运会共使用了 2192 名志愿者，其中有 574 名充当引导员的女性，这是奥运会正式报告中首次提到女志愿者。

由于志愿者服务岗位的扩展，对志愿者的选拔也变得严格起来，并开始进行针对性的培训。赫尔辛基奥运会首创了对志愿者的培训，为奥运会志愿者事业以后的迅速发展奠定了基础。此后 1960 年的罗马奥运会则将志愿者的选拔与培训结合在一起，即对招募来的志愿者进行初步培训，再根

① 宋玉芳：《奥运会志愿者的形成背景与历史演变》，《上海体育学院学报》2003 年第 5 期。
② 本部分内容主要参考了第 29 届奥林匹克运动组织委员会编《北京奥运会志愿者读本》，中国人民大学出版社，2006。

据规定的标准对其进行筛选，对于入选的志愿者再作进一步的强化培训。在 1976 年的蒙特利尔奥运会筹办过程中，主办方采取创新举动，通过在学校中引入相关课程，将奥运会志愿服务与奥林匹克教育结合起来，成为奥运志愿者人力资源开拓的新方式。此后，对奥运志愿者的培训逐步走向完善。1980 年的普莱西德湖冬奥会从 1978 年即开始组织培训，并首次引入了岗位培训和实训，将志愿者预先根据技能和经验分配到奥运赛场的各个工作岗位，使之在赛事开始之前就熟悉岗位并进行相应的演练，充分保证了赛事的成功举办。1984 年冬季奥运会举办城市萨拉热窝和夏季奥运会举办城市洛杉矶则联合为志愿者安排了一系列的培训课程，尤其在基础培训中引入主办地地理、社会、政治、历史等知识，这是城市文化培训的首次出现。在 1988 年卡尔加利冬奥会的培训中，则形成了包括普通培训、专业培训以及与每个岗位相对应的具体培训三大项目的完整志愿者培训课程体系。

1980 年的普莱西德湖冬奥会是奥运志愿服务发展中的另一个重要转折点，即形成了历史上第一支正规的奥运会志愿者团队。这支团队包括 6703 名志愿者，服务领域涉及各个岗位，并开始担当体育官员、竞赛组织等核心岗位。此届冬奥会所建立起的志愿服务模式在以后的奥运会上得到传承，它标志着奥运会组委会开始把志愿服务列入议事日程，并纳入组委会的整体规划之中。此后，1984 年的洛杉矶奥运会成立了专门的志愿者部，使志愿者不仅在组委会中获得一席之地，并且在组织管理方面有了长足的发展。也是在这届奥运会上，志愿者在降低运行成本方面的经济价值得到了重视，据统计，2.8 万余名志愿者共为本届奥运会节约经费 3000 万美元。

在 1992 年巴塞罗那奥运会的正式报告中，奥运志愿者的概念第一次得到清晰界定，"奥运志愿者是在举办奥运会过程中，以自己个人的无私参与，尽其所能，通力合作，完成交给自己的任务，而不接受报酬或索取其他任何回报的人"。此外，这届奥运会首次对志愿者进行完整的形象设计，并制订了正式的激励计划。组委会为志愿者设计了独特标志，并专门制作了帽子、T 恤衫、标签、扣针、手表等系列产品；奥运会结束后，所有志愿者都得到一个志愿参与奥运会活动的证书和纪念章。

奥运志愿者招募的主要方式有政府动员、利用民间组织招募和个人自愿报名三种。早期的奥运会在西方发达国家举办，主要依托当地已经充分发展的民间组织和志愿力量，使其会员直接转化为奥运志愿者。而在第二次世界大战之后首次举办的伦敦奥运会，以及 1980 年莫斯科奥运会、1988 年首尔奥运会上，由于国家的高度重视，使政府动员成为核心招募模式。到 20 世纪 90 年代之后，有志愿服务意愿的个人自愿报名成为奥运志愿服务最广泛采用的招募模式，1992 年的巴塞罗那奥运会就充分体现了这一特点。2000 年的悉尼奥运会则综合采用多种招募方式，尤其是很好地利用了学校的力量，招募组织了 6000 名大学生在赛事期间从事与所学专业相关的志愿者工作。

2004 年的雅典奥运会也高度重视志愿者工作，在志愿者项目上投入了更多的精力和财力，并首次出现了"城市志愿者"。这届奥运会的志愿者包括两支队伍：一支是由奥组委组织的以服务奥运会为目的的志愿者，人数约 45000 名，涵盖了除物流以外的各个部门；另一支是由雅典市政府组织的、为游客提供咨询服务为主的志愿者队伍，人数约 3000 名。两支队伍服饰不同，分工不同，互为补充，相得益彰。雅典奥运会志愿服务的组织模式和成功经验，是北京奥运会的志愿者工作的重要借鉴。

自 1896 年至今，奥运会志愿服务已经有了 100 多年的历史，从零散、自发的志愿服务到组委会志愿者部的正式成立，从服务外围简单岗位到全面加入奥运运行的各个部门，从不加培训或简单培训到形成完整的志愿者培训体系，奥运会志愿服务经历了一个不断正规化、组织化、专业化的发展过程，志愿者对奥运会的价值和作用也日益显著。总的来说，奥运志愿服务的意义主要体现在以下几个方面。

其一，节约运行费用。奥运会的参与国家和竞赛项目众多，日常运行工作十分繁杂，所需费用也日趋增加。合理地减少受薪人员数量，大量使用志愿者可以有效地节省人力成本支出。有关资料显示，1996 年亚特兰大奥运会使用 6 万余名志愿者，节省经费约 1.3 亿美元；2000 年悉尼奥运会使用约 4.7 万名志愿者，节省经费约 9000 万美元；2004 年雅典奥运会则共有 6 万多名志愿者，节省经费约 1.2 亿美元。

其二，普及奥林匹克理念。奥运会不是单纯的体育赛事，而是要通过体育运动增进世界各国人民之间的相互了解，促进和平。《奥林匹克宪章》指出，奥林匹克主义的宗旨是"使体育活动为人的和谐发展服务，以促进一个维护人的尊严的和平社会的发展"，并通过在奥林匹克主义及其价值观的指导下开展体育运动教育青年，"为建立美好、和平的世界作贡献"；

而奥林匹克精神则体现着"相互理解、友谊、团结和公平竞争"的精神。可见，奥林匹克精神的传播与教育普及不能仅靠体育比赛和运动员的榜样作用，而是要在"参与比取胜更重要"的箴言指引下，使全社会尤其是青年全面地参与进来。而以"奉献、友爱、互助、进步"为宗旨的志愿者为协助奥运会的成功举办，工作在奥运赛场的各个角落，这本身就是奥林匹克主义的最好写照，可以有效地传播、普及奥林匹克理念。

其三，激发民族精神。1936 年的柏林奥运会、1948 年的伦敦奥运会和 1988 年的首尔奥运会，都是在国家发展的转折点上举办的，它们的志愿者都采取了政府动员的模式，并成为增强国家团结、激发民族精神的载体。如首尔奥组委主席在动员人们参与奥运志愿服务的一次演讲中这样说："我希望我们的人民能怀着这样的信念参加志愿服务：这是一项光荣的任务，志愿者们不仅获得奖励，更为祖国带来荣誉。无须多言，首尔奥运会对我们这个时代的人来说，是千载难逢的机遇，把这届奥运会成功地举办好，是我们的历史使命，需要我们努力去完成。为了通过吸收全国人民的智慧和能量而成功地完成好这项历史使命，让我们作出最大的努力，以使这段时间和我们的名字一起被历史永久地铭记。"

其四，促进青年发展。随着奥运志愿服务规模的扩大，青年人尤其是大学生越来越成为志愿者的主体。对这些即将步入社会的年轻人来说，参与志愿服务与职业生涯的规划是紧密相连的。参与奥运会的服务是一次获得专业经历的机会，可以开阔眼界，增长自己的各方面能力，并在日后的求职中成为一种优势。

二 2008 北京奥运志愿者工作

2008 年北京奥运会、残奥会志愿者工作的正式启动是在 2005 年 6 月。但实际上从 2002 年即中国申办奥运成功之后的第二年起，一系列以迎接奥运、奉献奥运为主题的志愿服务项目就逐渐推出，全社会稳步地营造奥运志愿服务的气氛，在服务理念、心理氛围、知识储备、人力资源等各方面为奥运会的最终召开与顺利运行做好准备。

（一）总体格局

2002 年 7 月 3 日，北京团市委通过了《北京青春奥运行动计划》，号召北京青年在"更快、更高、更强"奥林匹克格言的激励下，在"和平、友谊、进步"奥林匹克宗旨的召唤下，以"建设新北京，贡献新奥运，展示新形象，塑造新青年"为青春奥运行动的主题，通过广泛开展各种宣传教育和实践活动，传播奥林匹克精神、提升青年素质、推动志愿服务事业发展。同时还决定将每年的7月13日作为"青春奥运统一行动日"，集中开展专题活动。

该行动计划共设计了青春文明行动、青春绿色行动、青春科技行动、青春健康行动、青春奥运友谊行动和青春志愿行动六个分项目，内容重点分别是奥林匹克教育、环保宣传教育、科学普及与科技创新、健身与健康教育、中外青年交流、志愿服务与志愿精神宣传。在青春志愿行动子项目中，计划提出要通过广泛开展志愿服务行动，传播志愿服务理念，探索科学管理机制，努力培养一支国际化、专业化、职能化的"五环志愿者"队伍，以提供奥运历史上最杰出的志愿服务为目标，切实保证奥运会成功举办，并在主题宣传（"志愿服务、奥运光彩"）、人员和运作体系计划、志愿者培训管理等方面进行了初步的规划。

2005年1月4日，"有特色、高水平"被北京奥组委正式确定为北京奥运会的目标。其中有特色包括中国风格、人文风采、时代风貌和大众参与四个方面，这是一个全面的"人文奥运"目标，需要实现全社会的积极动员和发挥志愿者精神。而高水平的界定不仅明确包含"高水平的志愿者队伍和服务"，而且在打造高水平的竞赛组织、文化活动、城市文明形象等方面，同样离不开志愿者的参与。可以说，志愿服务被明确纳入了北京奥运会的总体目标，并依托北京团市委成立了专门的组织管理机构即志愿者部。

北京奥运会志愿者项目于2005年6月5日启动，国际奥委会主席罗格和北京奥组委执行主席刘淇出席仪式并共同为北京奥运会志愿者标识揭幕。刘淇在讲话中指出，高素质的志愿者队伍和高水平的志愿服务是成功举办奥运会的重要基础和保障，他勉励北京奥运会志愿者要"成为微笑的使者，成为追求和谐、传播友谊的先锋"，向世界展示今日中国和中国人民的新形象。启动仪式随后推出了《北京奥运会志愿者行动计划》，作为指导和推动志愿者项目各运行计划的制订和实施的纲领性文件。

《北京奥运会志愿者行动计划》对涉及的志愿者进行了界定：从计划提出起到2008年，在奥运会、残奥会筹办和举办全过程中，以自愿为原则，以志愿服务为基本形式，在北京奥运会志愿者行动项目体系内，服务他人、服务社会、服务奥运的志愿者。该文件包含"迎奥运"志愿服务项目、奥运会赛会志愿者项目、残奥会赛会志愿者项目、奥组委前期志愿者项目四个项目。在随后的工作进程中，这些项目经过进一步分解和优化组合，最终形成了由六个项目和一个主题活动组成的奥运志愿者工作格局，即赛会志愿者项目、城市志愿者项目、社会志愿者项目、"迎奥运"志愿服务项目、前期志愿者项目、志愿者成果转化项目和"微笑北京"主题活动。

1. "迎奥运"志愿服务项目和"微笑北京"主题活动

这两项可以看作一个整体，是从 2002 年开始的"青春奥运行动"的延续与发展。其基本宗旨，是通过开展一系列丰富多彩、层次众多的活动，营造全民参与奥运、服务奥运、奉献奥运的浓厚社会氛围，在整个社会广泛传播文明礼仪知识和志愿精神，增进公众对"人文奥运"的认知和参与。这一项目与活动开展了各类主题宣传教育、实践活动和文体活动，组织动员社会公众宣传奥林匹克知识、清洁城市环境、提升文明素质。它们为最广大的志愿者和市民提供了参与奥运的平台，具有很强的群众性，对于稳定志愿者队伍、提高志愿者素质、培养志愿者能力起到了重要的作用。

2. 前期志愿者

前期志愿者是指在奥运会筹备阶段，经过招募选拔，参与奥组委的日常工作或专项活动，义务为奥组委提供服务的人员。这一项目自 2004 年 3 月启动，到奥运会开幕前结束，共分 14 期（每三月为一期），招募了 1582 名前期志愿者，其中 80% 是来自国内外 100 多所大学的在校大学生，他们在奥组委内 26 个部门和 6 个场馆为北京奥运筹办提供了近 60 万小时的服务。前期志愿者的管理工作直接纳入奥组委日常管理体系，主要从事综合助理、热线电话咨询、信件回复、绿色奥运宣讲、侵权信息收集、资料翻译、项目管理咨询、技术支持服务等工作。前期志愿者为奥运会的筹办提供了大量的人力支持，有效地节省了筹办成本，并锻炼了一批志愿者。

3. 赛会志愿者

赛会志愿者由北京奥组委组织招募，需要制作奥运会、残奥会身份证件，在奥运会、残奥会期间承担相应岗位职责，在奥组委指定的时间和岗位工作，接受北京奥组委管理，义务为北京奥运会、残奥会服务的人员。北京奥运会、残奥会的赛会志愿者报名工作于 2006 年 8 月 28 日启动，至 2008 年 3 月 31 日结束。在招募的过程中，先后选拔了 33000 余名赛会志愿者申请人参与 2007～2008 年各项"好运北京"体育赛事的志愿服务工作，并派遣志愿者代表参与多哈亚运会、云南残运会和上海特奥会的志愿服务，通过这些实践使志愿者工作机制得到磨合，队伍受到锻炼，为奥运积累了一批骨干志愿者。

在奥运会、残奥会期间，北京主赛区共使用奥运会赛会志愿者 77169人，残奥会赛会志愿者 44261 人，其中约 70% 为北京高校学生。他们分布于竞赛场馆、非竞赛场馆、独立训练场馆和服务场所的 80 多个业务口，提供观众服务、交通服务、安全检查、竞赛组织支持、医疗服务、语言服务、场馆管理支持、媒体运行支持、体育展示、颁奖礼仪等服务。累计上岗 200 余万人次，累计服务 1600 万小时，每日出勤率始终保持在 99.5%以上。他们的服务质量得到了各方面的高度评价。

4. 城市志愿者

城市志愿者是指在奥运会和残奥会期间，为服务赛会的顺利进行和城市的正常运转，在奥运场馆外围及城市其他重点区域设立的城市志愿服务站点开展志愿服务的人员。城市志愿者招募报名工作于 2007 年 6 月 18 日开始，至 2008 年 6 月 30 日结束。

城市志愿者的上岗时间为 2008 年 7 月 1 日～10 月 5 日，其间 40 万名城市志愿者在奥运场馆周边和交通枢纽、商业网点、旅游景点、奥运定点医疗机构和住宿酒店、文化活动场所等城市重点区域的 550 个城市志愿服务站点，提供信息咨询、语言翻译、应急服务三项基本服务，并开展了多项体现区域特点、地域特点和志愿者个性特征的特色服务和公益活动，累计提供志愿服务超过 4000 万小时。城市志愿者参与人群广泛、服务形式方便、运行机制灵活，是外国朋友了解中国的一个重要窗口。他们的服务博得了广大市民和各国游客的交口称赞，赢得了国内国际各界的高度关注和热情关怀。

5. 社会志愿者

社会志愿者是指赛会期间在社会公共场所，通过开展秩序维护、文明倡导、环境美化、扶危助困等志愿服务，服务于社会秩序维护、社会氛围营造、赛场文明宣传、和谐环境创建等志愿服务的志愿者。它是社会公众参与奥运、奉献奥运的最广泛平台，分布在各行业、各系统及社区、乡镇，是"平安奥运"的重要保障。

社会志愿者的上岗时间为 2008 年 7 月 1 日～10 月 5 日，共有 100 余万名志愿者活跃在交通秩序维护、社区治安巡逻、城市交通运行、公共场所秩序维护、医疗卫生、扶残助困、生态环保、公园系统、加油站、邮政系统等十个重点领域，开展志愿服务。社会志愿者累计上岗人数达 1700 万人次，累计提供志愿服务近 1 亿人次。赛时，重点工作领域每日平均上岗人数在 25 万人以上。

6. 拉拉队志愿者

拉拉队和文明观众组织工作是后来才纳入奥运志愿者工作体系的，其目的是营造文明和谐的赛场氛围，确保奥运场馆的上座率。2008 年 1 月，北京奥运会、残奥会拉拉队正式成立，其成员纳入志愿者系列，并举办了一系列的骨干培训，设计了专用的口号和加油手势。在赛时，20 万拉拉队志愿者充分发挥作用，带动广大观众在奥运赛场营造出"文明、热情、专业"的观赛氛围。

纵观 2008 年北京奥运会、残奥会的志愿者工作体系，表现出项目群全面、主题突出、层次多样的特点，最大限度地动员了北京乃至全国人民，在全社会形成关注奥运、参与奥运、服务奥运的良好氛围，组建了由 10 万名赛会志愿者、40 万名城市志愿者、100 万名社会志愿者和 20 万名拉拉队志愿者构成的达 170 万人的庞大志愿者队伍。据不完全统计，在全国直接参与奥运志愿服务的人数已达 400 余万；在北京，通过各种不同方式参与和谐社会创建的人数已达千万。而在奥运会、残奥会举办期间，各类志愿者累计服务时间超过了 2 亿小时。

（二）突出特色

2008 年北京奥运会、残奥会组建了有史以来最大的奥运志愿者队伍，并实现了良好的运转和高质量的服务。总结其特色，主要体现在以下几个方面。

1. 领导高度重视

中国的志愿服务事业从起步阶段起，就得到了党和国家领导人的多方面关怀。同样，奥运会志愿者服务工作也一直受到领导的高度重视。2006 年 10 月，胡锦涛总书记在视察北京奥运会工程建设时，明确要求"做好火炬传递和志愿者工作，在全社会营造喜庆热烈的奥运会氛围，展示我国人民期盼奥运、参与奥运、奉献奥运的精神风貌"。2008 年 4 月 5 日，胡锦涛、吴邦国、李长春、李克强等与奥运志愿者代表共同植树，表达对广大志愿者的殷切希望。5 月 4 日，在"北京奥运会、残奥会志愿者誓师大会"上，习近平寄语志愿者，希望他们成为奥林匹克精神的传播者、志愿服务理念的践行者、中国和平发展国家形象的代表者。6 月 14 日，温家宝总理在给一位奥运会赛会志愿者的回信中，寄语全体志愿者"用热情、真诚、良好的服务，为国家赢得尊严和友谊"。6 月 20 日，贾庆林慰问文明观众拉拉队志愿者，对他们的辛勤劳动表示感谢。7 月，胡锦涛在一次讲话中指出志愿者是"名副其实的中国和奥运的形象大使"，并在奥运会开幕前就志愿者的管理、服务保障等工作作出重要批示。此外，在奥运会、残奥会期间，有多位中央领导前往场馆了解志愿者工作，为志愿者佩戴"微笑圈"，激励志愿者以更高的标准完成好志愿服务工作。如温家宝于 8 月 3 日到篮球馆看望志愿者，希望志愿者要认真负责、一丝不苟、毫不松懈、精益求精地做好各项工作，用良好的服务确保奥运会的顺利进行。

领导人的行动充分表现了中国党和政府对奥运志愿者工作的重视，确保了各有关方面形成合力，做好奥运会、残奥会的志愿服务。

2. 发挥体制和组织优势

奥运会是国际性的盛会，需要大量的志愿者来参与，志愿者的组织和管理涉及众多行业部门、社会团体，其服务领域也涉及方方面面，具有特殊的复杂性。在这方面，2008 年北京奥运会、残奥会的志愿者工作充分发挥了体制和组织的优势，进行了完善的整体规划和组织统筹。在志愿者工作正式启动之前，北京市即在 2005 年 2 月成立了由市委、市政府相关部门和有关人民团体组成的北京奥运会志愿者工作协调小组，25 家成员单位覆盖宣传、文化、体育、民政、政法、群团等相关领域，办公室设在北京团市委。随即，各区县甚至街道也相继设立了相应级别的协调小组。4 月 7 日，又成立了北京奥运培训工作协调小组，由中央有关部委，北京市委、市政府相关部委局的有关领导同志组成，主要职责是指导制订奥运培训规划，督促成员培训工作的落实，协调各成员单位，实现培训资源的整合和共享。其中志愿者的培训目标是建立一支"熟悉岗位细则，热情服务，乐于奉献奥运会、残奥会的志愿者队伍"，同时做好面向窗口行业、面向社会、面向广大市民的培训工作。在奥运志愿者工作的筹备过程中，这两个协调小组发挥了巨大的作用，充分调动了社会力量的广泛参与，汇聚了各方面的资源，形成了合力。

在赛时运行阶段，已经成熟的志愿者工作协调机制落实到场馆，形成了场馆 - 高校 - 属地区县联动的工作机制。尤其是在社会志愿者工作运行中，更是充分协调各相关职能部门、区县、各类社会组织，形成了服务领域和志愿者活动区域的全覆盖。这种上下联动、职责清晰的协调工作机制，在赛会期间实现了对各类工作资源的统筹，在组织、管理和服务志愿者的过程中体现出明显的优势。

3. 注重形象设计和传播

北京奥运志愿者工作非常重视对志愿者的整体形象设计和宣传，使志愿服务的形象、职责和内涵深入人心。在2005年6月的志愿者工作启动仪式上，同时揭幕了奥运会志愿者标识。这一标识上面是象征志愿者与服务对象心连着心、用心服务、奉献爱心的两个红色心形双环相扣在一起，下面是代表志愿者的欢快舞动的人形，整体形象富有中国传统书画艺术风格，鲜明生动，易于理解和辨识。在志愿者工作的宣传普及过程中作用显著。

北京奥运志愿者工作的另一个成功形象标识是"微笑圈"，它借鉴了近年来国际流行的时尚运动饰物塑胶手环，赋予了新的含义。一套"微笑圈"由奥运五环颜色组成，统一印有北京奥运会、残奥会标志和北京奥运会志愿者标志，北京奥运会志愿者主题口号"志愿者的微笑是北京最好的名片"，以及唯一编号，其中蓝色代表学习进取、黄色代表文明礼仪、黑色代表诚实守信、绿色代表保护环境、红色代表乐于助人，共同构成奥运志愿服务的完整理念。"微笑圈"于2007年1月1日凌晨正式发布，随即成为公众认知度最高的奥运志愿者形象标识，并广泛出现在各类志愿者活动场合。到奥运结束，"微笑圈"共发布了测试版、正式版、少儿版、国际版（英文、法文）、车友版、拉拉队版、文明观众版、盲文版（中文、国际）、家庭版、奥运会开闭幕式版、残奥会开闭幕式版、残奥版、荣誉版等15个版本。在教育部2007年发布的《中国语言生活状况报告（2006）》中，"微笑圈"被列入汉语新词语，同时入选2007年度中国媒体奥运专题十大流行语。

在2005年制订的《北京奥运会志愿者项目宣传运行计划》指导下，一系列奥运志愿者宣传工作进展有序。秉持善待媒体的宗旨，志愿者部以"交朋友、促工作"的方式，联系巩固了一批媒体记者，与国内外近100家新闻单位保持密切合作关系，保障了志愿者工作报道的连续性和准确性。此外，推出志愿者系列宣传片、宣传海报、主题歌曲等举动，以及举办"志愿北京——7·13大型演唱会"、面向社会广泛征集志愿者主题口号等专题活动,都是极富成效的传播举措。尤其依托体制优势,先后实现了志愿者徽章搭载返回式卫星"实践八号"、志愿者歌曲《微笑北京》搭载"嫦娥一号"响彻太空、志愿者旗帜随圣火传递登上珠穆朗玛峰等重大活动,更是极大地鼓舞了志愿者的士气、激发了荣誉感和责任感,也起到了特殊的宣传效果。

第二节 时尚中国、微笑北京:
2008北京奥运志愿服务

在奥运会开幕的前一天,联合国副秘书长施泰纳曾说过,"在本届奥运会上,无论谁获得的奖牌最多,有一点是勿庸置疑的,那就是志愿者们将赢得来京人士的由衷赞赏"。而在奥运会、残奥会圆满结束之后,他的这一"预言"果真得到了验证,被韩国记者形象地命名为"鸟巢一代"的年轻志愿者们,以无所不在、无所不能、充满活力的形象赢得世界各地的运动员、官员、观众和游客们的赞誉。在2008年盛夏,志愿服务成为中国的时尚,志愿者制服的蓝色成为北京的流行色,志愿者美丽的微笑和高质量的服务成为奥运最令人难忘的一个侧面。在有关的调查中,志愿者被认为是"让奥运赛场变得更精彩"的最佳配角。[①]

回顾2008年北京的奥运会、残奥会,志愿者在赛场内外留下了一串串闪光的足迹。尤其是那些被称为"80后"的年轻人,在场馆的每一个角落、在街头的每一个"蓝立方"中,都是他们活跃的身影,他们用青春的形象和高度的爱国心、责任感,诠释着中国的现在和未来。[②]

一 前奏:踊跃的参与

开放办奥运和全民参与一直是北京筹办第29届奥运会和第13届残奥会的宗旨,因此,从中国赢得主办权那一天开始,人们就表现出了踊跃的参与愿望和行动,这一切都构成了赛时志愿服务的精彩前奏。

在2005年出台的《北京奥运会志愿者行动计划》中,就明确提出了

---

① 李涛:《网友投票:志愿者荣获奥运会最佳配角奖》,《中国青年报》2008年8月25日。
② 本节的各项数据,主要来自于奥运会、残奥会各个志愿者项目团队的工作报告,收录在北京奥运会志愿者工作协调小组办公室等编《奥运先锋》,人民出版社,2009。有关事例则出自奥运会、残奥会官方网站及各种新闻报道,不再一一注明。

要"组建一支规模宏大、参与面广、代表性强、服务水平高的志愿者队伍"的目标，并通过人性化、个性化、专业化的奥运志愿服务，为奥林匹克运动留下浓郁的中国韵味。同时还制定了"倡导公众自愿参与，保护公众参与热情，调动志愿者的积极性、主动性和创造性"的原则，以实现通过志愿服务使公众受益、社会受益的愿景。"迎奥运"志愿服务项目是实现大众参与、体现开放性的重要载体，要设计丰富多彩的志愿服务活动，为各界参与奥运会志愿者工作创造条件、提供机会。

在项目开展的过程中，一系列的活动有力地激发了公众的广泛参与，使各行各业中关心奥运、热心公益事业、愿意为奥运会贡献力量的个人、家庭、团体和单位均可参与到"迎奥运"志愿服务活动中去。组织义务宣讲、演说论坛和课堂教学等，各种媒体的能量得到充分发挥，传播奥林匹克文化、普及奥林匹克知识、推广志愿服务理念、倡导志愿服务精神。采用多种方式积极引导公众到公益机构、街道社区等地区，开展环境保护、科学普及、社会公益等志愿服务活动，实现参加志愿服务与迎接奥运的有机结合。利用奥运会倒计时的重要时点举行"志愿者迎奥运"主题活动；在"3·5 中国志愿者日""5·4 青年节""国际助残日""7·13 申奥成功纪念日""12·5 国际志愿者日"等重要纪念日举办志愿者活动，在全社会持续掀起参与奥运会志愿服务热。以"北京 2008 奥运志愿宣讲团""青春奥运志愿服务团"为载体，组织志愿者参与北京奥林匹克文化节、青春微笑行动等活动，树立北京和中国开放进步的国际形象。培育和发展志愿服务社团，引导和扶持其参与"迎奥运"志愿服务活动。积极培育志愿服务家庭，推广以家庭为单位提供志愿服务的模式。通过设立志愿者主题公园、组织志愿者国际论坛、开通志愿者网站等活动，开展国内外志愿者交流活动，建立志愿者之间交流与共享的常设平台。这一切举措使奥运会志愿服务成为全民参与奥运、提升素质的主要方式，形成了全民共同做好奥运志愿服务工作的生动局面。

2004 年启动的前期志愿者项目，更是满足了许多人直接为北京奥运出一份力的愿望，在政府和民众之间架起了一座桥梁。进入奥组委工作的前期志愿者尽管只有 1500 余名，但他们直接影响的群体量（家人、朋友、同学、同事等）则超过数万人，对公众了解奥运筹办进程和志愿者工作，起到了积极作用。

在这样的社会环境中，志愿者的招募工作甫一展开，就形成了全民积极参与的态势。2006 年 8 月 28 日，北京地区的赛会志愿者报名工作启动，在各大高校立即掀起热潮，社会各界人士也广泛关注、热情参与，报名人数持续增长。而在随后京外省区市报名工作开启的当天，很多地方的报名表就被一抢而空。到 2008 年 3 月 31 日赛会志愿者报名工作结束之时，申请人数近 113 万人，其中 90 余万人同时报名了残奥会志愿者。这些报名者来自世界各个国家和地区，97.87% 是 35 岁以下的年轻人，79.9% 具有本科及以上学历，他们中间近一半具有志愿服务经历，是实践经验丰富的"老志愿者"。

城市志愿者的报名工作在 2007 年 6 月 18 日启动，由于此前已开展过"春节服务周"、"五一服务周"、周末美化环境行动和城市志愿者招募主题晚会等丰富多彩的主题活动，在社会上形成了广泛的认知度，从而使"赛会城市一样光荣、场内场外同样精彩"的理念深入人心，各单位、个人报名踊跃。到 2008 年 6 月 30 日终止日，共有 207 万人报名成为城市志愿者。

在奥运筹办过程的每一件大事中，都能够看到公众的踊跃参与。2002 年，奥运会徽设计大赛，共收到有效稿件 1985 件，其中 80% 来自国内；2004 年，面向全社会征集吉祥物方案，最后收到有效参赛作品 662 件，92.3% 来自中国大陆；2005 年，奥运火炬的设计采取了公开征集与定向委托创作相结合的方式，共收到应征作品 847 件。虽然这些设计最终都出于专业人士和专业公司，但公众的参与积极性无疑是非常高的，而且也贡献出了不少富有创意的方案。

二　"鸟巢一代"面面观

"我志愿服务北京奥运会、残奥会，弘扬奥林匹克精神，践行志愿服务理念，积极进取、热情服务，团结协作、奋力拼搏，为祖国争光，为奥运添彩。让志愿者的微笑成为北京最好的名片！"这是北京奥运会、残奥会的志愿者誓词，也是对志愿者表现的精彩写照。在两个奥运会期间，年轻的志愿者们以合乎国家形象要求的言论和行动，向整个世界展示了当代中国民主、进步、文明、开放的国家形象，一位外国记者由衷地说："历届奥运会都有志愿服务，但中国的志愿者令人耳目一新，他们着装整齐，态度和蔼，服务热情，这些都给我留下了深刻的印象"。

（一）从汶川到"鸟巢"

2008 年中国先后发生了两个志愿服务的"大事件"，即汶川的抗震救灾和北京的奥运会、残奥会。志愿者是一个整体，哪里有需要帮助的人，他们就会出现在哪里。志愿服务就是一座桥梁，连通了汶川和"鸟巢"。

5月12日汶川地震发生的时候，刚刚被确认为奥运赛会志愿者的北京城市学院学生熊述娟正在当地的家中，她简单安顿好家人，就去报名当了志愿者。她在什邡市的一个灾民安置点护理伤员、分发物资、安抚受灾群众。18日，胡锦涛总书记前来慰问灾民，对她的坚强表现和奉献精神给予充分肯定，并勉励她为更多受灾群众做好心理抚慰，帮助大家增强信心、克服困难。而在5月25日，北京团市委联合有关单位，推出了"北京志愿者支援灾区接力计划"，面向社会招募志愿者，很多已获得确认函的奥运志愿者也积极报名。在奥运会开幕之前派遣的7批队伍中，每支都包含有奥运志愿者。如清华大学博士生、国家游泳中心志愿者梁苏会，在6月9～15日跟随第四批服务队进川，一边协助当地团组织工作，协商长期志愿服务计划，一边到帐篷小学与孩子们交流互动，帮助受灾群众抢收木耳。她在作为赛会志愿者上岗之后，先是负责场馆志愿者快报《在水一方》的编辑工作，随后调到班车组，负责志愿班车的调度工作，每天都要忙碌到凌晨之后，才能和最后一批志愿者一起离开。她的口号是"我是奥运一块砖，哪里需要哪里搬"。2008年9月29日，北京奥运会、残奥会总结表彰大会在人民大会堂召开，梁苏会作为170万奥运志愿者的代表登台发言。

海南医学院附属医院年轻护士王燕玲，经过层层选拔成为一名外省市来京奥运赛会志愿者。她在5月17日跟随医院第二批抗震救灾医疗队进入灾区，为当地群众清创、包扎，捐赠药品，发放防病防疫传单，讲解防病知识。8月，她又以志愿者的身份出现在沙滩排球馆，从事检票工作。

在北京一些医院接收救治地震灾区伤员之后，很多志愿者也在第一时间出现在灾民的病床前。如北京中西医结合医院的年轻护士彭惊妮，从6月5日开始每周都有五六天来到北京老年医院，自愿护理这里的地震灾区伤员，每天要义务工作8个小时。作为即将上岗服务的城市志愿者，她觉得这些辛苦算不了什么："这是每个公民应尽的职责，能发挥自己的所学为奥运会贡献力量，非常有意义"。

还有一名赛会志愿者，她在奥运会闭幕式上作为12名志愿者代表中的一员，在"鸟巢"接受了新当选国际奥委会运动员委员的献花，后来还被评为"北京奥运会、残奥会先进个人""2008北京十大志愿者""2008中国大学生年度人物"等荣誉称号，她就是北京师范大学学生、奥林匹克总部饭店交通服务志愿者李菊。就在她积极为奥运做准备的时候，家乡北川县城被地震摧毁，家中亲人除了爸爸和小舅舅一家，都不幸遇难。在这种情况下，她只回去待了一周，就又擦干眼泪返回奥运会志愿者的培训课堂。在赛会服务期间，她"用最真诚的态度服务，用最积极的心态面对工作"，圆满地完成了志愿服务任务。她所面对的服务对象是奥运大家庭的贵宾，她用美丽的微笑赢得了大家的赞扬。

一个人连续参与两次备受瞩目的志愿服务，也许有其偶然性。但实际上，这些人早已是志愿服务事业之中的常客，对他们而言，志愿服务已经成为生活方式。如梁苏会早已是北京的"明星志愿者"，她从进入大学以来就积极参与各项志愿服务，并作为校志愿者协会的工作人员组织、策划了多项服务工作，先后被评为"2006 北京十大志愿者""2007 中国大学生年度人物"。在奥运志愿者培训工作全面开展之后，她作为"奥运志愿者宣讲团"的一员，在各所高校与同学们分享志愿服务经验。而李菊也是在一入学就加入了北师大的"白鸽青年志愿者协会"，到打工子弟小学支教、到敬老院照顾看望老人、到特教幼儿园陪智障儿童玩耍、到交通繁忙的路口帮助维护交通秩序……在大一的时候，她就被评为北京师范大学"一星级志愿者"，大二时又获得了"志愿服务单项奖"。

（二）奥运的"脸面"

在 10 万名奥运会、残奥会赛会志愿者队伍中，有一支最大的团队，它的人数约占赛会志愿者总人数的 1/4，这就是被国际奥林匹克界誉为"奥运会的脸面"（the face of the games）的观众服务志愿者团队。他们是奥运会最大客户群——观众对奥运会的第一印象与直观感受，也是最容易被媒体和公众看到的志愿者。因此，这一团队的服务质量如何，直接影响到奥运志愿服务的整体水准，也会对该届奥运的整体评价产生重要影响。

奥运会观众服务业务被首次独立出来，成立专门的项目部门统筹负责，是在 1996 年的亚特兰大奥运会。随后，该项业务创立者之一的美国现代赛事服务公司独自承办了悉尼、盐湖城、雅典、都灵四届奥运会的观众服务工作，使之逐渐成为赛事运行保障不可或缺的一部分。在北京奥运会、残奥会筹办期间，国际奥委会曾多次建议北京奥组委继续聘请该公司承办观众服务业务。北京奥组委经过论证，决定本着节俭办奥运的宗旨和群众参与的原则，独立运作观众服务项目，并最终决定全部由志愿者承担此项业务。在本届奥运会期间，国内外观众接待量达 720 万人次，残奥会期间更是达到 800 余万人次，创下历史的新高；而各场馆平均上座率均达到 80% 以上，也是此前奥运史上罕有的。可见，本届奥运的观众服务工作任务繁重，但分布在 23 个竞赛场馆（群）、京外 8 个场馆、奥林匹克公园公共区、首都机场观众欢迎中心、奥运观众呼叫中心等各个岗位的志愿者们，均提供了高质量的服务。据事后的调查，观众对志愿者灿烂的笑容、贴心的问候，敬业精神和主动周到的服务，业务水平和问题解决能力等都表示满意。

国外来宾一抵达北京，首先遇到的就是首都机场观众欢迎中心的志愿者，他们的服务给几乎所有外国媒体都留下了"高兴、礼貌、友好"的印象。美国《纽约时报》的一位记者在文章中写道，他本来打算要写写北京天气糟糕时的空气，但他遇到的第一个志愿者就让他惊喜，于是他更想在报道中说说"志愿者以及他所提供的无微不至的服务"。

观众在来到北京之后，就享受到详尽而全面的信息服务，确保沟通无障碍地了解赛事全程安排和各种观赛事宜。在遍布场馆周边的 74 个信息服务亭中，可以领到各种免费的观众服务出版物，并提供轮椅和婴儿车出借服务；还可以拨打 24 小时服务的观众呼叫中心电话，得到多语种志愿者的服务。观众呼叫中心是北京奥运在信息服务方面的一个创举，它从 7 月 1 日至 9 月 17 日运行 79 天，日均接待观众来电 3000 多通，奥运会期间更是日均 11000 通以上。据统计，本项服务客户满意度达到 99%。

安检协查和验票是观众服务的重要业务口。在安检口，志愿者维持观众排队秩序，缓解等待之中的焦急情绪；他们会热情引导老弱病残孕幼观众，经专用通道优先进入场馆，避免高温日晒环境下长时间排队等候；他们会为年老体弱感到不适的观众送上轮椅，护送前往指定坐席。验票的志愿者会用最快的速度完成检验，对每一个观众热情地问候"祝你观赛愉快"。在赛事结束之后，负责出口引导的志愿者会特别关注独自离开场馆的儿童，以防与家长走散。有时候，志愿者会步行两三公里，用轮椅推送身体不适的老人前往公交场站。

在奥林匹克公园公共区、五棵松场馆群和奥林匹克北区场馆群，有着一群醒目的"高高在上"的志愿者。他们坐在高椅上，手拿扩音器，嘴里不停地说着，或指引路线，或提供相关比赛的信息，或与观众调侃以活跃气氛。他们看起来快乐风光，其中的辛苦也是难以想象的。盛夏烈日当头，在上面只要待几分钟，就会被晒得满脸通红、汗流浃背。

进入赛场，在坐席区也分布着大量的志愿者，他们的基本工作方式是"观众面对赛场，我们面对观众"。即便赛事再精彩、掌声再热烈，他们也不能把头扭过去观看。还有很多观众服务志愿者守在看台外的通道、门口、楼梯甚至卫生间里，为随时出现的观众指路、引导、递送手纸。在比赛过程中，他们是寂寞的，以挺拔的站姿和饱满的精神状态，守着一个门、一个楼梯，根本看不到比赛，也看不到明星。

还有一批志愿者，他们非常受现场观众的喜爱，但没有人知道他们长什么模样，这就是从事吉祥物表演的观众服务志愿者团队。吉祥物的行头是用不透气的塑料做成的，加上电池和鼓风机，重达 40 多斤，与外界没有呼吸通口。尽管内部装有空调，但每次一穿上就要面对高温和憋闷的考验，还要用积极夸张的动作来使庞大的吉祥物表现出抬腿、伸胳膊、扭屁股等可爱造型。每次 20 分钟的表演时间结束，志愿者都会气喘吁吁、全身湿透。

在整个奥运会、残奥会期间，观众服务团队赢得了广泛赞誉。有观众评价说："无论是顶着烈日查验门票，还是坐席区的热情服务，志愿者都让我深受感染、深受震撼，他们身上折射出的是'80 后'一代的蓬勃朝气，是中国当代青年的精神风貌，他们是中国给予世界的名片。"在奥体中心，一对外国夫妇在比赛结束后等待了 1 个多小时，向提供帮助的坐席服务志愿者表示感谢。在国家体育馆，国际体操单项联合会向观众服务验证员赠送 T 恤表示鼓励。顺义水上公园的观众服务团队，则获得了国际赛艇单项联合会授予的勋章。伦敦奥组委一名工作人员对北理工体育馆的观众服务经理说："你们的工作人员及志愿者表现完美，为伦敦奥运会提供了精彩的范例。"

（三）辛劳的磨练

服务奥运是忙碌的，而对很多"80 后"的年轻人来说，其中的不少辛苦是他们从来没有经历过的。毕竟，这一代人生长在改革开放之后物质生活提升的社会环境中，又多是备受父母关爱的独生子女，从小到大没有吃过什么苦，也缺少劳动经验。但在奥运会、残奥会期间，他们中间虽然有人流过泪，但都坚持了下来，经受了辛劳的磨练。

担任安检协查的志愿者的工作岗位是在安检大棚内，在夏日阳光的直射下，整个大棚就像一个巨大的蒸笼。他们不停地来回穿梭，维持队列秩序，安抚情绪焦躁的观众。他们用汉语和英语不停地提醒观众注意不要将违禁物品带入场馆,当观众不理解或不配合的时候,耐心进行解释是他们的任务。往往在一天内,同一个问题要重复回答上百遍,直到口干舌燥,声音嘶哑。

国家体育馆东门的观众引导团队,戏称自己是"四不死"的东门人——冻不死、晒不死、饿不死、累不死。国家体育馆的比赛持续了整个奥运周期,他们每天都要在赛前3小时到馆,直到全部比赛结束约1个小时之后,一天的服务才算接近尾声。工作起来,一站就是8个小时,有时候很累了,但谁也没有想起要坐下来休息休息。他们说:"我们最高兴的事情就是看着观众高高兴兴地进场,又带着满脸的兴奋离开。这一刻,我们仿佛自己也亲眼看完了整场比赛一样。"由于上一场的散场与下一场的进场经常连在一起,志愿者们经常因为工作量大而顾不上吃饭,往往等比赛开始一大半之后观众人少时,食堂的饭菜早已凉了。

在各个场馆里,还有一群被称为"runner",随时会满场飞奔的志愿者,他们就是负责成绩打印和分发的志愿者。在每项赛事结束之后,选手的成绩需要从裁判处传递分发给现场评论员、赛事转播商和颁奖小组等,这项工作对时间的要求非常严格,志愿者必须用跑来完成。他们守在成绩打印室里,传真机一响,就等待着一页页的成绩单输送过来,根据指令复印、分发、核对之后,就是飞快地跑,在规定的时间内送达指定地点。由于通行权限的问题,志愿者在很多时候无法走最近的路,只能加快速度,在偌大的场馆中上下绕路。在田径、游泳等项目繁多、比赛时间短的赛事中,他们常常忙得根本没有休息时间,直跑到喉咙充血。

在奥运村、残奥村和媒体村,有着一群住宿服务志愿者,这些来自各大高校的"80后"年轻人,平时都没怎么做过家务,现在却要按照星级宾馆的标准整理房间,其中的难度可想而知。每天,他们都推着放满床单、毛巾、清洁剂、吸尘器、抹布等用具和用品的工作车,"挨家挨户"进行打扫,清扫客厅、卧室、卫生间,更换床单被套,整理屋里杂乱的个人用品。一位在媒体村服务的首都经贸大学女生说,自己不怕累,但很怕脏,平时就最怕收拾洗手间。第一次要去给别人清理洗手间的时候,几乎都快要崩溃了。后来花了很多时间才慢慢克服过来。另一个女孩从小学钢琴,手一直保养得很好,但经过这一个多月,手心不知什么时候就长出了老茧。在残奥会期间,残奥村的住宿服务团队人数比奥运会期间减少了近一半,但工作量并没有减少,因为每名残疾人运动员往往需要多名队员协助，他们不仅要负责日常的客房服务、运送垃圾、公共区域的清洁等，还要随时随地留意周围是否有残疾人运动员需要帮助。但志愿者们都将能量发挥到极限，圆满地完成了使命，使本届奥运会、残奥会的运动员村被誉为最好的奥运村（残奥村）。

辛劳的还有交通业务口的志愿者，他们很多人甚至都没有进过赛场，而是在通过赛场的交通枢纽或停车场服务。无论刮风下雨还是烈日当头，他们干的都是全天候的露天工作。几天下来，8 月的骄阳将皮肤晒得黝黑，千百遍重复的同样几个动作使胳膊累得抬不起来。他们也是每个场馆中最早上岗、最后离岗的一批人，水立方的交通业务口志愿者，还创造了从凌晨 5 时 30 分直到次日凌晨 2 时的工作时长纪录。

还有在垃圾回收站进行垃圾分类的志愿者，从事的可能是最累、最脏的工作。他们每天面对的是各场馆产生的上百吨生活垃圾，每天都要忙碌地分拣、回收。他们是远离赛场的热闹、默默无闻的一群志愿者，用自己的辛劳，换来了奥运场馆的洁净。

当然，每一个业务口的志愿者都是辛劳的，每一项工作都有自己的艰辛之处，我们不过是撷取了几个小小的例子，来展示"80 后"志愿者的坚强和能干之处。

（四）可贵的坚持

在奥运会、残奥会志愿服务的过程中，志愿者也会遇到一些事先无法想象的问题，甚至还会面临误解和委屈，在这种情况下，他们都作出自己的选择，坚持了下去，并始终保持最佳的服务状态。

不少志愿者在一开始就面临选择，因为奥运志愿服务可能与自己的个人发展和工作相冲突。一名在企业工作的年轻人，在报名成为城市志愿者之后，就几乎投入了全部的业余时间。后来，他被任命为宣武区站点的总负责人之一，工作更加繁重，于是他决定辞职做全职志愿者，并最终使父母从不理解转变为他的坚强后盾。还有一名残疾人赛会志愿者赵玉明，为了保证奥运期间的全程服务，他辞去了 ESPN 网站体育编辑的工作；一名留学埃及、精通阿拉伯语、在多语种呼叫中心做志愿者的回族学生，为了回国服务奥运，推掉了很多高薪的翻译工作。在残奥会期间，多数学校都已经开学，招聘、考研、出国等事务也纷纷开始，很多志愿者都是学校场馆两头跑。不少学生为了能够更好地服务残奥会而放弃了很多机会，他们说："出国、找工作可能有多次机会，但服务残奥会可能就这么一次！"

还有人在疾病面前选择了坚持。中国地质大学的盛婕是首都体育馆的观众服务志愿者，她的岗位是在一个信息亭中，每天都用自信灿烂的微笑面对每一名观众，解答各种问题。但她实际上是一个病人，在5月底刚刚因患癌症而先后进行了两次大型手术，疾病的痛苦丝毫没有动摇她的奥运梦想，仍然坚持要加入志愿者的行列中。自7月25日正式入馆上岗以来，她曾多次去医院复查病情，但丝毫没有影响到服务工作。她坦然的心态和出色的表现赢得了场馆工作人员与其他志愿者的一致肯定与赞赏，而她说："虽然我的奥运圆梦过程可能比其他志愿者要曲折和艰辛一些，但我很高兴能和这么多有着同一个梦想的伙伴们努力，为奥运献上一份自己的力量。"

在服务的过程中，不少志愿者会面对误解和责难，但他们都默默地承受委屈，坚持高质量的工作。在媒体村，有位外国记者刚入住就给经理写了整整两页的投诉信，揪着一些细小问题大肆抱怨，志愿者没有辩解，而是用更认真的态度清扫整理他的房间。一位志愿者负责奥体中心入口处6个餐饮亭的秩序维护，每到比赛前后及中场休息期间，她都要维持队列秩序，并劝导观众不要吸烟。当餐饮供应不及时，观众总会首先抱怨志愿者，还有人不听劝阻，但她总是用微笑和耐心面对一切。网球比赛的首日遭遇大雨，导致比赛变更，很多观众非常气愤，要求更换场次，但按照有关规定只能退票处理。这里的志愿者就一边在雨中分发雨衣，一边一遍遍地进行解释。

有时候，志愿者承担的工作是极为琐碎和重复的。如观众席出口岗位上的志愿者，整场站立、时刻集中精神，就为了提醒每一个出场的观众随身携带门票。在羽毛球馆，他们还有一项任务，就是严防观众出入时从门缝中进风，影响赛事的进行。他们背对赛场，观众每进出一次大门，都要重复一系列的规定动作。还有各场馆停车场里的交通引导志愿者，每天的主要工作就是将车辆引入合适的停车位和将人员引导到车上。一位志愿者说："我们每天几乎都在重复同样的话、同样的动作，但我们都觉得很快乐，因为我们为奥运会贡献了自己的一份力量。"

还有一些志愿者，他们的岗位远离赛场，需要承受原本难以想象的寂寞。在海淀区的西北角，有一个距离鸟巢约39公里的城市志愿者服务站——稻香湖站点，来自中国农大的志愿者每天从学校出发，来回要4个小时。之所以在这么偏远的地方设立城市志愿者服务站，是为了宣传志服务理念，撒下志愿者的种子。市中心的很多站点人头攒动，志愿者每天要接待成千上万的人，而这里的志愿者常常几个小时看不到人影，需要去寻觅服务对象。他们站在"蓝立方"外时刻准备着，观察来往游人的神情，发现有人想问路却不好意思，就主动地迎上去。在整个服务期间，这群年轻人都在寂寞中坚守着，没有一个人自行离岗，也全程无人请假、迟到、早退。"我们走了，要是有人来问路怎么办？"他们就是以这样的责任感，认真度过志愿服务的每一天。

在奥运会开幕之前，曾有专家担心"80 后"的脆弱，怀疑他们能否在高强度的工作和各种情况下坚持到底。但事实证明，这些年轻人是坚强而有韧性的，他们经受了考验，交出了一份完满的青春答卷。

（五）并不特殊的群体

在 2001 年中国赢得奥运主办权之时，即与国际奥委会签署协议，将第 29 届奥运会和第 13 届残奥会由同一个组委会筹办。这是国际奥林匹克发展史上的第一次，中国政府也许下了"两个奥运、同样精彩"的庄严承诺。北京奥组委秉着"超越、融合、共享"的理念，开始招募残疾人志愿者参与奥运志愿服务。最终，北京有 1.2 万名残疾人报名参加赛会志愿者的选拔，最终选定 63 位残疾人直接为奥运会、残奥会提供志愿服务，更多的残疾人则作为社会志愿者，活跃在社区之中。在赛会期间，还有 5000 余名残疾人以志愿者的身份在遍布城乡社区的"温馨家园"热情接待来访的中外宾客，他们制作了 8000 多件手工艺品，作为北京奥组委赠送中外宾客的特色礼品。在他们之中，也有着"80 后"年轻人，身体的不便也许使他们有那么一点儿"特殊"，但他们和所有的志愿者一样，在奥运期间付出了辛苦，也收获了快乐。

在"鸟巢"的信息服务台，有两位"80 后"的残疾人志愿者路蒙佳和赵玉明，他们服务了奥运会和残奥会的全程。赵玉明说家住北京西客站，无论是乘公交车还是轮椅行进，每次来上岗单程都需要两个多小时。路蒙佳从小就患有神经元性肌无力，她凭着顽强的毅力和不服输的劲头考取人民大学，如今已获得了金融学博士学位。由于腰部力量不够，她每坐两三个小时腰部就会酸疼不止，为此，她在上岗服务时要围上厚大的钢制护腰以加强力量。但在"鸟巢"的服务岗位上，他们除了一直坐着之外，和其他志愿者并没有什么不同，都是始终面带快乐的笑容，随时为来往的观众提供服务。路蒙佳说："连续为奥运会和残奥会当志愿者的确比较辛苦，但从中获得的快乐要远远多于痛苦。"

董明也是一位"80 后"的残疾人志愿者，她的服务岗位是"水立方"的贵宾区，在残奥会期间担任引导员。她从小练习跳水，9 岁时的一次训练事故造成了高位截瘫。最初的 6 年，董明一直处于半昏迷状态，然而就在 2001 年 7 月 13 日，当萨马兰奇宣布北京成为 2008 年奥运会举办城市时，她奇迹般地苏醒了，举起右手做了一个代表胜利的手势。她此后完全恢复了意识，并恢复了上肢的部分功能，也与奥运结缘。2008 年 3 月 21日，她被推选为火炬手，参加了奥运火炬在武汉站的传递。汶川地震一个月后，她带着祥云火炬来到灾区，成为中国第一位残疾人抗震减灾心理干预志愿者。在那里，她被称为"坐在轮椅上的微笑天使"。在"水立方"，她每天早上 8 时都会准时出现，乘着轮椅开始一天的工作。场馆给她安排的工作时间是上午 8 时到 14 时，但她每天都要工作到 21 时才回去。对于高位截瘫的残疾人来说，13 个小时的工作是十分艰辛的，但她从未感到疲倦。她说："我非常享受这个过程。残奥会一共只有 11 天，时间太短了，我真希望每天都住在水立方里不回去。"

在奥运村、残奥村里，有 10 位盲人保健按摩师以赛会志愿者的身份，为中外运动员、官员和工作人员服务。她们中间有一个叫都静的"80 后"女孩，刚刚从北京联合大学特殊治疗专业毕业，在经历了生活能力、奥运知识、技能、外语、精神面貌等多方面选拔考核之后，她最终成为志愿者。在这群按摩师中，她的年轻快乐和有朝气是出了名的。她说，志愿者工作最大的收获是拉近了自己和健全人的距离，媒体总在宣传健全人要关爱残疾人，而这次自己为健全人服务了一把。"其实好多我们服务的运动员根本不知道我们是盲人。"

在其他更多的场馆，我们都能够看到残疾人赛会志愿者的代表，也能够看到各类的残疾人观众，他们和健全人一样，都在尽情地享受着奥运的快乐。他们不愿强调自己的残疾人身份，而是作为微笑的志愿者，向世界展示青春中国的精神风貌。

（六）与明星近在咫尺的人

本届奥运会的赛会志愿者分为通用志愿者和专业志愿者两类，其中不少业务口的专业志愿者的服务空间是在内场。他们一般受到人们的羡慕，被认为是幸运的志愿者，因为他们可以和体育明星近距离接触，可以更真切地感受奥运会"更快、更高、更强"的火热氛围。当然，处在这些业务口的不少志愿者刚得知情况时也曾有过小小的兴奋,但他们很快就在培训和演练的过程中明白,这些岗位意味着更大的责任和更严格的行为标准。

媒体混合区是所有运动员在比赛后必须经过的区域,如果没有特殊情况,运动员需要尽可能地接受媒体的采访。这里的志愿者的工作就是引导前来采访的媒体,并控制各家媒体的采访时间。在这里,志愿者面对着蜂拥而至的媒体,甚至经受肢体冲撞,他们也许能感受到偶像从身边经过的瞬间,但根本没有机会看到脸。尤其是备受大家关注的明星运动员出现时,他们的工作量就更为庞大。一位在"鸟巢"的媒体混合区工作的志愿者说,博尔特取得百米冠军的那一刻,里三层外三层的记者把几十米长的混合区围得水泄不通,他们费尽心力地进行协调和控制,根本就没有留意到身边擦肩而过的博尔特。

场地管理志愿者的岗位是在运动员及教练员赛场入口,负责对所有经过的运动员进行仔细的人证匹配核对。在水立方,跳台立柱背后就有这么一个入口,但志愿者工作的时候,眼前只有几根立柱。郭晶晶取得冠军的那一场,这个岗位的志愿者离跳台只有两米远,但什么也看不到,除非运动员动作完成不好的时候,会看见溅起的一点水花。他说:"我站在这里不是来看比赛的,我是一名志愿者,我的工作是坚守我自己的岗位。"在击剑馆,每位运动员都配备一名志愿者,负责为运动员提装有备用剑等比赛用品的剑袋,并引导他们到相应位置站好。志愿者在把剑袋放好之后,就要退到分区隔离挡板的后面,全神贯注地等待比赛开始。

颁奖引领志愿者的工作是引导获奖运动员穿过媒体混合区、兴奋剂检测区、休息区,直到走上颁奖台,在这一过程中,他们要全程控制时间,提醒运动员接受检测和领奖。很多人认为他们是最幸运的,可以在第一时间近距离接触金牌运动员,甚至能够得到合影和签名。但他们说,这都是被严格禁止的,就连他们和运动员之间的对话,也只是简单的模式化语言,而不能随意交谈。

洪磊是"鸟巢"的一位竞赛组织志愿者,也是残奥会闭幕式上接受新当选国际残奥委员献花的赛会志愿者代表之一。他和队友的工作很单纯,就是在赛道边负责起跑器和道次牌的放置与回收。这项工作"要速度、要技术、要准确",必须抓住每一个细节,想到每一个可能会发生的紧急情况,熟练地完成每一个动作。当运动员冲出起跑线之后,志愿者必须马上跑到自己负责的赛道,双手拿起沉重的起跑器放回赛道边,还要小心放置不能让电线扰乱。在放置的时候，必须对不同道次起跑器的位置，目测相对距离，保证放置得准确有序。在残奥会服务期间，这些志愿者更要清楚各级别比赛和不同运动员的特殊情况，知道什么时候需上起跑器，什么时候不需要；什么时候需要上道次牌，什么时候不需要；什么时候起跑器放起跑线后面，什么时候并排放置。

举重赛场上的加重员此前都是由工作人员担任的，此届奥运会则把这项任务也交给了专业志愿者。加重需要体力和速度，志愿者总是要尽可能快地完成加重，以保证比赛进行的速度和赛事的流畅。每次赛场的广播里刚刚传来运动员的比赛信息，坐在场边的五位加重员便在统一的口令下迅速起立，排成一队跑到场地中央，撬起杠铃、拧下卡子、装上杠铃片，随后上卡子、放撬杠、跑步下台、坐下，整个过程都控制在9秒钟。常常一天的比赛下来，加重员的胳膊和腿都累得抬不起来。残奥会时，加重员还要对运动员进行保护。在观众的呐喊声中，志愿者必须保持冷静，把全部注意力集中到运动员的试举动作上，因为一旦过早采取保护举动，触碰到杠铃，就会导致运动员此次试举被判失败。而一旦运动员未能举起杠铃，志愿者就必须在最快的时间里作出反应，帮助托起沉重的杠铃，防止运动员被四五百斤重的杠铃压伤。这时候的动作，对每个志愿者都是巨大的挑战。

在篮球、排球、盲人门球等室内球类的比赛场地的边缘之外，坐着一批专职擦地的志愿者。他们身在赛场，有最佳的观赏位置却不能观赛，而是保持笔直的坐姿，手里拿着拖把或毛巾，永远盯着地面，随时待命上场清洁赛场。还有网球、足球、水球等赛场边的捡球员志愿者，他们时刻关注着比赛局势的变化，但不是为了欣赏，而是尽可能提前判断球的运行方向和落点，以把握好时机尽快捡回落在场外的球，保证比赛的连续性。

这些与明星近在咫尺的志愿者们，他们的工作岗位也许是特殊的，能够比其他志愿者更直接地体会到奥运的快乐，尤其是中国运动员取得冠军之时的兴奋之情。但他们都对自己的行为严格要求，在世界面前展现了中国志愿者的专业形象。

（七）志愿者的二次方

在奥运赛场上，我们随处都能够看到身穿蓝色服装的志愿者，但他们只构成了奥运志愿服务的"前台"，还有那么一群身在后台的志愿者，他们的主要工作就是为其他志愿者提供各种支持和保障服务。他们是志愿者的志愿者，有一个形象的自称是"志愿者的二次方"。

最早创造"志愿者的二次方"这一称号的，是观众服务志愿者团队中的运行支持小组。他们的工作，是为其他志愿者发放服装、工作物资、激励物资、餐饮券，进行每日签到、排班，并协助解决服务过程中的一些突发问题。他们每天都是第一批来到场馆的人，一到工作岗位，就清点当日的早餐、午餐、晚餐、夜宵券及水券数量，对各职能部门的排班表进行分堆。当志愿者陆续来到的时候，为每个志愿者验证、刷卡、发放当日服务物资和各类票券。在其他志愿者开始工作之后，他们要联系场馆比赛项目运动员、单项体育联合会和技术官员三个部门，了解明日所需茶点数量；联系各志愿者业务口，上报明日志愿者数量；联系志愿者部，了解新的观赛和激励物资发放情况。然后开始清理、协调第二天所需的物资，一天的时间往往就这样过去了，甚至没有机会走到几米外的比赛场地。"前台"志愿者如果遇到诸如扩音器电池用完、衣服的扣子脱落之类的突发情况，他们就要以最快的速度，将志愿者需要的东西送到他们手中，有时候一趟跑下来要20多分钟。

奥林匹克北区场馆群的一位运行支持志愿者说，她最"痛苦"的经历就是给志愿者发放服装的时候。北区场馆群有4000多名志愿者和工作人员，每个人的服装都是式样不同的几套，尺寸也因人而异。放服装的仓库是一座全封闭的临时板房，室内温度高达40多摄氏度。在那段时间，他们一连几天站在闷热的小屋里，晚上回到住宿地时，发现两条腿都已经肿了。这个女孩说，自己的工作虽然很琐碎，但"看到别的志愿者精神焕发、态度优良，为选手、观众、记者等提供了优质的服务得到赞扬，我心里也暗自高兴，因为其中有自己的一份贡献"。

"鸟巢"的运行支持小组在零层面环道中的一个小屋子，里面摆放着各种志愿服务物资。工作间离内场的跑道只有几米远，但门一关上，就连半点声音都听不到。每天他们都坐在屋里，把第二天所有业务口需要的各种物资清点出来，3000多名志愿者，37个业务口，每个业务口12件物资，全部数过来，一天的时间就过去了。全部比赛结束之后，他们还要把所有物资整理回收，然后才能够最后一批离开场馆。每当志愿者部发放新的物资，都需要这个小组的成员去领取运送。有些组员因为来来回回搬运物资造成腰部受伤，但仍一直坚持上岗。

另一个重要的"志愿者的二次方"岗位，是餐饮助理。国家体育馆的餐饮助理志愿者团队主要由中国人民大学新闻学院的学生们组成，一开始，不少人担心他们是否有心理上的失落，让这些学新闻的 "80 后" 孩子们每天在餐厅里擦桌子、摆凳子、指导分类倒垃圾，他们会觉得难为情吗？志愿者们说，一开始确实有点儿失落，因为工作单调，又远离赛场，但他们很快就调整了情绪，用最快乐的心情为用餐的工作人员和志愿者服务。一位女孩说："志愿者是一个团队，我们的岗位就是所有志愿者的加油站。让志愿者能吃得开心，得到放松和温暖，他们就会在本职工作中干得更好。"她坚信，好心情是可以传递的，他们希望每一个在这里用餐的人都能够拥有一份"美味"的心情，并一点一点将这份好心情传递给运动员和观众，让他们更好地进行和观看比赛。

在很多情况下，志愿服务的工作是单调而琐碎的，即便在奥运会、残奥会这样令世界瞩目的"大 party"上，很多志愿者也都是远离光环，默默地做着一件简单但重要的事情。做志愿服务，要"心怀伟大，做平凡事"，这就是他们每个人心中早已确立的信念。

（八）公民外交的展示

传统上一说起外交，人们想到的就是国家或政府的行为。但事实上，随着 20 世纪大众民主政治的兴起和公民社会的发展，民间或公民的外交行为和能力逐渐受到各个国家的重视。尤其在世界进入全球化时代之后，国际之间的各种政治、经济利益纠葛往往会超越国家主权的限制，使官方外交难以有效地介入解决，从而为公民外交提供了更大的施展空间。所谓公民外交，是公民社会在外交领域的产物，一般是指各国公民为了捍卫本国国家利益，促进国家发展或争取世界和平而以非官方身份从事的对外交流活动。其活动主体是公民个人以及社会组织。[①] 公民外交的具体起源时间很难追溯，但美国遭受 "9·11" 恐怖袭击之后，许多非政府组织提出普通公民应该行动起来以改善美国的国际形象，普遍被认为是公民外交受到广泛关注的转折点。2004 年，美国 30 多个公民组织成立了"公民外交联盟"，其领导人之一谢里·李·米勒说："公民外交这个概念的意思是，每位公民在每次与外国人握手时都有责任和义务帮助塑造美国的外交关系。无论你是坐在外籍同学身旁的学生、在国外比赛的运动员、迎接外宾的官员、摇滚明星还是海外商务代表，你都是一名公民外交家。"[②]

---

① 李志永：《公共外交相关概念辨析》，《外交评论》2009 年第 2 期。
② 《美民间组织为改善国家形象发起公民外交运动》，人民网，http://world.people.com.cn/GB/1029/42355/4656736.html。

在我国，则有着"人民外交"和"民间外交"传统，尤其在 20 世纪 50 年代，面对西方国家对新生的中华人民共和国的封锁，通过各种准官方或民间渠道开展外交的活动，为我国在国际社会赢得更大生存空间和发言机会发挥了重大作用。而随着法制建设和民主政治的发展，中国的"民间"正逐步转型为现代政治意义上的"公民社会"，中国公民和民间组织也获得了更多的自主参与外交的可能与机会。在 2008 年奥运会前后，一系列事件的发生使中国的公民外交正式登上国际舞台，尤其年轻的奥运志愿们作为"北京的名片""中国的代表"的外交身份，赢得了世界的关注。

香港《亚洲周刊》在其 8 月 24 日一期中发表了一篇题为《"鸟巢一代"成中国民间外交官》的文章，认为奥运期间，数万名中国年轻人同时与外国人面对面，朝夕陪伴在政治名人、体育明星身边，这种史无前例的情形造就了一批"80 后外交官"。但在这一领域里，人们关注的多是为奥运大家庭成员和各国来京政要服务的贵宾陪同及语言服务志愿者，而忽略了更多普通志愿者的所作所为和风采展示。实际上，在这场国际化的大盛会上，每个志愿者都是"外交官"，从传播中国传统文化和展示现代中国风采两个方面发挥着公民外交的作用。

"人文奥运"是 2008 北京奥运的三大理念之一，而"展示中华民族的灿烂文化"是其中重要的内涵。因此，"中国元素"贯穿奥运始终、遍布赛场内外，尤其在奥运期间举办的各种演出和展览，如展示中国非物质文化遗产和传统工艺的"祥云小屋"等。而志愿者的一个重要身份就是文化交流的使者，他们要让运动员和观众了解中国的优秀传统文化和风俗，让更多的外国友人认识中国、了解中国、喜爱中国。在奥运村，有一个文化交流志愿者团队，其中一名来自中国人民大学的志愿者说，他做得最多的事情就是给外国运动员起一个好听的中国名字，然后教他们一笔一画写下来。"我为能够服务奥运，能够弘扬中华民族传统文化而自豪。"

展示现代中国形象，发出中国青年一代文明、开放的声音，也是公民外交的重要体现。实际上，这一点在奥运之前就充分地表现出来，他们就是因驳斥西方关于西藏动乱的不实报道、积极参与保护奥运火炬传递活动而兴起的"四月青年"。留学法国的年轻人李洹就是一个代表，3 月 29 日，他受邀参加法国电视二台的一档节目，通过电话与现场主持人进行辩论，有理有据地驳斥法国媒体对西藏事件的歪曲报道。节目播出后，除了留学生为他喝彩之外，也有法国人说"终于听到了中国人的声音"。4 月 7 日，巴黎发生了"藏独分子"攻击残疾人火炬手金晶的事件，他与几个同伴发起了举行和平集会的倡议。4月19日下午，法国留学生和华人、华侨各界近5000多人在巴黎共和国广场举行以"支持北京奥运，反对媒体不公"为主题的集会活动，李洹在会上用法语发表演讲，他富有逻辑和哲理的行文、地道的法语以及理性的立场引起了世界的关注。

在奥运期间，每位志愿者都自觉地展示着中国的形象，他们如一位友谊宾馆的住宿服务志愿者所说的那样："志愿者所做的都是小事，但是我告诉自己我就代表中国，我要认真做好每一件事。"同时，他们也利用可能的机会向世界传达中国友好、开放的现代形象。一位担任运动员及随队官员班车随车服务助理的赛会志愿者，在从顺义奥林匹克水上公园接运动员回奥运村的途中，发现部分运动员情绪低落，他就在常规的报站工作完成后，对所有的运动员说："我知道每一位运动员都为这次奥运会坚持了很长时间，也许有些人并没有取得很理想的成绩，可是我们每一个人都知道我们的运动员永远都是最棒的，你们的精神是奥运会上最宝贵的，无论结果如何，我们都会支持你们，用我们中国话就是加油！"

随着中国越来越走向开放，中国人走出国门、加入全球化浪潮的机会越来越多，公民外交的意义和价值会更加明显，而2008北京奥运期间志愿者所展现的公民外交风采和成果，也将得到进一步的发展和深化，成为未来塑造中国形象的重要力量。

以上我们只是从几个不同的角度对奥运志愿者这一群体进行了简单的概括，他们是志愿者之中的代表，在他们身后，是更多的蓝色身影和美丽笑脸。这一切正如一位国家体育场的志愿者所说："我们每一个人都是尽职尽责，却也是默默无闻，没有人会特别记住我们其中谁的名字。然而由我们组成的志愿者群体，构建起鸟巢最坚实的钢架，奥运因我们而更加精彩！"

第三节　"鸟巢一代"：全球化时代的中国青年

"鸟巢一代"称号的来历，是源于韩国最有影响力的报纸《朝鲜日报》8月9日的一篇文章，记者在采访了几位大学生志愿者之后，认为奥运会极大地提升了中国青年的爱国心和自豪感，他们将成为奥运之后中国的领军一代。文章将这些主要由"80后"年轻人组成的奥运志愿者称为"鸟巢一代"，并将他们的特点概括为外语娴熟、擅长与外国人对话、爱国心强。实际上，早在2008年5月2日即"四月青年"为国际社会所瞩目之后不久，《朝鲜日报》就发表了一篇文章，认为中国1980年以后诞生的一代通过爱国主义和民族主义紧密团结在一起，升华为本届北京奥运会的最大支持势力。随后，这一形象称谓为中外媒体广泛采用，并扩展为泛指整体的"80后"一代，为青年自身所接受和喜爱。综合各方面的界定，"鸟巢一代"的一些特点凸显在我们面前：他们普遍接受过高等教育，擅长外语与国际礼仪，能够与外国人平等对话，富有爱国心、责任感和奉献精神，热爱和平、开放、友善、自信，能够尊重而又宽容地面对西方经验与中国传统，具有出色的团队合作与创新精神。

奥运会是改革开放之后现代中国在世界面前的一次辉煌亮相，也为"鸟巢一代"提供了展示自己才华和品质的舞台。总结上述的特点，可以说他们是中国这些年来经济发展、社会进步和扩大开放的产物，也是年轻一代面对全球化的挑战而主动应对的产物。"鸟巢一代"是全球化时代的中国青年，也是放眼世界、融入世界而又具备家国情怀和未来眼光的一代年轻人。

一　全球化与对中国青年的挑战

全球化首先是一个经济过程，体现为资本和利润的跨国流动，并造成商品、人才、服务和信息等全球流动的规模和形式不断增加，使生产要素按照市场的要求在全球范围内合理配置与重组，国际分工不断深化，世界各国在经济上相互依赖的程度不断加大。这种趋势最早出现在西方工业革命之后，伴随着殖民主义而形成了第一波的浪潮。但直到20世纪80年代，由于现代科学技术的进步尤其是信息技术的迅猛发展，全球化才真正成为不可阻挡的历史性趋势，将越来越多的国家纳入其中。与此同时，全球化的内涵也日益超越经济的限制，呈现出综合性的特点。如英国社会学家安东尼·吉登斯认为，全球化应被定义为"世界范围内社会关系的强化"，它"将彼此相距遥远的地域连接起来"，任何一个地方发生的事件都可能影响到距离遥远的其他地方。[1] 社会关系本身包含着深刻的文化底蕴和意识形态色彩，因此全球化所造成的世界范围内联系的加强必然带来不同文化和价值观之间的密切接触，这既是交流和互相理解的契机，也造成了各国家、地区或民族自身内在特质之间的相互碰撞，并在客观上对一国的文

---

[1]　安东尼·吉登斯：《现代性的后果》，田禾译，译林出版社，2000，第56页。

化观念和心理带来挑战。

　　文化是人类社会所创造的物质文明和精神文明在意识形态上的体现，而由于地理位置、生产方式、思维习惯等的差异，每个地域或民族都形成了自己具有特色的文化，它是一个民族最深层次的东西，经过千百年的积淀而成为维系国家和民族的纽带。目前，全球化对文化所造成的冲击已日益明显，它影响"人的认同感、对地方的体验以及自我与地方的关系"，影响"人们所有的、完全地在地方定位的生活中发展而来的共享的理解力、价值观、欲望、神话、希望与恐惧"。① 这种影响并不完全是平等和相互的，全球化以资本为先导和主导，并以现代信息技术为主要媒介，因此在经济和科技方面占据优势的西方发达国家，也必然在文化全球化中占据优势，依托其强大的政治、经济、军事和科技实力，以普世文明的名义在全世界推广西方文明，宣扬西方价值观，使其他各类民族文化的生存和发展面临挑战甚至危机。

　　中华民族有着古老而辉煌的传统文化，有着在百余年抗击外辱、奋斗崛起的历史中积累的现代文化，也有着在30多年改革开放过程中提炼出来的社会主义核心价值观，这一切构成了今日中国的先进文化和主流价值观，是中国持续发展和进步的重要精神资源。青年是社会的未来，他们的文化认同和文化立场必然影响到中国的发展前景。全球化所带来的文化挑战，也确实体现在中国人尤其是年轻一代的身上，并一度引起社会各界的担忧。

　　（一）国家认同

　　民族国家是19世纪以降的基本国家组织形态，它作为主权、国民和领土的统一体，以内政和外交的区分为框架，形成了延续至今的国际政治格局。在这一格局中，每个人都拥有特定的国籍，由国家政权保障其国民权利，自身也必须形成对所属国家的政治、文化认同，并以此为基础建构特定国家的公民资格。在进入全球化时代之后，经济、政治、文化等领域出现了一些新的现象，从而对这种国家认同造成一定的挑战。

　　全球化首先打破的是一国的经济统一体。随着资本、人才、技术等各生产要素的跨国界流动与结合，任何一个国家的生产和消费都不再能够局限在国土范围之内，而是被卷入了广泛的国际市场。在中国的北京、上海

---

① 约翰·汤姆林森：《全球化与文化》，郭英剑译，南京大学出版社，2004，第217页。

等国际化大都市中，随处可见各种外国品牌的商品，而就职于跨国公司或多国公司的人群，则在日常生活中形成了一个独特的全球化生活与交际圈。至于麦当劳、肯德基之类的国外连锁快餐品牌，甚至已经遍布二、三线城市。互联网的发展更是进一步打破了国家界限，实现世界资源的共享。在这种背景下，日常经济生活领域中的国家观念事实上已经在淡化，全人类一体的"地球村"意识逐步形成。

在政治领域，以欧洲联盟为代表的新型政治联合体的出现，在客观上已经突破了传统民族国家主权的范围，形成了新的主权形式和公民认同。另外，为对抗新型的全球恐怖主义活动，需要各国加强政治与军事合作，在不少情况下，一国的民族和宗教事务，实际上成为跨国的或国际性的事务。近些年来，针对这一发展趋势，西方社会一些政治理论和实践界人士提出了"国家主权过时""人权高于主权""全球民主化"等观点，并在中国社会造成一定的影响。

在文化领域，全球化对中国青年国家认同的挑战主要体现在国家主流意识形态信念上。中国作为一个社会主义大国，处在由西方资本主义发达国家主导的全球化浪潮之中，必然要面临这一独特而不可避免的挑战。任何文化都蕴含着意识形态的要素，西方的经济优势衍生出文化上的优势，他们借助影视、音乐等大众文化产品以及消费方式，在青年一代中潜移默化地进行思想渗透，对马克思主义在社会精神生活中的主导地位造成了前所未有的挑战，也使爱国与爱社会主义一体的中国式国家认同产生分裂。

（二）价值观

全球化所带来的世界范围内文化交流的扩大和深化，必然会对任何一个国家的文化生活尤其是价值观带来深刻的冲击。就当今中国而言，市场经济建设以及全球化对青年价值观的影响，主要表现在价值立场、价值评价和价值选择三个方面。

一是在价值立场上从"社会本位"向"个体本位"的重心变化。中华民族的传统文化是家国一体的人伦型文化，在价值观上，它强调人作为家族体系成员的义务，而忽视个体的自身权利和需求。新中国成立之后所倡导的主流价值观，则高扬"大公无私""毫无利己、专门利人"的共产主义道德，强调集体与社会利益的至高无上性。尽管在发展历史上曾经有过偏颇之处，但这种集体本位和社会本位的价值观作为社会主义思想道德的核心体现，仍是我们时代所不可或缺的价值立场。全球化带来了西方的各

种思想资源，受其人本主义和个人主义观念的影响，在青年中出现了重视
个体利益和个人权利的"个体本位"价值观。从积极意义上说，这是对传
统的重义务轻权利倾向的纠正，也是市场经济发展的一个必然产物。但不
容忽视的是，一些青年片面理解个人权利，甚至将个体与集体和社会对立
起来，以交换原则处理社会关系，出现了极端个人主义的价值观偏差。

二是在价值取向上从重精神向重物质的世俗化倾向。价值包含物质和
精神两个层面，它们对个人和社会的存在与发展都是不可或缺的。中国传
统的价值观重视精神价值和精神需求的满足，表现出重义轻利的基本原
则。而在全球化的过程中，肇始于西方工业化社会的工具理性和消费文化
在我国影响日深，造成了青年价值取向上的世俗化。在市场经济环境中，
每个人的经济动机都得到了合法化，追求财富和富裕的生活为社会所肯
定，另外由于社会分工的日益细密和社会结构的专业化，导致不同行业之
间贡献与价值难以直接比较，在客观上造成了工具理性和功利观念的蔓
延，使物质成功尤其是物质欲望的满足成为价值取向的首选标准。此外，
物质产品的丰裕和市场的发达使人们在消费中有了更多的选择，加之大众
传媒尤其是广告行业的推波助澜，使中国社会也呈现出消费文化勃兴的现
象，很多青年开始片面追求物质生活的丰裕和时尚，把消费当作个人身份
的体现和个性的展示，而忽视了更全面和深层次的精神追求。

三是价值选择上的道德相对主义倾向。全球化的一大特点，就是各种
不同的文化和生活方式的碰撞与交融。每一种文化都是在特定的环境之
中、因处理特定的问题而形成的，有着各自的特点和价值标准。尽管全球
性的普遍伦理在交流中逐渐形成，但不同文化之间的多样性甚至冲突也是
客观存在的。处在这一环境之中的青年，面临着价值观念、思维方式和行
为方式的剧烈变化，以及各种各样人生理想、生活方式的客观共存，很容
易出现道德相对主义或价值相对主义的倾向，淡化是非标准，强调自我需
求，降低对自身的道德要求。

（三）文化自信与宽容

全球化所带来的文化交流，对任何一个拥有悠久的传统文化的国家都
提出了两方面的挑战：一是如何保持本文化的自信并实现持续发展；二是
如何面对与自身有巨大差别的异文化，实现多元共存。这两个问题是紧密
交织在一起的，一种文化只有在自信的前提下才能够表现出真正的宽容，
同样，只有平等、开放地对待其他文化，积极学习，才能够真正保持自身

的文化自信。

　　中华民族优秀文化是经过数千年的历史演变，各民族文化的碰撞、冲突、交流、融汇而形成的，为各民族所认可的主流文化。其中以爱国主义为核心，以团结统一、爱好和平、勤劳勇敢、自强不息为特点的民族精神，更是对中华民族的凝聚产生了巨大影响，成为维系中华文明五千年绵延不绝、发展进步的纽带。但从客观上说，传统文化在发展的后期表现出明显的封闭性和保守性，面对以殖民主义为标志的第一次全球化的挑战，使中国全面地失去了经济上和文化上的领先地位，陷入半殖民地半封建的状态。改革开放之后，随着中国经济的发展和国际地位的提升，传统文化也随之发生现代嬗变，为青年一代所重新重视。但不容忽视的是，当今的全球化更为全面和深入，西方强势文化以经济实力和文化产业为后盾，正对我国的民族文化形成新的极大影响和冲击，甚至是侵蚀和积压。尤其在大众文化、商业文化和青年亚文化的领域中，来自西方的影视、音乐、体育、时尚等文化产品更是占据了主导地位。近些年来，青年中出现了冷淡传统节日、热衷过"洋节"的现象，就是一个典型的例子，这引起众多文化教育界人士的关注。

　　全球化使不同文化有了越来越多的相互接触和交流的机会，也必然带来了如何理性对待异文化的问题。如果说自信是强势文化所带来的挑战，那么面对更多的同属相对弱势或平等的不同地域文化，则需要有宽容和开放的心态。可以说，越是全球化的时代，就越需要全球各个民族之间的平等和相互尊重，尤其是尊重文化的多元性，中国青年要以开放心态，积极与其他民族文化相互作用，汲取异文化的积极因素，并宽容那些与己不同甚至在中华文化中较难以理解的层面。在这方面，目前比较明显的问题是部分青年对日本文化和伊斯兰宗教文化的盲目敌视态度，以及对某些地域民俗文化的猎奇、调侃和轻视倾向。这种缺乏理性和宽容的态度，对中国文化以及国家形象在全球化时代的塑造都是不利的。

二　面向未来的中国青年

　　尽管全球化带来了种种挑战，中国青年在面临挑战时也确实曾表现出不成熟的一面，但随着社会的发展、国家的进步，青年的社会阅历也在增长，他们在逐渐走向成熟和理性，成长为面向未来、承担未来的一代人。北京奥运期间，英国前首相布莱尔在《华尔街日报》上撰文说，中国的年轻人"都非常聪明、敏锐和坦率,不怕就中国及其未来发表自己的看法。尤其是他们充满自信和乐观,不愤世嫉俗,表现出积极进取的精神"。他还表示,中国的"鸟巢一代"使他想起了"鼎盛时期的美国和奋勇向前的其他国家"。①而在新浪网于奥运会闭幕当日举行的一次调查中,网友对"鸟巢一代"的关键词的选择则首先是"自信"(55.3%)、"和平、和解、和谐"(51.9%)和"开放"(49.8%),其他比较集中的选择还有理性爱国(48.4%)、友善(44.4%)、有梦想(44.1%)、敢于竞争(41.8%)、奉献精神(38.6%)、快乐(38.1%)、平等交流(35.0%)、责任心强(34.6%)和崇尚参与(34.0%)。②可以说,这些言论和选择都形象地描绘出了一幅"80 后"青年的肖像,他们既是中国的青年,也是现代的青年,在他们身上,传统与未来、民族与国际、社会与个体有机融合,他们既有鲜明的国家立场和政治意识,又具有世界视野和创新精神。

(一) 中国的青年

"80 后"一代身上作为中国青年的一面,主要体现为理性爱国意识、文化交流意识和社会责任感。

1. 理性爱国

爱国主义是在人类社会发展进程中形成和巩固起来的对自己祖国的一种最深厚的感情,是人们忠诚、热爱、报效祖国的一种集情感、思想和意志于一体的社会意识。中华民族有着悠久的爱国主义传统和健全的爱国主义教育体系,从而确保一代代的国民心怀祖国、报效祖国,为建设一个发达、民主的现代化国家而奋斗。"80 后"青年一代尽管在成长阶段经历了全球化的挑战,但他们在拥抱世界先进文化的同时,并没有减少对祖国的热爱和认同。身处奥运会这个全球性的体育文化盛典,他们清晰地意识到自己代表着中国的形象。如一位志愿者所说的,她在 16 天的奥运志愿服务经历中最激动的一刻,就是外国记者为他们欢呼、和他们一起竖起大拇指大呼"北京"之时,"外国客人通过我们认识了中国和中国的年轻一代",这是志愿者们共同的感受。另一位在首都机场从事迎送服务的志愿者则说:"以前,国家的事情似乎离我们很遥远,爱国也只是一个很虚幻的概念。这是我第一次参与如此重大的社会事务,我们守的是国门,送出的是

---

① 何流:《"鸟巢一代"的标本化意义》,《中国报道》2009 年第 2 期。

② 王聪聪:《71.4% 网友说奥运会改变了自己的生活》,《中国青年报》2008 年 8 月 25 日。

一张笑脸，代表的是国家利益。"这种国家意识激励着他们，成为他们克服疲劳、保持高水准服务的重要动力之一。

全球化对国家利益挑战的一个消极后果，是引发了狭隘民族主义的回潮。不可否认，全球化背后的动力是西方发达资本主义国家的经济优势，它们借助资本的流动在全球范围内实现生产要素的最优配置，固然促进了世界经济的发展和效率的提升，但也使很多国家的经济生产沦为国际资本的附庸，进一步拉大了与发达国家的贫富差距，甚至造成国内的经济和社会动荡。同时，文化的全球化激发了剧烈的文化碰撞，也激活了不同国家对自身文化传统的再认识，这种认识可能是理性的自我更新，但也可能发展为盲目的依恋和排外。因此，全球化时代的爱国主义需要理性的规约，要避免狭隘民族主义的立场，以理性爱国的态度在国际社会之中维护祖国的利益和形象。近些年来，中国青年在总体上的爱国情感日趋理性，他们善于利用国际通用惯例和规则来表达国家意识、捍卫祖国利益。在 2008 年 4 月奥运火炬国外传递过程中接连发生事故之后，尽管有国外媒体将中国青年的举动称为"极端民族主义"，尽管也发生了抵制家乐福这样的非理性声音，但更多的人采用的是理性的手段，他们主动登上西方主流媒体的平台，有理有据地发表自己的观点；在火炬传递的沿路，他们不仅挥舞国旗，也挥舞着奥林匹克会旗；他们与捣乱分子公开辩论，用证据向外国民众传递真相。这种种理性的举动有效地改变了一些人对中国的无知和偏见，为奥运的成功奠定了基础。

"80 后"青年理性爱国的另一种表现是对主流意识形态和价值观的回归。整个奥运志愿者工作由北京团市委统筹和具体实施，在奥运期间，各领域的志愿者团队共建立临时团委（团总支）100 余个、临时团支部 3500 余个。① 团组织的存在成为强大的政治优势和组织优势，构成了每一个志愿者团队的组织核心，是推进志愿者工作的根本保障。很多志愿者都说，奥运时期的志愿服务让他们深刻地体会到了奉献的快乐、合作的意义和团队的温暖，对个人与集体的关系也有了新的认识。

2. 文化交流

奥运会不仅是体育的盛会，也内含着在世界范围内传播奥林匹克文化、促进文化交流的使命。同时对每一个举办奥运会的城市来说，这都是

---

① 刘剑：《北京奥运会、残奥会志愿者工作总结报告》，见北京奥运会志愿者工作协调小组办公室等编《奥运先锋》，人民出版社，2009，第16页。

展示该国丰富文化的窗口。在前述的新浪网调查中，有 39.3% 的人表示中国文化需要传承也需要对外交流，26.3% 的人相信可以通过自己的力量改变世界对中国的认识。这种认识是奥运志愿者所共有的，正如一位担任日语翻译的大学生所说的，他希望通过他的志愿服务，能够"让世界更多了解中国"。

城市志愿者的站点遍布北京市区大街小巷，与赛会志愿者相比，他们与外国来宾的接触更为频繁，也更为自由和深入，因此，他们在文化交流上的作用就更为突出。奥运会期间，很多城市志愿服务站点就是这样认识自己身上的使命的，它们突破三项"规定动作"，自主开展各种富有中国文化意味的特色服务。有的站点用灯笼、折扇、风筝、中国结等"中国元素"进行装饰，有的站点举办书法、武术、戏曲等国粹文化活动，有的站点开展按摩、针灸等中医理疗服务，还有站点开展了抖空竹、踢毽子、画脸谱、品尝北京小吃等互动活动。志愿者们的口号是"世界给我一百天，我还世界五千年"。譬如朝阳门桥的城市志愿者站点组织开展了"体验老北京游戏，感受浓厚京味儿"的互动活动，5 名志愿者精心筹划设计，让拍洋画儿、耍羊拐、跳房子、钓鱼、挑棍儿等老北京小孩常玩而现在近乎绝迹的游戏"重现江湖"。他们不仅制作了展板介绍这些游戏的发展历史和游戏规则，而且亲自向过往行人和游客示范，吸引众多国外来宾纷纷参与，共同体验传统游戏的快乐。活动虽小，但展现了一个充满童趣和生机的传统中国，增进了外国人对中国民间文化的了解，丰富了古老中国的形象。

实际上，这种文化交流活动不仅是对外的，也向内影响和感染了年轻的志愿者们。由于西方文化的冲击和我国传统教育的断裂，很多"80后"青年对中国的历史和传统文化缺乏了解、感情淡漠，通过这些活动，奥运志愿服务中的文化内涵得以彰显，他们也深入地体验了中华文化的博大精深和生机活力，加强了民族文化的自信心。在全球化的时代，文化传播和交流是每个国家都需要给予充分重视的事务，"80后"青年身上建立起来的这种自觉和自信，将成为我国"文化外交"的重要资源。

3. 社会责任感

"80后"一代的社会责任感，曾是备受人们担忧的问题。他们被称为"自我的一代"，生长在物质条件充裕的环境之中，又作为独生子女备受家长的关爱，在做事情的时候，他们习惯于从自己的需求和愿望出发，不愿或考虑不到其他人的感受。他们信奉"我的地盘我做主",不愿接受别人的指导或干涉。他们反感此前道德和政治思想教育的"高调",更关注个人生活的具体成就和幸福,而不自觉地忽视了个人与集体、社会的联系,淡化了个人作为公民对社会承担责任和义务的一面。此外,人们往往还觉得这一代人是脆弱而任性的,他们会因为个人兴趣而选择做一件事,又在遭受挫折时匆匆放弃。因此,在奥运志愿者选拔和培训阶段,就有专家担心:当他们奥运志愿服务不像自己想象的那样有趣,可以近距离地观看比赛、接触明星,而是充满了枯燥、劳累时,这些"80 后"的年轻人能够坚持下去吗?

后来的实践证明,只要给予他们机会和挑战,"80 后"就可以表现出充分的责任感和坚韧性,出色地完成国家和集体交付的任务。奥运会期间,很多志愿者的居住地距离场馆较远,他们每天早上 4 点多钟就要起床,搭乘班车赶到场馆,准备一天的工作,等待运动员、官员和观众的到来;当一天的赛事结束,他们往往要到凌晨之后才能回到住地。在这样的条件下,每个志愿者都坚持了下来,每天都以饱满的精神状态、快乐的微笑和干净的衣着出现在服务对象的面前。很多场馆由于场地限制,志愿者们的休息环境不足、条件较差,但他们都克服了种种困难,团队之间互相鼓励、积极合作。还有一些岗位的志愿者,在观众们享受比赛乐趣的时候,往往是他们最寂寞的时候,但他们仍守在一个走廊、一道楼梯或一处停车场的岗位上,在无人的时候保持着美丽的笑容。他们说,每一个岗位都是奥运会所必需的,因此都要以高度的责任感做到最好。想到奥运的精彩中有自己的一份奉献,心中就充满了力量和快乐。

也许这些责任感都是非常具体的,是志愿者对自己、对岗位或对小团队的一份承诺,但就是在这种琐碎的、时时刻刻的责任承担之中,更广阔的社会责任感得以生发出来。在为奥运会作贡献的过程中,在以自己的努力让世界感受到中国青年的新形象的体验中,他们也明确了自己对国家、对人民的责任。在奥运会、残奥会结束之后,《人民论坛》的千人问卷调查组通过网络和采访两种方式,对近 2600 名"80 后"青年进行了调查,结果显示,90.88% 的受调查者认为,国家的未来与他们休戚相关;80.16% 的人认为"鸟巢一代"能够承担起国家的未来;32.18% 的人认为,作为"鸟巢一代",自己选择的人生价值观是"为国家与民族的崛起而努力"。① 显然，"80后"一代已经具备了高度的社会责任感和对国家、民族未来前途与命运的归属感和认同感，这种新时期的"国家兴亡、匹夫有责"成为"鸟巢一代"承担起国家未来的素质基础。

（二）现代的青年

中国要走向未来、实现可持续发展的战略大计，就需要青年一代的身上成长出适应全球化时代的现代素质。在"鸟巢一代"中，现代的一面主要表现为国际视野、平等参与意识和创新精神。

1. 国际视野

在全球化的时代，面对日益增多的文化交流和随之而来的文化差异，我们需要建立国际性的视野，以开放、宽容的心态对待各种外来文化，以逐渐生成的普世文化和伦理为参照，推动本民族文化的创新与发展。青年是社会最活跃、最敏锐的群体，具有强烈的求新、求变心理，因此，他们往往也是一个国家中最早具备自觉的国际视野的人群，能够主动地走向世界，以前瞻的眼光推动社会的发展。

奥运会本身就是国际性的盛会，奥林匹克精神也是致力于普遍参与、公平竞争和世界和平的一种普世理念。2008年北京奥运会的主题口号"同一个世界、同一个梦想"就生动地体现了这种超越民族国家分野的国际化视野。因此，每一个志愿者都不仅代表中国和北京的形象，也代表奥林匹克精神。正如国际奥委会主席罗格在北京奥运志愿者项目启动仪式上的致辞中所说的，志愿者"是奥运会真正的形象大使，代表着奥林匹克精神"，北京的志愿者作为一百年来数百万奥运志愿者中的一员，有着共同的理想，"传播奥林匹克精神并且为来自世界各地的运动员提供公平祥和的竞赛环境"。当时的联合国秘书长安南也在贺信中说，"志愿者对于奥运会的意义，正如对于联合国的意义一样，是不可或缺的"，这种团结互助的精神为推动全球的发展作出了贡献，"在我们建设一个更加美好、更加公平和更加安全的世界的进程中，志愿者精神将继续发挥十分重要的作用"。

对参与了2008北京奥运会、残奥会的志愿者们而言，这次全球盛会锻炼了他们的国际交流能力，也深化了他们对不同民族文化的认识，使开放中国的国际化视野和素质得到了一次集中展示。有一位志愿者说，最初，她因为没有与外国人对话的经验，很怯场。但经过几次锻炼，对话变得流

---

① "千人问卷"调查组：《国家振兴赋予"鸟巢一代"更大自信》，《人民论坛》2008年第17期。

利了,自己也不由得想了很多,"常与外国人接触,似乎对建立国际视角有所帮助"。确实,志愿者在这个过程中接触到不同国家的人,不仅生动地体验了文化的多样性,也体会到了各种文化之间共通的对和谐美好的"同一个世界"的向往。志愿者是不同种族、地域、文化间人们沟通的桥梁,增进了人与人之间的友谊与信赖。在"水立方"的一次比赛结束之后,1000 多名运动员一齐从馆里涌出,志愿者尽管下了最大的功夫进行疏导和调度,但仍有 300 多人滞留在运动员出口。他们非常着急,开始主动与运动员沟通,希望可以分散等待的无聊情绪,让他们惊讶和感动的是,运动员们并没有像他们所担忧的那样焦急和抱怨,反而表现得从容不迫,主动与志愿者们交谈。一名志愿者很受感慨,他说:"这让我十分震撼,理解和宽容可以让世界如此美丽。"

"鸟巢一代"成长于改革开放之后,面对着日益丰富的社会生活,他们的意识更加自主,追求更加多样,个性也更加鲜明,他们能够顺应世界的变革和我国对外开放的不断扩大,以更加开阔的视野、更加积极的姿态走向世界。体现在"80 后"青年身上的这种逐渐成熟的国际视野,将成为中国未来发展的宝贵财富。

2. 平等参与

现代国家的一个基本特点,是在政府和市场之间存在着广阔的公民社会空间,政府作为公权力的代表,不仅要通过制度建设保障市场的有序和开放,而且要确保公民在平等权利的基础上积极参与公共事务。中国经过 30 多年的改革开放,尤其是随着近年来法制建设的深化,公民社会正逐渐成熟,公民的个体权利和利益得到保障,政府与社会之间的良性伙伴关系也日益彰显。在此背景中,以"80 后"一代为代表的青年的平等参与意识表现得十分强烈。在 2008 年四川汶川大地震发生之后,很多年轻人不再等待政府的号召或"权威型自治组织"(共青团等)的组织,而是通过各种自发和自主组织的渠道,主动地奔赴灾区进行救援活动,就是一个典型的体现。在奥运志愿者招募活动开始之后,社会各界尤其是"80 后"年轻人踊跃响应和报名,其中的一个重要原因,就是希望亲身参与这一重大的国际性事件,摆脱社会长期以来对他们"孩子"的定位,在世界性的大舞台上作为独立个体平等自主地展示自己的才华、个性和能力。

随着全球化时代的来临,公民的平等参与不仅体现在国内,也越来越体现在对世界性公民社会空间的构建和参与上。2008 年 4 月奥运火炬海外传递发生事故之后，中国青年的表现之所以引起世界的强烈关注，就在于他们超越了传统的爱国激情抒发，展现出世界公民的特点、意识和能力，能够娴熟地利用国际惯例表达自己的声音，捍卫民族的尊严。"80后"一代成长在改革开放的时代，他们身上没有历史的包袱，而是亲身见证了中国的快速发展和进步，又充分地了解了西方的经验和文化。他们经历不同观念的交流、碰撞和磨砺，没有盲目排外和自我封闭的情绪，又超越了对西方中心的普世价值的崇信，因而具有内心强大的自我认同感，既然能够平等、同步地接纳和共享全球物质、精神文明成果，也就能够要求世界对自我和祖国予以平等的承认和对待。因而在"四月青年"的行动中，"'国家认同'天然地与'自我认同'深刻地'链接'在一起，他们是在维护国家的尊严，更是在维护自我生存的尊严"①。在个体利益和权利得到充分保障的基础上，这种重新确立起来的个体与祖国共命运的感受，就是新一代青年平等参与国内外事务的心理和实践基础。

经历过奥运会、残奥会的洗礼，平等参与观念在青年一代身上更进一步深入人心。在前述关于"奥运会改变生活"的调查中，有27.2%的网友表示，自己今后会以奥林匹克的公平公正意识积极地参与各种社会生活，就是一个例证。而奥运对青年更深刻的影响，是进一步推动了志愿精神的深化，使青年将志愿服务作为参与社会事务的自觉选择。正如一名赛会志愿者所说的，自己虽然以前就参加过学校组织的志愿者活动，但奥运志愿服务的经历仍是激动人心的，它使"志愿者"三个字不再仅仅是一种称呼，而成为他们的一种精神内涵和生活方式，"奥运会、残奥会的结束是一个新的开始，是我们将奥运精神、志愿文化融入生活每分每秒的新开始"。

3. 创新精神

在全球化的时代，经济竞争越来越表现为知识、信息和技术的竞争，因此创新能力成为一国发展的重要战略资源，世界各国纷纷重视自主创新能力的建设。党的十六大报告也指出："创新是一个民族进步的灵魂，是一个国家兴旺发达的不竭动力。"十七大报告更进一步提出要"提高自主创新能力，建设创新型国家"，并将之作为国家发展战略的核心和提高综合国力的关键。作为未来中国发展的主体力量，创新是落在"80后"青年

---

① 王磊：《"四月青年"的历史使命》，《中国青年报》2008年10月20日。

肩上的历史使命，而这一代人成长在社会主义市场经济的大潮中，他们勇于承担压力、善于参与竞争，已经具备了积极的创新意识和创造活力。

在奥运筹办阶段，国际奥委会多次建议北京奥组委延续以往惯例，由美国现代赛事服务公司承办观众服务工作。面对对方的高额知识转让费用，我方本着节俭办奥运的宗旨和锻炼青年的战略考虑，决定独立设计运作奥运会、残奥会的观众服务项目，并将之纳入志愿者工作。最终，中国的年轻志愿者们经受了有史以来规模最大、观众人数最多的一次奥运的考验，交出了令世界满意的答卷。尤其北京奥运所建立的以多语言信息服务为枢纽的运作体系，成为一项重要的创新。它将信息服务贯穿始终，观众从购票阶段就可以获得各种语言的信息服务，包括赛事安排、观赛礼仪、志愿服务指南等；在赛场周边可以方便地获取印制精美的观众信息提示卡；志愿者在面对持各种语言客人的求助时，也可以随时拨打信息中心电话，获得协助。这项创新的举措不仅是北京奥运成功的重要保障，也成为奥运筹办的重要历史遗产，可为今后大型国际性活动的举办提供借鉴。

在奥运举办过程中，志愿者也体现出极强的创新精神和创新能力。在赛场上，负责成绩打印分发的志愿者责任重大，也非常辛苦，每场比赛结束之后，他们必须以最快的速度将成绩报告送到所需的业务口，场馆有通行权限的划分，志愿者数量又有限，不时发生志愿者还在路上奔跑，办公室已接到催促电话的情形。北大乒乓球馆的一名数学学院统计学专业志愿者发现了这一问题，他运用运筹学和计算学的知识，并与相关专业同学合作，建立数学模型，经过演算分析得到最优解，并还原为实际路线。这套方案经过实际使用之后，志愿者的奔跑路程明显减少、分配更加合理，有效地缩短了成绩递送的总时间。办公室几乎再也接不到催促的电话了，志愿者笑称这是让"报告从'坐汽车'改成了'坐飞机'"。2007年9月举行的国际盲人门球邀请赛，是唯一一场残奥项目邀请赛，也是大部分志愿者第一次接触残疾人比赛项目。志愿者进行积极创新，在赛场四角设立自制的分贝显示器，使裁判直观地了解环境声音的大小，决定赛事进展，也使观众能够自觉保持安静；看台区志愿者制作了上书"静"字的牌子，在每场比赛开始前向观众展示，提示观众赛场需要安静。他们的创造得到了多方赞誉，国际残奥委场馆运行专家称赞这是"残奥会历史上最出色的一次赛前大检验"，国际盲人运动协会官员、赛事技术代表则表示，以志愿者的表现，这里"明天就可以举办正式的残奥会"。

在奥运会、残奥会期间，志愿者的创新精神还表现在方方面面，尤其是遍布全市的 550 个城市志愿服务站点，几乎每一个站点都独立地推出了自己的特色服务项目，主动地为中外来宾排忧解难，引领大家体验中国文化的丰富多彩，体会现代中国青年的友善开朗。正是志愿者所具有的国际视野和开放心态，以及平等参与、积极创新的现代素质，凝聚成赛场内外一股强大的力量，保障了一届"无与伦比"的奥运会的成功举办。而在经历了这场国际盛典的历练之后，"80 后"的青年收获了成长与成熟，作为拥抱全球文化而又忠诚热爱祖国的一代人，"鸟巢一代"这种世界视野中的家国情怀，将在 21 世纪发挥巨大的作用，推动中华民族的持续发展与进步。

第五章 非营利组织与"80后" 志愿服务

　　美国约翰·霍普金斯大学公共政策研究所的莱斯特·M. 萨拉蒙（Lester M. Salamon）教授在主持非营利部门的国际比较项目中发现，有组织的志愿性活动在全球范围的开展和民间的、非营利的或非政府组织在世界各地的建立，正在如火如荼地进行中。从北美洲、欧洲和亚洲的发达国家到非洲、拉丁美洲、（前）苏联为首的社会主义阵营的发展中国家，人们都在建立各种社团、基金会和类似的机构以提供各种人类服务：促进基层经济发展，遏制环境退化，保护公民权利和追求其他上千种先前未曾给予关注或留给国家去完成的目标。他认为，我们正置身于一场全球性的"结社革命"，而且认为这场全球性的结社革命对 20 世纪后期世界的重要性，丝毫不亚于民族国家的兴起对于 19 世纪后期世界的重要性。其结果是出现了一种全球性的第三部门即数量众多的自我管理的私人组织，它们不是致力于分配利润给股东或董事，而是在正式的国家机关之外追求公共目标。这些团体的激增可能永久地改变国家和公民的关系，它们的影响已经远远地超过了它们所提供的物质服务。例如，几乎美国所有主要的社会运动，无论是民权运动、环境保护运动、消费者运动、妇女运动还是保守派运动，都在非营利部门建立了自己的根基。[①] 与此同时，伴随中国政治体制改革的不断深入，政府从"全能政府"转向"有限政府"，为中国非营利组织的发展提供了广阔的制度空间。

第一节　非营利组织的理论

　　鉴于非营利组织在弥补政府与市场失灵、维护良好的社会价值、促进

---

① 莱斯特·M. 萨拉蒙：《非营利部门的崛起》，转引自李惠斌主编《全球化与公民社会》，广西师范大学出版社，2003，第 173～174 页。

积极的公民精神与扩大社会参与等方面所发挥的重要作用，世界各国都非常重视并采取各种行之有效的政策措施促进非营利组织的发展。非营利组织的发展，一方面可以有效地弥补作为第一部门的国家体系缺乏效率的缺陷，并且能很好地承接那些"有限政府"交给社会的职能；另一方面，还可以克服作为市场体系缺乏公平的弊端，进而解决市场的自利问题。在阐述非营利组织的有关理论之前，有必要首先对与非营利组织相关的一组概念作简要的辨析。

一　非营利组织的概念辨析

由于第三部门、非营利组织（部门）、慈善组织、志愿部门、免税组织、非政府组织、社会经济、公民社会等相关概念在非营利组织、第三部门、志愿服务、公民社会等研究领域中是经常出现的概念，它们之间尽管经常被作为等价词被交替使用，但这些概念之间还是有一些细微的差异。①

"第三部门"（the third sector）这个概念是由美国学者莱维特最先使用的。他将一大批以往被忽视的、处于政府与私营企业之间的社会组织统称为"第三部门"，它们所从事的是政府和私营企业"不愿做，做不好，或不常做"的事情。② 此后这个概念在美国学术界被频繁使用。在美国"第三部门"也常被称为"独立部门"（independent sector）。这两个概念的含义没有太大的差别，交替使用也不致引起任何误解。在其他国家，与"第三部门"相近的概念有"非营利组织（部门）"（nonprofit sector）、"慈善组织"（charitable sector）、"志愿部门"（voluntary sector）、"免税组织"（tax-exempt sector）、"非政府组织"（nongovernmental organization）、"社会经济"（social economy）、"公民社会"（civil society）。

这些概念所指称的都是各种非政府、非营利性的民间组织，即介于政府和企业之间的部门组织。它既不归属于政府公共部门，也不归属于市场经济组织。这些概念涵盖的都是处于政府与私营企业之间的那块制度空间，但它们各自强调不同的侧面。③

---

① 这里参考了王绍光《多元与统一：第三部门国际比较研究》（浙江人民出版社，1999）中的部分内容。

② T. Levitt, *The Third Sector: New Tactics for a Responsive Society*, New York: AMACOM, 1973。转引自王绍光《多元与统一：第三部门国际比较研究》，浙江人民出版社，1999，第6页。

③ 王绍光：《多元与统一：第三部门国际比较研究》，浙江人民出版社，1999，第6～8页。

"独立部门"强调这些组织相对于政府和私人企业的独立性。但是，就其资金来源而言，它们对政府和私人企业有很大的依赖性，并不如想象的那样独立。

"非营利组织（部门）"强调这些组织的目的不是为了营利，但它们在经营过程中可以实现赢利，只是赢利要用于组织的经营管理中，重新投资到组织目标的事业中去，而不能进行分配。

"慈善组织"强调这些组织的资金来源于私人慈善性捐款。但是私人慈善性捐款并不是这些组织的唯一资金来源，也（可能）不是它们资金的主要来源。

"志愿部门"是英国的用法，它强调这些组织的运作与管理在很大程度上靠志愿者在时间、精力和金钱上的投入。但是，在一些国家，这类组织的活动主要不是靠志愿者进行的，而是由拿薪水的雇员完成的。

"免税组织"强调国家的税法给予这些组织免税待遇。但是，到底哪些组织可以免税，在不同国家有不同的规定。在美国，几乎所有属于"第三部门"的组织都可依据税法第501条享受免税待遇。但在日本，并不存在这样的统一税法规定。

从字面上讲，"非政府组织"这个提法很容易产生误解，因为所有私营机构，包括活跃在市场经济里的各种私营企业也是非政府组织。"非政府组织"概念多用于有关第三世界国家的文献，但其含义经历了几次大的变化。最初它专指受国联（League of Nations）或联合国承认的国际性非政府组织。后来，发达国家里以促进第三世界发展为目的的组织也被包括进来。现在它主要用来描述发展中国家里以促进经济、社会发展为己任的组织。"非政府组织"是比"第三部门"窄得多的概念，前者只是后者的一小部分。

"社会经济"一词在法国、比利时用得较多。与"非政府组织"相反，这个概念的外延比"第三部门"要宽。因为它将不少企业类组织也包括进来，如互助保险公司、储蓄银行、合作社、农产品销售组织等。

"公民社会"是目前在中西文献中用得最多的一个概念。英文 civil society 中的 civil，在中文中既可译为"公民的"，又可译为"文明的"；society 在中文里既有"社会"的意思，也有"社团"的意思。因此，civil society 既可用来描述某个特定的、建立在志愿基础上的非商业性组织，也可以用于所有这类组织的总称。除此之外，对这个名词还有其他诸多不同的理解。有专家研究认为，公民社会概念经历了从国家和社会的二分法向国家、市场经济和民间社会三分法的历史演变，其内涵至今仍有争论。20世纪90年代以来，建立在国家/市场/民间社会三分法基础上的公民社会概念日益得到国内外学者们的普遍接受并广泛流行开来。按照这种三分法，公民社会概念是指相对于政治国家与市场经济组织的公民结社和活动领域，包括个人私域、非政府组织（志愿性社团、非营利组织）、非官方的公共领域和社会运动等四个基本要素。建立在三分法基础上的公民社会又被称为"第三部门"或第三域，它是指处于公共部门和私人经济部门之外的部门，或者处于国家和企业之外的社会活动领域。①

萨拉蒙教授与其研究团队在公民社会国际比较研究项目中，采用了一种被称为"结构－运作式定义"的自下而上、归纳的方式来界定公民社会部门，着眼点是组织的基本结构和运作方式。凡具有如下五个特征的实体（组织）就可看作公民社会部门或者非营利组织（部门）、第三部门。②

组织性（organized）：它们都有某种结构，运作有一定规律，且不论它们是否有正式建制，或是否合法注册。组织性意味着它们有一定的机构持久性和规律性，有定期会议、有会员、有参加者认为合法的决策程序结构。

私立性（private）：在体制上独立于政府，不是国家机器的一部分，既不是政府的一部分，又不受制于政府，即使它们可以从政府方面取得支持。私立性特征也就是通常说的民间性特征。

非利润分配性（not profit-distributing）：从目的上讲，它们主要不是商业性的，董事、股东和经理并不从机构利润中分配红利。公民社会组织可以在运营过程中取得利润，但利润必须服务于组织的基本使命，重新投资到组织目标的事业中去。不以营利为目的是公民社会组织或第三部门组织与其他营利工商组织的最大区别所在。

自治性（self-governing）：各个组织自己管理自己，既不受制于政府，也不受制于私营企业，还不受制于其他公民社会组织。或者说，它们有自身的内部治理机制，自己有权停止活动，能完全控制其自身事务。

① 何增科：《全球公民社会引论》，转引自李惠斌主编《全球化与公民社会》，广西师范大学出版社，2003，第123～124页。
② 莱斯特·M.萨拉蒙、S.沃加斯·索可洛斯基等：《全球公民社会：非营利部门国际指数》，陈一梅等译，北京大学出版社，2007，第12～13页。

志愿性（voluntary）：即成为会员或参与其中既不是法律要求也不是强制，是以志愿为基础的。志愿性并不等于说，组织收入的全部或大部分来自志愿捐款，也不等于说工作人员的全部或大部分是志愿者，它强调的是参与的志愿性。

综合萨拉蒙教授及其他学者对各种不同概念的界定，可以这么认为，非营利组织是具有稳定的组织形式和固定的成员——领导结构的、超出政府机构和私人企业而独立运作，并且发挥特定社会功能的、不以营利为目的而关注于特定的或普遍的公众、公益事业的民间团体。在上述定义和基本特征下，非营利组织的组织形态得到了确认，能够使人们在不同社会环境下对非营利组织进行比较，也可以减少意识形态对相关研究的影响。对非营利组织或公民社会部门概念采用这种"结构－运作式定义"在不同国家的经验比较中，被证明具有很强的包容性，且易于操作。"结构－运作式定义"对公民社会部门概念所作的界定，定义范围足够宽，不管在发达国家还是发展中国家，普遍被视为属于公民社会部门或非营利组织（部门）、第三部门的大量实体都被涵盖在内。

从以上不同专家、学者的论述可以看出，第三部门、非营利组织（部门）、慈善组织、志愿部门、免税组织、非政府组织、社会经济、公民社会部门等概念在内涵上具有一些细微的差异。表5－1对非营利组织等相关概念的细微差异进行了扼要的描述。① 由于本书关注的主题是"80后"群体的志愿服务，因此，本章在概述国内外非营利组织时，不纠缠于这些概念的差异，将统一使用非营利组织这个概念。

表5－1　不同学者对非营利组织等相关概念的称谓及描述

学者	概念称谓	侧重点
莱维特（Levitt,1973）	第三部门	强调这些组织相对于政府和私人企业的独立性
德福尼·杰奎斯（Defourny Jacques,1994）	辅助性活动	强调非营利组织的社会地位和功能
比利斯（Billis,1991）；克雷默（Kramer,1993）	志愿者组织	强调组织的运作与管理在很大程度上靠志愿者在时间、精力和金钱上的投入

---

① 蔡宁、田雪莹：《国外非营利组织理论的研究进展》，《重庆大学学报》（社会科学版）2007年第2期。

续表

学者	概念称谓	侧重点
卡曾斯(Cousins,1982);胡德(Hood,1984)	非政府组织	主要用来描述发展中国家里以促进经济、社会发展为己任的组织
布特勒和威尔森(Butler and Wilson,1990);古林(Gurin,1994)和范·蒂尔	慈善组织	强调这些组织的资金来源于私人慈善性捐款
肯德尔·杰瑞米和纳普·马丁（Kendall Jeremy and Knapp Martin,1995）	免税组织	强调国家的税法给予这些组织免税待遇
海德利·罗德尼(Hedley Rodney)	中介组织	强调组织是政府、单位和个人之间以及单位与单位、个人与个人之间的"非行政联结"纽带
黑格尔;马克思;托克维尔;葛兰西;哈维尔	公民社会	既可用来描述某个特定的、建立在志愿基础上的非商业性组织,也可以用于对所有这类组织的总称

二 非营利组织的相关理论

在很大程度上，西方非营利组织研究的热潮是在福利国家危机的背景下兴起的。随着20世纪70年代福利国家危机的到来，研究者开始较为集中地探讨国家力量退出以后，西方福利制度的重构问题，非营利部门往往作为福利国家中政府行动的替代性工具而受到极大重视。① 自20世纪70年代以来，非营利组织研究领域中形成了几种较为公认的理论。

（一）政府失灵理论（government failure theory）

这是美国经济学家伯顿·韦斯布罗德提出的。他认为，当代经济学长期以来建立的私人部门理论，较好地论证了私人市场的存在及其均衡行为模式，后来又发展了公共部门理论对政府行为进行系统的研究，但现有的经济学无法解释为什么要由非营利部门来提供公共的、集体消费的物品。他试图发展一个模型来解释在政府和市场之间为什么会存在非营利部门；哪些因素决定了物品由政府、私人市场还是非营利部门来提供；政府部门、私人市场和非营利部门之间的关系是怎样的。韦斯布罗德仍然是在需求－供给这个传

---

① O'Connor James, *The Fiscal Crisis of the State*, New York: St. Martin's Press, 1973; Mishra Ramesh, *The Welfare State in Crisis: Social Thought and Social Change*, Brighton, Sussex: Wheatsheaf Books, 1984; Offe Claus, *Contradictions of the Welfare State*, Cambridge: The MIT Press, 1984.

统经济学的分析范式下解释非营利部门的存在的。在论证非营利部门存在的必要性的时候，他采用了剩余分析的策略。在他看来，任何投票者都有对于物品的需求（包括公共物品和私人物品），政府、市场和非营利部门都是满足个人需求的手段。这三者在满足个人的需求方面存在相互替代性。正是政府和市场在提供公共物品方面的局限性，导致了对非营利部门的功能需求，这是非营利部门存在的主要原因。①

　　政府失灵主要体现在公共物品的提供方面。非营利组织这一制度选择总是与其所提供的公共物品的性质相联系。公共物品拥有两种显著特征：不可分割性和非排他性，这些特性使得花钱购买这种物品的人无法阻止不花钱的人获得同样的好处。公共物品的这一性质决定了此类物品和服务无法通过市场机制，即由以营利为目的的私人机构提供，而只能由政府来承担。韦斯布罗德认为，从纯粹技术的层面来看，没有技术约束可以防止私人市场生产公共物品，由私人和政府提供物品的区别在于消费者的偏好和相对的价格。消费者为了实现个人效用最大化，通常会选择购买有更多的个人控制和较少外部收益的私人替代品，而较少去购买公共物品。这意味着，消费者处于政府和私人市场的非最优位置，他们对政府提供的公共物品不满意，同时在私人市场上作出了社会无效率的选择。由于上述这些组织机制都不足以满足消费者的需求，志愿组织作为政府以外的集体物品的提供者，就有了存在的功能需求。在西方国家，政府提供公共物品的决策是一种政治性决策，它倾向于反映"中位选民"（median voter）的偏好。这样，政府提供公共物品问题上就会受到诸多条件的限制，正是这些限制为非营利组织的出现提供了契机。政府提供公共物品的限制和非营利组织的功能表现在：① 种类限制（categorical constraint）。政府提供的服务和公共物品总是普遍和统一的（universal and uniform），有特殊偏好的公众的需求无法得到满足，这就为非营利组织的产生创造了空间；同时，政府的能力有限，只能在小范围进行新项目的试验，为了达到服务全体公民的目的，非营利组织可以进行补充。② ②多

①　Burton Weisbrod, "Toward a Theory of the Voluntary Nonprofit Sector in Three-Sector Economy," In E. Phelps. eds., *Altruism Morality and Economic Theory*, New York: Russel Sage, 1974.

②　Douglass James, *Why Charity? Beverly Hills*, CA: Sage, 1983; Douglass James, "Political theories of nonprofit organization, chap. 3," In Walter W. Powell, ed., *The Nonprofit Sector: A Research Handbook*, New Haven: Yale University Press, 1987.

数主义者限制（majoriatarian constraint）。公共物品的分配依据多数主义决定原则进行分配，当政府遵循多数原则的时候，少数民众的需求便留给了非营利组织负责回应。③时限（time horizon）。在短暂任期的限制下，政府官员仅倾向于关注短期问题和结果，长期的社会问题的解决和关注则留给了非营利组织。④知识限制（knowledge constraint）。政府为了获得政策决策需要的信息、观点和相关研究，鼓励建立非营利的研究中心和机构。⑤规模限制（size constraint）。政府机构需要非营利组织作为协调机构，发挥政府与公民个人之间的纽带作用，因为庞大的政府机构使得一般市民难以亲自接触。

"政府失灵"理论解释了第三部门作为市场和政府之外的制度形式存在的必要性；公共物品的性质使得物品、公共服务由非营利组织提供比国家更有效。

（二）合约失灵理论（contract failure theory）

这是美国法律经济学家亨利·汉斯曼提出的理论。① 如果说韦斯布罗德更多关注政府与非营利部门之间的互补关系的话，汉斯曼的"合约失灵"理论则更多的是在力图解释非营利组织和营利组织的区别是什么，是什么因素使得某些活动只能由非营利组织而不是营利组织来提供。

汉斯曼从营利性组织的局限性入手，开始对非营利组织功能需求的分析。现有的经济学理论认为，当某些特定的条件满足以后，营利性厂商会以体现社会效率最大化的数量和价格来提供商品和服务。这些条件中最重要的是，消费者能够不需付出不适当的成本做到：①在购买之前，能够对不同厂商的产品和价格作出精确的比较；②能够与选定的厂商在商品与服务的价格上达成一致；③判断厂商是否遵守了达成的协议，如果没有，可以获得赔偿。在许多情况下，这些条件能够得到适当的满足，但有时候，要么由于购买产品的具体情况，要么由于产品本身的性质，消费者与生产者在关于产品和服务的质量上存在明显的信息不对称，消费者无法准确判断厂商承诺提供的商品或服务，这就使得他们往往在最初不能达成最优的契约，即使契约达成，也很难实施契约。由于信息不对称问题，在某些领域，消费者缺少足够的信息来评估服务的质和量，当服务提供者与消费者之间的信息不平等的时候，仅仅依靠服务提供者和消费者之间的合约难以

---

① Henry B. , "Hansmann, The Role of Nonprofit Enterprise," *Yale Law Journal*, Vol. 89 (1980)：pp. 835 – 901.

防止服务提供者坑害消费者的机会主义行为，这就出现了汉斯曼所说的合约失灵现象。合约失灵反映的是经济学里的一个重大问题：主从问题或代理问题（principal-agent problem or agency problem）。例如家长很难判断幼儿园的服务质量，因为他们年幼的孩子才是服务的直接对象。在这种情况下，如果服务由营利性企业提供的话，它们很可能利用自己在信息不对称关系中所占的优势地位欺骗消费者，谋求自己利润的最大化。非营利组织则不同，它们不是以营利为目的，因而受到"非分配约束"（nondistribution constraint），它们利用信息不对称获利的可能性要小得多。"非分配约束"是指非营利组织不能把获得的净收入分配给对该组织实施控制的个人，包括组织成员、管理人员、理事等，净收入必须完全用于为组织的进一步发展提供资金。

在汉斯曼看来，"非分配约束"是非营利组织区别于营利组织的最重要特征。这个特征使得非营利组织在提供存在信息不对称的商品和服务时，尽管有能力去提高价格或降低产品质量，而且不用担心消费者的报复，但它们仍然不会去损害消费者的利益，因为它们所获得的利润不能参与分配。这在很大程度上抑制了生产者实施机会主义行为的动机，从而维护了消费者的利益。非营利组织的"非分配约束"特性，实际上是在市场上可能出现"合约失灵"情况时，对生产者的机会主义行为的另一种有力的制度约束。非营利组织是消费者无法通过通常的合约方式来监督生产者（即"合约失灵"）时的一种制度反应。从这个角度看，汉斯曼的理论说到底也是个制度选择理论。政府组织、营利组织（市场组织）、非营利组织这三种制度以及其互动关系①可用图 5 - 1 表示。

合约失灵理论与政府失灵理论并不矛盾，而是互为补充的。"合约失灵"理论解释的是为什么有些私人物品要由非营利组织提供，而"政府失灵"理论解释的是为什么有些公共物品要由非营利组织提供。与韦斯布罗德的理论相比，汉斯曼注意到了非营利组织本身的特性，并深入分析了这种非营利特性导致的非营利组织在提供某些物品中的优势地位，从而论证了为什么某些特定的活动只能由非营利组织而不是营利组织来承担。但他仍然是站在制度需求的角度来分析非营利组织这一组织形态存在的必要

---

① 这里我们参照了王绍光先生和钱再见先生对三者之间关系的观点，见王绍光著《多元与统一：第三部门国际比较研究》（浙江人民出版社，1999，第 35 页）和钱再见著《失业弱势群体及其社会支持研究》（南京师范大学出版社，2006，第 269 页）。

性，带有浓厚的功能分析的色彩，他同样没有对非营利组织的特点、规模和制度供给状况作出更为全面、细致的分析。

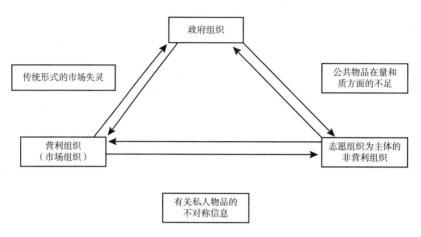

图 5-1　政府组织、营利组织、非营利组织的互动关系

（三）第三方管理理论（the third-party government）

美国公共政策学者、非营利组织研究专家萨拉蒙提出了第三方管理理论。[①] 他认为，非营利部门研究中的"政府失灵"理论和"合约失灵"理论在对美国的社会现实进行解释时都存在着某种程度的局限性。在萨拉蒙看来，福利国家理论对于美国来说是不适用的，因为这种理论没有区分作为"资金和指导的提供者"（a provider of fund and direction）的政府和"服务递送者"（a deliver of services）的政府这两种角色。与传统理论中描述的庞大的官僚体系不同，美国联邦政府主要是以资金和指导提供者的角色出现的。在提供具体的社会服务的时候，联邦政府更多依靠大量的第三方机构——州、市、县、大学、医院、行业协会以及大量的非营利组织。联邦政府通过这些第三方机构来实施政府功能，于是出现了精巧的"第三方管理"（third-party government）模式。在这种治理体系中，政府与第三方分享在公共基金支出和公共权威运用上的处理权（discretion）。联邦政府在福利项目提供中更多的是充任管理的功能，而把相当程度的处理权留给了非政府部门。这种政府行动的方式反映了在美国政治思想中，对于公共

---

① Salamon L. M., "Rethinking Public Management: Third-Party Government and the Changing Forms of Government Action," *Public Policy*, 29-3 (1981): pp. 255-275.

服务的社会需求与对政府机构的敌意之间的矛盾。而第三方管理模式的出现实际上是对这种矛盾的调和：一方面，政府在公共福利提供中的作用得到了增强，这主要表现在为公共福利服务提供更多的资金；另一方面，又避免了一个不符合美国治理传统的、庞大的政府官僚机构的出现。

在萨拉蒙看来，在"政府失灵"理论和"合约失灵"理论中，志愿部门往往被视为在政府和市场失灵之后的辅助性衍生物，是由于政府的局限产生的提供公共物品的替代性制度。萨拉蒙认为，这些观点忽略了非营利部门本身的缺陷。他引入了"交易成本"（transaction cost）的概念来比较分别由政府和非营利组织来提供公共物品的成本。他认为，利用政府提供公共服务的交易成本会比利用非营利组织高得多。因此，在市场失灵的时候，非营利部门应该作为最初的提供公共服务的制度，只有在非营利部门提供的服务不足的情况下，政府才能进一步发挥作用。因此，政府的介入不是对非营利部门的替代，而是补充。

萨拉蒙提出了"志愿失灵"理论来说明非营利部门的局限性，进而论证了政府支持志愿部门的必要性。志愿部门作为人类服务的提供者会产生"志愿失灵"（voluntary failure），而政府可以视为是"志愿失灵"后的衍生性制度。在他看来，非营利部门的固有局限性在于慈善的供给不足、慈善的特殊主义、慈善组织的家长式作风和慈善的业余性等。一是慈善的供给不足（philanthropic insufficiency）。志愿失灵最突出的表现是非营利活动所需的开支与非营利组织能募集到的资源之间存在着一个巨大的缺口。这一方面是由于公共物品供给中普遍存在的搭便车问题（free rider problem）；另一方面，慈善的资金来源也容易受到经济波动的影响。一旦发生经济危机，有爱心的人自己也难以维持生计，更谈不上帮助别人。只有建立在强制基础上的税收才能提供稳定的、足够的资源。二是慈善的特殊主义（philanthropic particularism）。志愿组织活动的受益对象往往只是社会中的某些特定人群，如特定的种族、特定的宗教教派、特定地域的居民、残疾人、未婚母亲、儿童、外来移民等。不同组织获取资源的能力是不一样的，现有的志愿组织可能不能覆盖所有处于需要状态的亚群体。由于不同的社会群体建立属于自己组织的能力有强有弱，有些群体尽管对社会服务的需求很大，却可能建立不起代表自己利益的组织。即使所有社会群体都有属于自己的组织，它们募集资金的能力也会有很大区别。其后果是有些群体可以享受到广泛的服务，而另一些群体的利益则遭到忽视。慈善活动的特殊主义还容易导致资源的浪费。如果各社会群体都要建立自己专门的慈善机构，很多机构提供的服务就难以达到规模效应，此外机构数量的扩张可能超出经济的承受能力，社会总体的服务成本会加大，从而降低了整体制度的效率。三是慈善组织的家长式作风（philanthropic paternalism）。那些掌握志愿组织资源的人对如何使用资源有很大的话语权，所作出的决定既不必征求受惠人的意见，也不必对社会大众负责，往往根据自己的偏好，来决定提供什么样的服务，而忽略了社区需求，由此往往导致富人偏爱的服务得到优先考虑，而穷人渴望的基本服务却供给不足。四是慈善的业余性（philanthropic amateurism）。在很长时期里，贫困被认为是由穷人的道德堕落引起的。因此，对穷人、精神病患者、残障人士、未婚母亲的照料主要是由有爱心的业余人员来承担的。他们中的多数人从来没有经过任何正式的工作训练。而根据社会学、心理学和医学的相关理论，对于这些特殊人群的照顾需要具备专业知识的专业人员来处理，但是志愿组织强调义务服务，且往往由于资金的限制不能提供有竞争性的工资待遇，使得它们难以吸引专业人员的加盟，从而影响了服务的质量和效率。

非营利组织的这些弱点正好是政府组织的优势。政府能够通过立法获得足够的资源开展福利事业；能够用民主的政治程序来决定资金的使用和提供服务的种类；能够通过赋予民众权利来防止服务提供中的特权和家长式作风等。但是政府往往由于过度科层化而缺乏对社会需求的即时回应。而且在有着浓厚的自由主义传统的社会，人们对政府力量总是抱着怀疑的态度。相比之下，志愿组织比较有弹性，能够根据个人需求的不同提供相应的服务；能够在较小范围内开展服务；能够在服务的提供者之间展开竞争等。正是由于政府和非营利组织在各自组织特征上的互补性（compensatory complementarity），政府出于对服务提供的成本考虑，与非营利组织建立起了合作关系，从而既可以保持较小的政府规模，又能够较好地完成福利提供的责任。

（四）政府、市场、志愿部门相互依赖理论

美国学者罗伯特·伍思努提出政府（国家）、市场和非营利组织三个部门相互依赖理论模式。[①] 在他的三部门相互依赖理论中，伍思努把国家

---

① Wuthnow Robert, *Between States and Markets : The Voluntary Sector in Comparative Perspective*, Princeton, N. J. : Princeton University Press, 1991, pp. 3 – 29.

定义为"由形式化的、强制性的权力组织起来并合法化的活动范围",国家的主要特点是强制性的权力。市场被定义为"涉及营利性的商品和服务的交换关系的活动范围","它是以与相对的供给和需求水平相关的价格机制为基础的",它主要以非强制的原则来运作。非营利部门被定义为"既不是正式的强制,也不是利润取向的商品和服务的交换的剩余的活动范围",它主要以志愿主义的原则来运作。

伍思努认为,在概念上,政府、市场和非营利组织之间的关系看起来比较清楚,但在实践中,这三个部门的关系正变得日益模糊。在政府与市场之间,由于政府和商业部门在科学技术方面的共同投资以及政府以管制、税收等方式介入市场,彼此之间的界限已经很难分清了。在政府和非营利部门之间,由于政府把一些福利项目承包给志愿组织,并为它们提供资金,政府与非营利部门之间的项目合作也模糊了彼此的界限。在很多情形下,复杂的组织计划把营利性活动与非营利性活动置于同样的管理体制下,非营利部门与市场的关系也难以分清了。伍思努指出,在不同的国家中,由于政治、经济和文化背景的不同,政府、市场和非营利组织这三个部门重叠的程度是不一样的。

在伍思努看来,政府、市场和志愿部门之间存在着频繁的互动和交换关系,这包括竞争与合作;各种资源的交换;各种符号的交易等。当不止一个部门的组织提供相似服务的时候,彼此就存在着竞争关系。当集中不同的资源来共同解决社会问题的时候,彼此之间就是合作关系。伍思努以城市中给老年人提供食品的例子来说明这种合作关系:由政府出钱购买食品,营利组织如饭馆等负责准备食品,非营利组织来协调这些活动并负责组织志愿者来发送食品。各个部门之间还存在着资源交换关系,组织和管理人员、技术、法律保护、公共关系、资金等往往在部门之间相互流动。

伍思努提出的政府、市场和志愿部门相互依赖理论,基本上是从宏观层面来把握政府与非营利组织(部门)之间的关系。这种类型化的模式划分尽管可以为人们观察二者的关系提供一个简洁的途径,但在运用到对现实的分析时,往往容易把复杂的问题简单化。[①]

以上介绍的是西方学术界流行的有关非营利组织的四种理论。有研

---

① 田凯:《机会与约束:中国福利制度转型中非营利部门发展的条件分析》,《社会学研究》2003年第2期。

究指出, 这些理论有两个共同的缺陷。一是它们的着眼点似乎仅仅集中在提供慈善和公益服务的非营利组织身上。而非营利组织有很多类, 提供慈善和公益服务的组织只是其中一类。用这些理论恐怕难以解释动物保护组织、民间体育组织、民权组织、政治组织的存在和行为。二是这些理论主要是依据美国经验提出的。而世界其他国家、地区情况千差万别, 历史传统、语言文化、宗教影响、族群分布、经济体制、政治构架大相径庭。而这些和其他因素都可能影响非营利组织、第三部门的存在、规模和作用。①

第二节　国外非营利组织发展

非营利组织的发展根植于市场经济和民主政治体制, 欧美发达国家的市场经济有上百年的发展历史, 其非营利组织在法律制度、资金筹集、与政府关系及内外部监督管理体制等方面都取得了很多成熟的经验。20 世纪 70 年代以来, 欧美学术界对于非营利组织的研究急剧增加, 研究成果甚至比过去 50 年的总和还要多。② 国外非营利组织发展的实践经验与研究成果, 为我们理解国外非营利组织的产生、演变以及发展趋势提供了丰富的资源, 也为中国非营利组织的健康发展提供了有益的启示。

一　国外非营利组织演变历程与发展动力

(一) 非营利组织的产生与演变历程

非营利组织作为一种重要的社会力量, 在世界范围内主要是在 20 世纪 80 年代以来发展和成熟起来的。但是作为社会组织的基本形式之一, 非营利组织最早出现在 17 世纪, 其历史至少与近代资本主义一样悠久。

1. 第一次世界大战之前的非营利组织。近代资本主义始于 17 世纪的英国。伴随着近代资本主义的产生和发展, 为了缓解社会矛盾和冲突, 资产阶级政府不得不颁布法律, 提供救济, 一方面允许各种民间结社的存在和发展, 另一方面鼓励和保护民间慈善和救济活动的发展。在各主要资本主义国家里, 先后出现了一些带有政治色彩的社会团体和主要开

---

① 王绍光:《多元与统一: 第三部门国际比较研究》, 浙江人民出版社, 1999, 第 46 页。

② Kramer et al. , *Privatization in Four European Countries*, New York: M. E. Sharpe, Inc. , 1993.

展慈善救济等社会公益活动的非营利组织。英国在 17 世纪末颁布了《慈善法》和《济贫法》，1824 年废除了禁止结社条例，1832 年颁布了《新济贫法》等。在这些法案的影响和带动下，英国先后出现了许多开展慈善救济活动的民间非营利组织，以及一大批由产业工人自发成立的工人协会。1836~1848 年的宪章运动是利用工人协会发动和组织的人类历史上第一次工人运动，其间成立的如"伦敦工人协会""全国宪章派协会"都是规模很大的非营利组织。宪章运动之后出现了一大批称之为"工联主义"的工人协会，其数量在 1860 年初的英国发展到 1600 个，遍及英国的 405 个城市。[①]

第一次世界大战之前的非营利组织主要可以分为宗教慈善色彩浓厚的操作类非营利组织和充满道义诉求的倡议类非营利组织。[②] 现存最古老的宗教类国际非营利组织是 1734 年设在瑞士的摩拉维善会堂（Moravian Mission）。此外，1855 年在伦敦成立的世界基督教青年会（The World Alliance of Young Men's Christian Associations）和 1865 年成立的国际救世军（The Salvation Army）都属于宗教性质的操作类非营利组织；而最早的非宗教性质的操作类非营利组织则是 1863 年由亨利·杜南特（Henry Dunant）在经历索尔费里诺战役之后组建的国际红十字会（International Committee of the Red Cross，ICRC）。国际红十字会是一个独立、中立的组织，其使命是为战争和武装暴力的受害者提供人道保护和援助，总部位于瑞士日内瓦。国际红十字会已成为国际三大组织之一，有着悠久的历史。这些早期出现的非营利组织有着深刻的宗教和道德根源，为后来的国际非营利组织打下了崇高道义力量的基础。

这一时期出现的倡议类国际非营利组织，如泛英反奴组织（The British and Foreign Anti-Slavery Society）、反鸦片贸易的英欧协会（Anglo-Oriental Society for the Suppression of the Opium Trade）、妇女国际非政府组织（WINGOs）以及诸多世界环境保护组织等，不仅看到了自身社会的问题，还在社会中倡导建立跨国道义共同体，集中关注并试图通过全球活动纠正乃至消除人权、环保和妇女等问题。

2. "第一次世界大战"前后到"第二次世界大战"前后的非营利组

---

① 潘润涵、林承节、王建吉：《简明世界近代史》，北京大学出版社，2001，第 202~208 页。

② 徐莹：《当代国际政治中的非营利组织》，当代世界出版社，2006，第 32~37 页。

织。20 世纪前半叶的两次世界大战给人类带来了巨大的灾难。战争期间和战后初期出现了许多类似国际红十字会的慈善救济组织和志愿人员组织，它们活跃在战场和战后初期经济社会重建的舞台上，发挥着重要的作用。1914 年成立的美国战地服务团（American Field Service）就是其中的一个。1919 年在英国成立的救助儿童会（Save the Children International Union）也是一个在战争中成立的著名的非营利组织。由战争带来的灾难和饥荒使得致力于促进世界和平和战后重建的国际非营利组织大量涌现。如 1942 年在英国成立的专门救助穷人的慈善机构——乐施会（Oxfam UK）就是一个国际发展及救援的非政府组织，目的是在第二次世界大战期间运送食粮给被同盟国封锁的德国纳粹党占领下的希腊人民。1963 年在加拿大成立了第一家海外分会。这一组织后来发展成为世界最大的国际非营利组织网络。

随着国际交往的增加，各国公众在各个领域产生了越来越多的共同利益，为促进这些利益的增长，便跨越国界结成联盟，成立了一系列的专门性非营利组织。如 1928 年在美国组建的水污染控制联合会（The Water Pollution Control Federation）和 1929 年在美国成立的人口咨询局（The Population Reference Bureau）等。而原有的倡议类非营利组织在这个时期也得到相应的发展，如 1915 年在日内瓦成立的妇女权利倡导类的组织"和平和自由妇女国际联盟"，1922 年成立的环境保护倡导类组织"鸟类保护国际委员会"。

3. 第二次世界大战后到 20 世纪 70 年代初的非营利组织。第二次世界大战结束后到 20 世纪 70 年代这段时期，伴随世界范围内经济社会的重建和国际经济政治格局的巨大变化，非营利组织的发展也呈现出良好的发展势头，主要表现在这样五个方面：一是各种形式的社群组织层出不穷，在社会重建和社会变革中扮演着越来越重要的角色。二是联合国体系的诞生，使非营利组织开始登上国际政治舞台。1945年，联合国成立，签署通过《联合国宪章》，其中的第 71 条规定：经社理事会作为负责协调经济和社会活动的联合国机构，在提出建议和开展活动时，须与有关非营利组织进行磋商。1952 年，经社理事会在其 288（x）号决议里，进一步定义"有关非营利组织"为：凡不是根据政府间协议建立的国际组织。在联合国的这些方针下，非营利组织在第二次世界大战后不久即登上了国际政治的舞台。三是在第二次世界大战后恢复重建的过程中，一批致力于慈善救助的非营利组织应运而生。如1950年美国人卜皮尔创设世界宣明会（World Vision），旨在帮助世界各地的穷人，特别是贫困儿童。许多世界著名的慈善救济和扶贫组织，也都是在这个时期诞生的。四是人权问题受到国际社会的普遍关注，人权非政府组织开始登上国际舞台。联合国在其宪章中首次将"人权"一词写入国际文件，并于1946年成立了联合国人权委员会，1948年通过了第一个有关人权的国际公约《世界人权宣言》。1961年，著名的人权非政府组织大赦国际（Amnesty International）在伦敦成立，以后又相继成立了人权观察、美洲观察等一批国际人权非政府组织，为推动世界人权事业的发展起到了重要的作用。五是环境问题日益突出，环境保护非政府组织应运而生。第二次世界大战后科技革命所带动的世界范围经济的迅速增长，使环境问题越来越突出，越来越多的非政府组织致力于自然资源和环境保护事业。国际自然保护联盟（1948年）、世界自然保护基金会（1961年）、地球之友（1969年）、绿色和平组织（1970年）等著名的环保组织相继成立。六是致力于和平事业的非政府组织不断发展壮大，为第二次世界大战后国际和平作出了积极贡献。除国际红十字会等原有的一些非营利救援组织继续发挥作用外，相继出现了一批致力于和平事业的新的非政府组织。无国界医生组织（Doctors without Borders）是成立于20世纪70年代的国际志愿者组织，由各国的专业医学人员组成，旨在协助那些饱受战火及自然灾害蹂躏的灾民脱离困境。①

4. 20世纪70年代以来的非营利组织。1972年在瑞典斯德哥尔摩的联合国人类环境大会上，召开了历史上第一次非政府组织的国际会议——"环境NGO论坛"。来自世界各国的数以千计的非政府组织代表聚集在一起，就日益严重的环境问题进行了热烈的讨论。这次会议具有划时代的意义，标志着非营利组织开始积极介入国际重大事务的决策，成为国际政治舞台上的一支重要力量。

20世纪80年代以来，随着世界范围内出现的市场化、民主化、民营化和全球化的浪潮，非营利组织出现了蓬勃发展的局面。苏联的解体和东欧的剧变带来了快速的经济市场化和政治民主化，使得各种各样的非营利

---

①　王名编《非营利组织管理概论》，中国人民大学出版社，2002，第22～24页。

组织迅速创立。在欧美等发达国家，民营化的浪潮此起彼伏，推动着各国政府将一个又一个的国有企业推向市场，并不得不对政府自身施行改革，许多公益性领域开始成为竞争性领域，政府也减少了对这些领域的补贴，非营利组织数量的增多和规模的扩大使它们逐渐成熟，不仅在一国内部而且在国际事务中发挥着越来越重要的作用，一个被称为"全球公民社会"的非营利部门正在逐步形成。从非营利组织的数量看，冷战时代，国际非营利组织数量最多时为 1.4 万余个[1]，到 2001 年增加到 1.5 万多个[2]，2003 年据国际社团联盟统计，国际非政府组织的数量达到 3 万个。[3] 从非营利组织活动领域与作用看，从环保、人权和发展，到安全、人道主义救援等各个领域，都活跃着各种非营利组织的身影。事实上，现在国际关系领域已经很难找到没有国际非政府组织涉足的领域。[4] 在一些过去只有国家才能居主导地位的国际问题领域，非营利组织的活动意义已不容低估。在国际合作领域，国际非营利组织把环保、人权保护、不歧视妇女等一系列议题在国际社会中凸显出来，并推动国际社会就这些议题形成国际合作机制。

（二）非营利组织的发展动力

世界范围内非营利组织的兴起是对全球出现发展危机的一种反应结果。"发达资本主义国家的福利国家危机，转型国家的国家社会主义危机，第三世界国家的发展模式危机都有一个共同点，即对政府主导社会事务的能力和意愿产生怀疑，正是在这个大背景下，市场的作用受到强调，民间非营利、非政府组织乘势而起。总之，近 20 年来的'结社革命'绝不是偶然，它有深刻的历史背景。"[5] 有学者将其归纳为"四场危机和两次革命性变革"：四场危机是指福利国家制度危机、发展危机、环境危机和社会主义危机；而两次革命性变革是指发生于 20 世纪七八十年代的通信技术革

---

① UIA, Yearbook of International Organization1997/1998, Brussels: Union of International Associations, Vol. 1, p. 1763.

② UIA, Yearbook of International Organization2002/2003, Brussels: Union of International Associations. Vol. 5, p. 3.

③ Susan M. Roberts, John Paul Jones III and Oliver Fröhling, "NGOs and the Globalization of Managerialism: A Research Framework," in *World Development*, Vol. 33, No. 11, 2005, p. 1846.

④ 王杰、张海滨、张志洲主编《全球治理中的国际非政府组织》，北京大学出版社，2004，第 75 页。

⑤ 王绍光：《多元与统一：第三部门国际比较研究》，浙江人民出版社，1999，第 419 页。

命和发生于20世纪60年代和70年代早期的全球性的可观的经济增长和由此带来的中产阶级革命。①

一是现代福利国家制度的危机。20世纪50年代以后，发达资本主义国家尤其是西、北欧国家通过对国民收入进行再分配，逐渐建立起一套"从摇篮到坟墓"或"从胎儿到天堂"的社会福利制度。在战后五六十年代的"黄金时期"，社会保障制度的实施效果明显，它抑制了社会不平等的扩大，在一定程度上暂时缓解了社会矛盾，从而对经济的平稳发展提供了有利的社会环境。但是，在70年代经济"滞胀"时期，过高的社会福利支出超过了经济增长率，而成为西方国家的沉重负担，出现了"福利国家危机"，社会福利的政府保障体系自80年代以来受到巨大的挑战。日益庞大的社会福利开支损害了私人投资，而负担过重和过于官僚化的政府也没有能力完成不断安排给它的公共性的繁重任务。而且，福利国家的政治定期产生扩大政府服务的压力，这种政府服务的扩张超出了公众支付相应款项的意愿。许多人相信福利国家已经远远超出了保护个人抵御不合理风险的范围，相反它正在窒息首创精神、解除个人责任和鼓励对国家的依赖。

二是与福利国家危机相伴随的发展危机。第二次世界大战后西方国家的经济发展经历了二三十年的黄金时期，但70年代出现的世界石油危机和80年代早期的经济萧条急剧地改变了发展中国家的前景。在撒哈拉以南的非洲、西亚和拉丁美洲部分地区，人均收入开始下降，发展问题变得非常严峻。令人沮丧的现实使得人们重新思考经济增长的目标和手段，反思经济进步的必要条件。结果之一是人们对"受援助的自力更生"（assisted self-reliance）或"参与式发展"援助战略表现出新的兴趣，这种战略强调通过各种非营利组织的运作发挥基层广大民众的积极性。这使人们认识到，政府作为发展的推动力也是有其局限性的，富有吸引力的非营利组织在促进发展方面的优势正在日益达成共识。

三是世界性的环境危机推动了非营利组织在全球的发展。发展中国家的持续贫困导致穷人为了生存而破坏他们周围的环境，而富人的挥霍和漫不经心的态度又加快了环境的退化。从1950年到1983年，中美洲森林的38%和非洲森林的24%消失了，在80年代早期这种下降的步伐加快

---

①　莱斯特·M. 萨拉蒙：《非营利部门的崛起》，转引自李惠斌主编《全球化与公民社会》，广西师范大学出版社，2003，第178~180页。

了。现在,土地的过度使用使非洲非沙漠土地的 2/5、亚洲非沙漠土地的 1/3、拉丁美洲非沙漠土地的 1/5 面临着转为沙漠的威胁。在某些地区如中东欧,酸雨和水污染已经危及食品供应,并在很大程度上减少了人的寿命。这些问题的解决已经超出了任何一个国家政府的能力范围,需要实现全球的合作。由于对政府在解决全球环境问题上的表现极为失望和不满,人们渴望自己组织起来,自主解决问题。绿党在西欧的崛起就是这样一种反映。同样环境退化也是东欧早期非营利组织出现的一个主要的动力。

四是社会主义危机。如中欧和东欧国家社会主义的经验崩溃,而在一些重要的发展中的南方国家,人们对国家的发展越来越失望。当这些社会主义的方式为人们所怀疑时,人们便去寻找新的方式来满足自己的社会和经济需要。这种探索有助于市场导向的公司制企业的建立和非营利组织的发展,为人们提供除了政府以外的各种服务及满足自我表达的需要。

除了以上"四场危机"外,"两次革命性变革"也推动了非营利组织在全球的发展。第一个是在 20 世纪 70 年代到 80 年代发生的通信革命。计算机、光学纤维、传真机、电视机和卫星的发明与广泛传播使得全球通信和交流变得更容易,而这正是大众组织和具体行动所必需的。进入 20 世纪 90 年代,随着互联网的迅速发展,信息跨国界的全球流动越来越方便、快捷。此外,与这种发展相伴随的是教育水平和识字率的显著提高。在 1970~1985 年,第三世界的成人识字率从 43% 上升到 60%。在男性中,这一比例达到 71%。识字率的提高和通信革命相结合使得组织和动员民众比以往容易得多,全球有共同愿望和利益的人们更容易组织起来形成力量,以表达自己的意愿和争取自己的权利,并与国内外同情他们的志同道合者交流经验和保持联系。

对非营利组织发展发挥重要作用的最后一个因素是,在 20 世纪 60 年代和 70 年代早期发生的全球性的可观的经济增长和由此带来的中产阶级革命。在这一时期,实际经济以平均每年 5% 的速度增长,所有地区都分享着这种经济扩张的成果。这种增长不仅带来了物质改善,使民众产生了一系列的期望,而且也在拉丁美洲、亚洲和非洲帮助造就了颇具规模的城市中产阶级,他们的领导对于民间非营利组织的出现至关重要。这种经济增长所造就的中产阶级能够组织起来,对经济危机作出反应。

二　国外非营利组织发展现状

20 世纪 80 年代以来非营利组织迅猛发展，在全球范围内形成一股重要的社会力量，在世界各地发挥着作用。无论是在发达国家还是在发展中国家，非营利组织都致力于各种社会问题的解决，积极参与包括社区建设、地方自治、公共政策制定和执行在内的公共管理过程，成为多元化时代社会发展与改革的生力军。萨拉蒙教授形容，非营利组织的迅速发展形成了一场全球性的"结社革命"。为了更好地了解这场全球性的"结社革命"，本小节将依据萨拉蒙教授及其研究团队对非营利部门比较研究项目第二阶段的成果，对当前国外非营利组织发展现状进行描述与分析。除特别注明之外，这里所用的所有素材都取自《全球公民社会：非营利部门国际指数》。① 如前所述，这里将更多地使用"公民社会部门"或"非营利部门"概念，而不是"非营利组织"概念，以尊重原书作者的本意。

（一）公民社会部门是一支相当强的经济力量

根据萨拉蒙及其团队的研究，除了政治和社会的重要性外，公民社会部门（非营利部门）已经成为一支相当强的经济力量，在国内支出和就业上占有重要的比例。从支出规模及占国内生产总值的比例看，自 20 世纪 90 年代后期以来，公民社会部门总支出达到 1.3 万亿美元，占被调查的 36 个国家国内生产总值（GDP）相加之和的 5.4%。如果将这些国家的公民社会部门看作一个独立的国民经济实体的话，它的支出规模将是世界第七大经济体，仅次于美国、日本、中国、德国、英国和法国，高于意大利、巴西、俄罗斯、西班牙和加拿大。

从就业的角度看，36 个国家的公民社会部门提供了众多的就业岗位，总就业量为 4550 万相当全职工作人员（雇员和志愿者，含宗教礼拜组

---

① 莱斯特·M. 萨拉蒙、S. 沃加斯·索可洛斯基等：《全球公民社会：非营利部门国际指数》，陈一梅等译，北京大学出版社，2007。该书是约翰·霍普金斯非营利部门比较研究项目第二阶段的成果，各国数据收集时间从 1995 年到 2000 年不等。该书将比较的 36 个国家划分为发达国家、发展中国家和转型国家。发达国家包括澳大利亚、奥地利、比利时、芬兰、法国、德国、爱尔兰、以色列、意大利、日本、荷兰、挪威、西班牙、瑞典、美国和英国；发展中国家包括阿根廷、巴西、哥伦比亚、埃及、印度、肯尼亚、墨西哥、摩洛哥、巴基斯坦、秘鲁、菲律宾、南非、韩国、坦桑尼亚和乌干达；转型国家包括捷克共和国、匈牙利、波兰、罗马尼亚和斯洛伐克。

织)。这意味着,36 个国家的公民社会部门的从业人数占所有这些国家经济活跃人口的 4.4%。

表 5-2　36 国公民社会部门的规模(约 1995~2000 年)

1.3 万亿美元支出
· 占 GDP 总和的 5.4%
4550 万相当全职从业人员 *
· 2530 万雇员
· 2020 万相当全职志愿者
· 占经济活跃人口的 4.4%
1.32 亿人从事志愿活动
· 每 1000 个成年人中有 98 位志愿者

* 总数包括 450 万相当全职宗教从业人员。
资料来源:莱斯特·M. 萨拉蒙、S. 沃加斯·索可洛斯基等:《全球公民社会:非营利部门国际指数》,陈一梅等译,北京大学出版社,2007,第 19 页。

当然,公民社会部门在各国之间存在着相当大的差异。首先,各国公民社会部门的从业人员总规模存在巨大的差距。如果将领薪雇员和志愿者都包括在内,荷兰公民社会部门的从业人员比例最高,达到其国家经济活跃人口的 14.4%;最低的是墨西哥,公民社会部门的从业人员仅占该国经济活跃人口的 0.4%。其次,发达国家与发展中和转型国家公民社会部门的从业人员的规模也存在很大不同。发达国家公民社会部门的从业人员占经济活跃人口的比例平均为 7.4%,而发展中和转型国家公民社会部门的从业人员占经济活跃人口的比例平均只有 1.9%,两者相差近 3 倍。

表 5-3　36 国公民社会部门从业人数占经济活跃人口比较

单位:%

国家	雇员	志愿者	合计	国家	雇员	志愿者	合计
阿根廷	2.9	1.9	4.8	墨西哥	0.3	0.1	0.4
澳大利亚	4.4	1.9	6.3	摩洛哥	0.7	0.8	1.5
奥地利	3.8	1.1	4.9	荷兰	9.2	5.1	14.3
比利时	8.6	2.3	10.9	挪威	2.7	4.4	7.1
巴西	1.4	0.2	1.6	巴基斯坦	0.6	0.4	1.0
哥伦比亚	1.8	0.6	2.4	秘鲁	1.5	0.9	2.4
捷克共和国	1.3	0.7	2.0	菲律宾	0.7	1.2	1.9

续表

国家	雇员	志愿者	合计	国家	雇员	志愿者	合计
埃及	2.7	0.1	2.8	波兰	0.6	0.2	0.8
芬兰	2.4	2.8	5.2	罗马尼亚	0.4	0.4	0.8
法国	3.7	3.7	7.3	斯洛伐克	0.6	0.2	0.8
德国	3.5	2.3	5.8	南非	1.8	1.6	3.4
匈牙利	0.9	0.2	1.1	韩国	1.9	0.6	2.5
印度	0.6	0.8	1.4	西班牙	2.8	1.5	4.3
爱尔兰	8.3	2.1	10.4	瑞典	1.7	5.1	6.8
以色列	6.6	1.4	8.0	坦桑尼亚	0.5	1.5	2.0
意大利	2.3	1.5	3.8	乌干达	0.9	1.3	2.2
日本	3.2	1.0	4.2	英国	4.8	3.6	8.4
肯尼亚	1.3	0.8	2.1	美国	6.3	3.5	9.8
发展中和转型国家	1.2	0.7	1.9				
发达国家	4.7	2.7	7.4				
36国平均	2.7	1.6	4.3				

资料来源：莱斯特·M. 萨拉蒙、S. 沃加斯·索可洛斯基等：《全球公民社会：非营利部门国际指数》，陈一梅等译，北京大学出版社，2007，第343~344页。对原表格形式作了调整。

（二）志愿者已经成为公民社会部门的重要参与力量

在公民社会部门就业的4550万相当全职工作人员中，志愿者占44%，领薪雇员占56%（这是经过加权的平均数。在没有加权的情况下，志愿者占38.4%，领薪雇员占61.6%），说明公民社会部门有能力动员大量的志愿资源。因为大多数志愿者比领薪雇员工作时间短，萨拉蒙他们估计，在36个国家的公民社会部门做志愿工作的实际人数至少达到1.32亿，相当于这些国家大约10%的成年人口。这说明志愿者已经成为世界各国公民社会部门的重要参与力量。

尽管志愿者占公民社会部门全部从业人员的比例达到38.4%，而且从总体看，发达国家、发展中和转型国家志愿者占公民社会从业人员的比例相差不大（分别为38.5%和37.2%），但如果从每一个具体的国家来看，则各国公民社会部门对志愿者的依赖程度存在巨大的差异：瑞典志愿者占公民社会部门从业人员的比例最高，达到75.9%；其次是坦桑尼亚，志愿者的比例达到75%。最低的是埃及，志愿者占该国公民社会部门从业人员的比例仅为2.8%。

表5-4 各国志愿者占公民社会部门从业人员的比例

单位：%

国家	比例	国家	比例	国家	比例
瑞典	75.9	巴基斯坦	40.8	斯洛伐克	29.7
坦桑尼亚	75.2	德国	40.4	日本	24.5
菲律宾	63.8	意大利	40.2	哥伦比亚	24.0
挪威	63.2	阿根廷	40.1	韩国	22.8
乌干达	59.4	肯尼亚	39.1	奥地利	22.1
印度	56.0	秘鲁	38.2	比利时	21.7
罗马尼亚	55.5	荷兰	37.1	爱尔兰	21.1
芬兰	54.3	美国	36.9	波兰	20.8
摩洛哥	52.8	捷克共和国	35.5	匈牙利	18.0
法国	51.6	西班牙	34.8	以色列	17.7
南非	47.0	墨西哥	33.5	巴西	11.9
英国	44.2	澳大利亚	30.6	埃及	2.8

资料来源：莱斯特·M.萨拉蒙、S.沃加斯·索可洛斯基等：《全球公民社会：非营利部门国际指数》，陈一梅等译，北京大学出版社，2007，第25页。原书中是图的形式，这里被改成表格形式。

（三）公民社会部门参与了广泛的活动领域

为了进行比较，萨拉蒙及其团队设计了一套国际非营利组织分类法（International Classification of Nonprofit Organizations，ICNPO），将不同国家公民社会部门参与的活动领域划分为12大类，即文化和娱乐、教育和研究、健康、社会服务、环境、发展和住房、公民和倡导、慈善中介、国际、宗教活动、商业和专业联合会、其他（"未分类的"）。在比较研究的过程中，他们进一步将这些活动领域划分为两个大类，即提供直接服务的服务领域和更具表达功能的表达领域。服务领域主要包括教育和研究、健康、发展和住房、社会服务等；表达领域主要包括公民和倡导、文化和娱乐、环境、商业和专业联合会等。

从33个具有这方面分类数据的国家的情况看，在公民社会部门领薪雇员和志愿者从业人员中，64%的人在主要从事服务性活动的领域工作，32%的人在更具表达性功能的领域工作。具体而言，在服务性领域中，教育和研究、社会服务、健康、发展和住房四个活动领域吸引的从业人员分别占公民社会部门全部从业人员的23%、20%、14%和7%。在表达性领域中，文化和娱乐、商业和专业联合会、公民和倡导、环境四个活动领域吸引的从业人员分别占公民社会部门全部从业人员的19％、7％、4％和2％。此外，慈善中介类的基金会吸引的从业人员占1％，从事国际活动的公民社会部门吸引的从业人员占1％，其他未分类的公民社会部门吸引的从业人员占2％。

尽管志愿者和领薪雇员都主要在更具服务性功能的活动领域从事服务活动，但两者在公民社会部门所有这些领域的分布或者说所发挥的作用具有比较大的不同。平均而言，73％的领薪雇员主要在从事服务性活动的领域工作，志愿者的这一比例为52％。而献身于更具表达性功能的领域工作的志愿者达到41％，领薪雇员的这一比例为24％（见表5－5）。在服务性领域，志愿资源中相当大的比例（28％）都用于提供社会服务的组织方面，领薪雇员在该方面的比例占18％。在表达性领域，25％的志愿者在文化和娱乐活动中从事志愿服务活动，领薪雇员在该方面的比例占13％。可见，志愿者不仅在保持公民社会倡导功能方面，而且在帮助公民社会提供社会服务的长期承诺方面，都发挥着重要的作用。

表5－5　33国 * 公民社会部门从业人员按活动领域的分布情况

单位：％

领域和活动类型	领薪雇员	志愿者	合计
服务性领域合计	73	52	64
其中：教育和研究	31	8	23
社会服务	18	28	20
健康	17	8	14
发展和住房	7	8	7
表达性领域合计	24	41	32
其中：文化和娱乐	13	25	19
商业和专业联合会	7	6	7
公民和倡导	2	7	4
环境	2	3	2
国际活动	1	1	1
慈善中介类的基金会	1	1	1
其他未分类	2	3	2

＊缺埃及、摩洛哥和奥地利的数据。

资料来源：莱斯特·M.萨拉蒙、S.沃加斯·索可洛斯基等：《全球公民社会：非营利部门国际指数》，陈一梅等译，北京大学出版社，2007。本表格依据该书第29页图1.6和第30页图1.7的数据制作而成。

（四）公民社会部门收入来源的多元化

公民社会部门的收入来源主要包括政府、收费收益、慈善等。萨拉蒙等人的研究表明，私人慈善在公民社会部门的收入中所占的比例比人们普遍认为的要少。如果不把志愿者贡献的时间所折合的价值计算在内，在公民社会部门收入来源构成中，53.4%来自公民社会部门为提供的服务所收取的费用、由投资产生的有关商业收入、会费及其他商务活动产生的费用，34.1%来自政府或公共部门的支持，12.5%来自慈善（包括个人的、基金会的、公司的）。如果将志愿者贡献的时间所折合的价值加到资金贡献里看作慈善的一部分的话，公民社会部门收入来源构成将发生一些变化。收费收益依然是公民社会部门收入的主要来源，但比例下降为42.4%，政府或公共部门的支持比例下降为26.5%，慈善占总收入的比例上升为31.1%。所以，加上志愿者工作时间，在全球公民社会部门收入来源结构中，慈善超过政府支持，但还是低于收费收益。

从发达国家与发展中和转型国家的比较看，两类不同发展程度国家的公民社会部门收入来源存在比较大的差距。当不含志愿者时间贡献时，在发达国家公民社会部门收入构成中，政府或公共部门的支持占48.2%、收费收益占44.6%、慈善占7.2%；在发展中和转型国家公民社会部门收入构成中，这三项的比例分别占21.6%、61.3%和17.2%。当含志愿者时间贡献时，在发达国家公民社会部门收入构成中，政府或公共部门的支持占37.5%、收费收益占33.5%、慈善占29.0%；在发展中和转型国家公民社会部门收入构成中，这三项的比例分别占16.7%、50.3%和33.0%。发达国家公民社会部门得到政府或公共部门更多的支持，而发展中和转型国家公民社会部门对收费收益的依赖性更大。志愿者对发达国家、发展中和转型国家的公民社会部门收入来源都有比较大的贡献。

从具体的每个国家的比较看，不同国家公民社会部门的收入来源也存在比较大的差距。当不含志愿者时间贡献在内时，34个国家中的24个国家公民社会部门的收入来源是以收费收益为主导的，而且这种构成在发展中和转型国家特别明显（见表5-7）。菲律宾、墨西哥、肯尼亚、巴西、阿根廷、韩国、哥伦比亚和秘鲁对收费收益的依赖性很强，占各自国家公民社会收入来源的比例几乎都在70%以上（秘鲁为69.8%）。10个国家公民社会部门的收入来源是以政府公共部门的支持为主导，它们是爱尔兰、比利时、德国、以色列、荷兰、法国、奥地利、英国、罗马尼亚、南非。

表5-6　发达国家、发展中和转型国家公民社会部门收入
来源含志愿者与不含志愿者比较

单位：%

	政府或公共部门	慈善	收费收益
不含志愿者时间贡献：			
34国*平均水平	34.1	12.5	53.4
发达国家平均水平	48.2	7.2	44.6
发展中和转型国家平均水平	21.6	17.2	61.3
含志愿者时间贡献**：			
34国平均水平	26.5	31.1	42.4
发达国家平均水平	37.5	29	33.5
发展中和转型国家平均水平	16.7	33	50.3

　　* 缺埃及和摩洛哥的数据；

　　** 志愿者时间贡献价值的计算：把志愿者时间等值于志愿活动发生领域里在当事国的平均工资水平。

　　资料来源：莱斯特·M.萨拉蒙、S.沃加斯·索可洛斯基等：《全球公民社会：非营利部门国际指数》，陈一梅等译，北京大学出版社，2007。本表格依据该书第37页图1.11和第41页图1.14的数据制作而成。

其中，爱尔兰和比利时的公民社会部门来自政府公共部门的支持分别达到77.2%和76.8%。爱尔兰、比利时、德国、荷兰、法国、奥地利、英国和以色列的公民社会部门与政府创造"一种福利伙伴关系（partnership），由政府来资助福利服务，但极度依赖私人公民社会组织来提供服务。公民社会组织不仅不是被取代，政府资助的社会福利反而有助于激励它们的增长"[1]。在不含志愿者时间贡献在内时，没有一个国家的公民社会部门收入来源是以慈善为主导的。当计入志愿者时间贡献时，18个国家的公民社会部门收入来源以收费收益为主导。其中，墨西哥和肯尼亚公民社会部门收费收益占收入来源的比例分别为74.7%和71.8%。有9个国家的公民社会部门收入来源变成以慈善为主导，它们分别是罗马尼亚、坦桑尼亚、瑞典、巴基斯坦、乌干达、挪威、法国、南非、印度。其中，瑞典和挪威加入志愿者的时间贡献后，慈善的作用发生很大的变化，分别由原来的9.1%和6.9%上升为占公民社会收入来源的53.7%和46.9%，反映了这两

----

① 莱斯特·M.萨拉蒙、S.沃加斯·索可洛斯基等：《全球公民社会：非营利部门国际指数》，陈一梅等译，北京大学出版社，2007，第38页。

个国家公民社会部门从业人员中有很多的志愿者。而在坦桑尼亚、乌干达、南非等发展中国家，志愿者对公民社会收入来源的贡献也是比较大的，这说明这些国家公民社会活动有很多群众的支持。

表5-7　34国*公民社会部门收入来源含志愿者与不含志愿者比较

国家	不含志愿者时间贡献				含志愿者时间贡献			
	政府（%）	慈善（%）	收费收益（%）	总计（百万美元）	政府（%）	慈善（%）	收费收益（%）	总计（百万美元）
阿根廷	19.5	7.5	73.1	13321	16.2	23.0	60.8	16014
澳大利亚	31.2	6.3	62.5	19810	25.4	23.6	51.0	24295
奥地利	50.4	6.1	43.5	6262	41.3	23.1	35.6	7643
比利时	76.8	4.7	18.6	25576	65.9	18.1	16.0	29773
巴西	15.5	10.7	73.8	11390	14.5	16.3	69.2	12144
哥伦比亚	14.9	14.9	70.2	1719	13.1	24.9	62.0	1948
捷克共和国	39.4	14.0	46.6	860	32.1	30.0	37.9	1056
芬兰	36.2	5.9	57.9	6064	25.2	34.6	40.3	8722
法国	57.8	7.5	34.6	57304	33.4	46.6	20.0	99234
德国	64.3	3.4	32.3	94454	42.5	36.2	21.3	142887
匈牙利	27.1	18.4	54.6	1433	26.2	21.1	52.7	1483
印度	36.1	12.9	51.0	3026	24.9	39.9	35.2	4382
爱尔兰	77.2	7.0	15.8	5017	67.6	18.6	13.8	5732
以色列	63.9	10.2	25.8	10947	59.1	17.0	23.9	11842
意大利	36.6	2.8	60.6	39356	30.2	19.7	50.1	47647
日本	45.2	2.6	52.1	258959	41.5	10.7	47.8	282314
肯尼亚	4.8	14.2	81.0	404	4.3	23.9	71.8	456
墨西哥	8.5	6.3	85.2	1554	7.5	17.9	74.7	1774
荷兰	59.0	2.4	38.6	60399	46.1	23.9	30.1	77391
挪威	35.0	6.9	58.1	5640	20.0	46.9	33.1	9895
巴基斯坦	6.0	42.9	51.1	310	4.9	53.1	41.9	378
秘鲁	18.1	12.2	69.8	1272	17.5	14.7	67.7	1310
菲律宾	5.2	3.2	91.6	1103	3.1	43.2	53.7	1878
波兰	24.1	15.5	60.4	2620	22.8	20.1	57.1	2771
罗马尼亚	45.0	26.5	28.5	130	20.5	66.5	13.0	285
斯洛伐克	21.9	23.3	54.9	295	21.3	25.1	53.5	302
南非	44.2	24.2	31.7	2386	31.5	45.9	22.6	3346
韩国	24.3	4.4	71.4	19753	21.6	14.9	63.5	22186

续表

国家	不含志愿者时间贡献				含志愿者时间贡献			
	政府（%）	慈善（%）	收费收益（%）	总计（百万美元）	政府（%）	慈善（%）	收费收益（%）	总计（百万美元）
西班牙	32.1	18.8	49.0	25778	25.2	36.3	38.5	32833
瑞典	28.7	9.1	62.3	10599	14.6	53.7	31.7	20805
坦桑尼亚	27.0	20.0	53.1	263	12.8	61.9	25.3	552
乌干达	7.1	38.2	54.7	108	5.5	51.8	42.7	139
英国	46.7	8.8	44.6	78220	36.4	28.8	34.8	100196
美国	30.5	12.9	56.6	566960	25.6	26.9	47.4	675973

* 缺埃及和摩洛哥的数据。

资料来源：莱斯特·M.萨拉蒙、S.沃加斯·索可洛斯基等：《全球公民社会：非营利部门国际指数》，陈一梅等译，北京大学出版社，2007，第349~350页。表格结构作了一定的调整。

（五）公民社会部门各领域收入来源的差异

当不含志愿者时间贡献时，公民社会部门12个领域中有8个领域的收入来源以收费收益为主导。其中，商业和专业联合会、文化和娱乐、发展和住房、慈善中介类的基金会、教育和研究以及其他未分类6个领域的收费收益占了一半以上，而商业和专业联合会收费收益更是达到了88.8%。尽管环境、公民和倡导两个领域的收费收益没有达到公民社会部门总收入的一半，但仍然是第一位的收入来源，分别占41.2%和40.3%。健康、社会服务两个领域的收入来源以政府公共部门的支持为主导。在健康领域的收入来源构成中，政府、收费收益、慈善占的比例分别为49.9%、36.3%和13.8%，在社会服务领域的收入来源构成中，政府、收费收益、慈善占的比例分别为42.5%、38.4%和19.1%。宗教、国际活动两个领域的收入来源以慈善的支持为主导。

当将志愿工作时间的贡献价值折合到慈善中时，公民社会部门12个领域的收入来源结构发生了很大的变化。宗教、国际活动、环境、公民和倡导、慈善中介类的基金会、文化和娱乐、社会服务7个领域的收入来源以慈善为主导。其中，宗教依靠慈善作为主导的收入来源的比例达到73.3%，国际活动依靠慈善作为主导的收入来源的比例占59.5%。文化和娱乐、社会服务两个领域依靠慈善作为主导的收入来源的比例也超过40%。这些数据表明，"志愿活动对公民社会部门整体运行所作的巨大贡献，大大地增加了该部门得以支配的资源，使慈善成为一个比现金收入本身重要得多的支持来源"①。

**表5-8 各领域公民社会部门收入来源含志愿者与
不含志愿者的33国*平均值比较**

单位：%

领域	不含志愿者时间贡献			含志愿者时间贡献		
	政府	慈善	收费收益	政府	慈善	收费收益
文化和娱乐	20.4	14.9	64.7	12.2	44.7	43.0
教育和研究	38.3	12.0	49.7	34.1	19.2	46.7
健康	49.9	13.8	36.3	43.1	26.4	30.5
社会服务	42.5	19.1	38.4	28.9	43.4	27.7
环境	28.5	30.2	41.2	17.6	57.2	25.1
发展和住房	30.4	13.2	56.5	22.8	33.5	43.7
公民和倡导	33.4	26.3	40.3	18.8	57.2	24.0
慈善中介类的基金会	14.9	33.0	52.1	8.1	56.5	35.4
国际活动	33.6	38.4	28.0	25.8	59.5	14.7
宗教**	13.9	53.2	32.9	6.7	73.3	20.0
商业和专业联合会	6.1	5.1	88.8	4.3	24.8	70.9
其他未分类	7.0	18.5	74.6	5.3	31.9	62.8

* 缺埃及、摩洛哥和奥地利的数据。
** 27国平均值。
资料来源：莱斯特·M.萨拉蒙、S.沃加斯·索可洛斯基等：《全球公民社会：非营利部门国际指数》，陈一梅等译，北京大学出版社，2007，第359页。

（六）非营利部门发展的区域模式

从以上36个国家的比较研究可以看出，各国公民社会部门的规模、结构、作用、资金来源存在很大的差异。这些差异在很大程度上是这些国家的文化、社会、政治和经济的差异的反映。为此，萨拉蒙等人基于地理区域，结合经济发展水平、政治制度和福利发展状况等因素，将36个国家公民社会部门划分为8个区域发展模式。②

① 莱斯特·M.萨拉蒙、S.沃加斯·索可洛斯基等：《全球公民社会：非营利部门国际指数》，陈一梅等译，北京大学出版社，2007，第39页。
② 莱斯特·M.萨拉蒙、S.沃加斯·索可洛斯基等：《全球公民社会：非营利部门国际指数》，陈一梅等译，北京大学出版社，2007，第42~62页。

盎格鲁－撒克逊国家模式：包括美国、英国、澳大利亚。它们的经济发展水平高，具有盎格鲁－撒克逊政治法律传统的历史渊源。在社会政策方面，都是执行小政府、大社会的管理格局，依赖私人的、慈善的活动。这三个国家公民社会部门的共同特点是，从业人员占经济活跃人口的平均比例最高（占 8.2%），志愿者的比例比较高（占 3.0%），主要集中在服务性的活动领域（美国侧重健康服务，英国和澳大利亚侧重教育和研究）。在收入来源方面，盎格鲁－撒克逊国家模式以收费收益为主导。在不包括志愿者贡献时，收费收益占 55%，政府支持占 36%；在包括志愿者贡献时，收费收益占 44%，政府支持占 29%。但英国与美国和澳大利亚有所不同，在不包括志愿者和包括志愿者时，收入来源都以政府支持为主，分别占 47% 和 36%；其次是收费收益，分别为 45% 和 35%。显然，英国的公民社会部门比美国和澳大利亚的公民社会部门得到政府公共部门更多的资金支持。

北欧福利国家模式：包括芬兰、挪威和瑞典。这些国家公民社会部门从业人员高于 36 国平均水平，分别占 6.5% 和 4.4%。更为主要的是，在这三个国家的公民社会部门从业人员中，志愿工作人员的比例高于领薪雇员的比例，分别占 4.1% 和 2.3%。按一般的理解，这些国家由于采用了广泛的福利国家政策，留给公民社会组织的发展空间就会有限，但是这些国家长期以来具有社会运动历史丰富的特征，从而推动了强有力的倡导以及各种行业性的商业和专业联合会的发展。因此，北欧福利国家模式的另一个重要特点是公民社会部门从业人员主要集中在表达性的活动领域（平均占 64%）。不包括志愿者的贡献时，这三个国家公民社会部门的收入来源都以收费收益为主导（占 59%）；包括志愿者的贡献后，收入来源以慈善为主导（占 45%），但芬兰还是以收费收益为主，其次才是慈善（分别占 40% 和 35%）。

欧洲式福利伙伴关系国家模式：包括奥地利、比利时、法国、德国、爱尔兰、以色列（这个国家遵循类似西欧的社会民主传统）、意大利、荷兰、西班牙。这些国家的公民社会部门的最显著特征是与政府的广泛合作，共建伙伴关系。公民社会部门的从业人员占这些国家经济活跃人口的7.8%，高于发达国家的平均水平（7.4%）。而且，领薪雇员的平均比例占经济活跃人口的 5.4%，这在 8 个公民社会部门的区域发展模式中是最高的。这些从业人员中的多数主要从事教育、社会服务、健康等服务性活动。政府支持是这些国家公民社会部门收入的主要来源。在没有包括志愿者的贡献时，除意大利、西班牙以外，其他7个欧洲式福利伙伴关系国家的公民社会部门收入构成中，来自政府支持的比例都超过了50%以上。在包括志愿者的贡献时，奥地利、比利时、德国、爱尔兰、以色列、荷兰6个国家的公民社会部门的收入构成依然是以政府支持为主导，比例介于40%~68%。法国以慈善为主导，意大利、西班牙以收费收益为主导。

亚洲工业化国家模式：包括日本和韩国。这两个国家公民社会部门比其他发达的工业化国家要小，公民社会部门从业人员平均占经济活跃人口的3.3%，低于36国的平均水平。公民社会部门的活动以服务型为主（78%），多数集中在健康、教育和研究领域。收入来源以收费收益为主导，在不包括志愿者的贡献和包括志愿者的贡献时，收费收益分别占公民社会部门收入的62%和56%。就收入来源的政府支持而言，公民社会部门在日本比在韩国得到政府更多的支持。在包括志愿者的贡献时，日本公民社会部门收入中来自政府支持的比例占42%，韩国公民社会部门得到政府部门支持的比例只占22%。

拉丁美洲国家模式：包括阿根廷、巴西、哥伦比亚、墨西哥、秘鲁。这些国家公民社会部门的规模都比较小，公民社会部门从业人员平均占经济活跃人口的2.3%，低于36国的平均水平，但要高于发展中和转型国家的平均水平（1.9%）。志愿者在这些国家公民社会部门从业人员的比例都很低，平均占经济活跃人口的0.7%。但是，阿根廷是个例外，公民社会部门从业人员占其经济活跃人口的4.8%，其中志愿者占1.9%，这两个比例都超过了36国相应的平均水平。拉丁美洲国家公民社会部门从业人员主要集中在服务类领域，尤其是教育。公民社会部门的收入来源以收费收益为主导，政府的支持有限。墨西哥公民社会部门得到政府部门财政支持的比例是所有拉丁美洲国家中最低的。

非洲国家模式：包括肯尼亚、南非、坦桑尼亚、乌干达。这些国家公民社会部门的规模也都比较小，公民社会部门从业人员平均占经济活跃人口的2.5%，低于36国的平均水平，但要高于发展中和转型国家的平均水平（1.9%）。志愿者在这些国家公民社会部门从业人员的比例占经济活跃人口的1.3%，低于36国的平均水平，但要高于发展中和转型国家的平均水平（0.7%）。非洲国家公民社会部门从业人员以服务类领域的活动为主，但除肯尼亚外，其他3个国家公民社会部门从业人员在表达类领域从事赋权、倡导等活动的比例也不少，其中南非达到40%。在收入来源方面，主要以收费收益、慈善为主导，政府的支持比较有限。当包括志愿者的贡献时，肯尼亚的收入来源以收费收益为主导（72%），南非、坦桑尼亚和乌干达都以慈善收入为主导，分别为46%、62%和52%。但南非公民社会部门获得政府支持的比例达到31%，而其他3个国家则要低得多。

中、东欧国家模式：包括捷克共和国、匈牙利、波兰、罗马尼亚和斯洛伐克。这些国家公民社会部门的规模都相当小，公民社会部门从业人员平均仅占经济活跃人口的1.1%；志愿者在这些国家公民社会部门从业人员的比例仅占经济活跃人口的0.4%。捷克共和国、匈牙利和斯洛伐克公民社会部门的从业人员在表达类领域从事活动的要多于服务类领域，波兰、罗马尼亚公民社会部门的从业人员在服务类领域从事活动的则要多于表达类领域。在收入来源方面，当不包括志愿者的贡献时，这些国家公民社会部门的收入来源结构是收费收益占49%、政府占31%、慈善占20%；当包括志愿者的贡献时，收费收益占43%、政府占25%、慈善占33%。应该说，在中、东欧国家公民社会部门的收入来源方面，政府的支持还是比较多的，尽管低于36国平均水平，但要高于发展中和转型国家的平均水平。

其他发展中国家模式：包括埃及、印度、摩洛哥、巴基斯坦、菲律宾。不像上面7个国家模式，这几个国家的异质型比较大，难以形成一致的"模式"。埃及公民社会从业人员占经济活跃人口的2.8%，但志愿者仅占0.1%。除埃及外，其他4个国家的公民社会部门都比较小。"这种表现与它们权威政治的历史和注重政治和宗教权威的文化传统相一致，这种情形没有为形成真正自立的有组织的公民活动留下多少空间。"[①] 印度、巴基斯坦公民社会部门的从业人员主要在服务类领域从事教育、社会服务活动。其中，巴基斯坦公民社会部门的从业人员从事教育活动的比例占56.6%。在菲律宾公民社会部门中，30.5%的从业人员从事教育活动，29.3%的从业人员从事商业和专业联合会类的倡导活动。在收入来源方面，当不包括志愿者的贡献时，巴基斯坦、印度、菲律宾的公民社会部门收入来源以收费收益为主导，其中菲律宾公民社会部门的收费收益占收入来源的92%。当包括志愿者的贡献时，菲律宾的收入结构以收费收益为主导（占54%），巴基斯坦和印度以慈善为主导（分别占53%和40%）。此外，政府对公民社会部门的收入来源的支持，印度要明显高于巴基斯坦和菲律宾。

---

① 莱斯特·M. 萨拉蒙、S. 沃加斯·索可洛斯基等：《全球公民社会：非营利部门国际指数》，陈一梅等译，北京大学出版社，2007，第59页。

表5-9 按国家组划分的公民社会部门从业人员、收入来源的七个不同模式的平均值比较

单位：%

	所有国家*	发达国家	发展中和转型国家	盎格鲁-撒克逊国家模式	北欧福利国家模式	欧洲式福利伙伴关系国家模式	亚洲工业化国家模式	拉丁美洲国家模式	非洲国家模式	中·东欧国家模式
从业人员1										
相当全职雇员	2.7	4.7	1.2	5.2	2.3	5.4	2.5	1.6	1.1	0.8
相当全职志愿者	1.6	2.7	0.7	3	4.1	2.3	0.8	0.7	1.3	0.4
相当全职人员总数	4.4	7.4	1.9	8.2	6.5	7.8	3.3	2.3	2.5	1.2
从业人员组成2,4										
服务类	64	64	63	69	34	73	78	74	60	45
表达类	32	32	32	27	64	24	15	24	29	50
其他分类	4	4	5	3	3	3	7	2	12	5
现金收入3,4										
收费收益	53	45	61	55	59	35	62	74	55	49
政府	34	48	22	36	33	58	35	15	21	31
慈善	12	7	17	9	7	7	3	10	24	20
总支持量(含志愿者)4,5										
收费收益	42.4	33.5	50.3	44	35	28	56	67	41	43
政府	26.5	37.5	16.7	29	20	46	32	14	14	25
慈善	31.1	29	33	26	45	27	13	19	46	33

* 从业人员：36国；组成：33国；收入和总支持量：34国。

1. 占经济活跃人口百分比
2. 占非营利部门总从业人数百分比（雇员和志愿者）
3. 占非营利部门总现金收入的百分比
4. 由于四舍五入，百分比相加之和不一定为100%
5. 占总现金和志愿者支持的百分比

资料来源：来斯特·M. 萨拉蒙、S. 沃加斯、索可洛斯基等：《全球公民社会：非营利部门国际指数》，陈一梅等译，北京大学出版社，2007。本表依据该书第45页的表1.15，第46页的表1.7，第47页的表1.8，第49页的表1.9，第52页的表1.10，第54页的表1.11，第56页的表1.12，第57页的表1.13、第60页的图1.5、第60页的表1.14的相关数据制作而成。此外，"其他发展中国家模式"没有列入该表。

以上依据萨拉蒙及其团队对 36 个国家的公民社会部门（志愿部门）的国际比较研究的数据，描述和分析了公民社会部门在各国的发展情况。公民社会部门是各国重要的社会和经济力量，与此同时，无论是从单个国家，还是发达国家与发展中和转型国家，甚至是多个国家组合的模式等角度比较，各国的公民社会部门在规模、结构和收入来源等方面都存在很大的差异。有专家从政权性质、法律制度、分权程度、发展程度、社会异质型程度和宗教传统等方面详细分析了公民社会部门（志愿部门、第三部门）千差万别的原因。①

第三节 中国非营利组织与"80后"志愿者的成长

中国的志愿服务主要是由政府推动的。在 20 世纪 80 年代后期，中国开始出现有组织的志愿活动和志愿者。最早是产生在社区服务层次上，并逐步发展成为社区志愿者组织。90 年代初期，另外一支志愿者队伍在共青团系统中形成，并于 1994 年 12 月 5 日正式成立了中国青年志愿者协会。这标志着中国志愿者活动进入了有组织、有秩序的阶段。这两个志愿者组织是中国规模最大的，它们都与政府机构联系在一起。社区志愿者组织属于民政系统，它的各级组织都与民政部门相对应联系，最基层组织在街道居委会，并接受相应政府组织的领导与指导；中国青年志愿者协会从属于中国共产主义青年团中央委员会，它主要通过组织大型活动，推动全国性志愿服务项目。北京成功地申请到 2008 年奥运会举办权之后，北京青年志愿者协会与北京奥组委于 2005 年 6 月联合启动了北京奥运会志愿者项目，旨在推动中国志愿服务的发展。一些其他的组织和社团也陆续开展了志愿活动，包括中华慈善总会及其地方组织、残联、全国妇联、工会组织、计划生育委员会、对外经贸合作部等。民间层面的志愿活动则是在 1995 年之后逐渐活跃起来的。1995 年联合国第四次世界妇女大会在北京召开，将非营利组织概念首次引入中国，使中国妇女有机会参与了 90 年代以来联合国一系列有影响的非营利组织活动，从而在一定程度上推动了中国民间非营利组织，特别是妇女非营利组织的建设与发展，也唤起了更多的公民加入民间非营利组织的志愿者行列中来。

---

① 对此感兴趣的读者可参阅王绍光《多元与统一：第三部门国际比较研究》（浙江人民出版社，1999）中的相关内容。

一 中国非营利组织发展概述

自 1978 年改革开放以来，中国非政府组织得到迅速的发展。根据
《社会团体登记管理条例》和《民办非企业单位登记管理暂行条例》登记
注册的数据显示，在各级登记管理机关登记注册的社会团体（民间组织）
年末累计总数，2007 年约为 38.69 万家。[①] 它们活跃在环保、扶贫、社会
福利等各个领域，是一支重要的新生力量，但与世界许多国家相比，中国
的非营利组织在履行公共管理功能、实行社会自治等方面发挥的作用还是
远远不够的，非营利组织在中国社会还未占据相应的地位，还未发育发展
到在社会领域中产生重要影响的程度。随着政府职能的进一步改革与转
变，中国非营利组织必将呈现出积极的发展态势，并将在中国未来的社
会、经济发展中发挥越来越重要的作用。

（一）中国非营利组织发展的背景[②]

1. 经济体制改革与行政体制改革为中国非营利组织的发展提供了制度
空间。在改革之前，中国的社会主义模式是高度集权的计划经济体制、政
治体制和社会管理体制，其主要特征是政企合一、政社合一，绝大部分的
社会资源由国家控制和配置，而个人要想获得最基本的生存与生活条件，
必须通过国家的制度性安排，即单位制度、户籍制度和身份制度来获取。
因此，在改革开放之前的中国具有明显的"强国家、弱社会"特征，非营
利组织尤其是纯民间组织几乎没有任何生存与发展的社会空间与环境。
1978 年开始的改革开放首先在经济领域进行，并以农村经济体制改革为突
破口，实行农村联产承包制。从 1984 年开始，在农村改革成功的基础上，
中国经济体制改革的重心由农村转向了城市。以增强企业活力为中心，对
传统的高度集中的计划经济体制进行了一系列改革，实现了经济的高速增
长。行政体制改革是中国政治体制改革的重要内容，也是经济体制改革得
以深化的重要保证。在传统的行政管理体制下，中国政府长期扮演着"全
能政府"的角色，随着经济体制改革的深入，政府机构改革也稳步推进。
政府机构改革的主要任务是按照"小政府，大社会"的目标模式，对传统
的政府管理方式、管理手段进行变革，核心是转变政府的职能，具体包括

---

① 转引自民政部官方网站中国民间组织网，http://www.chinanpo.gov.cn。
② 本小节参考了文军、王世军《非营利组织与中国社会发展》（贵州人民出版社，2004）中
的相关内容。

政府由微观管理转向宏观管理、由直接管理转向间接管理、由部门管理转向行业管理、由"管"为主转向以服务监督为主、由机关办社会转向机关后勤社会化。由于政府机构改革的重点是转变政府的职能，转变职能的根本途径是权力下放，政企分开、政事分开和政社分开，将原来应由社会承担的职责还给社会，培育和发展社会中介组织。经济体制改革与政府行政体制改革为中国非营利组织的发展提供了广阔的制度空间。与此同时，急剧的社会转型也产生了一些社会问题和社会需求。而政府与市场在解决这些问题，满足这些需求时有其自身的局限性，因此，需要有组织的创新，而非营利组织在这方面可以发挥其不可替代的作用。[①]

2. 中产阶级的形成，公众参与的积极性和志愿行动高涨。中国社会结构的转型与经济体制的转轨使中国社会各方面发生了巨大的变化，中国的中产阶级就是在这样的背景中出现和成长起来的。具体而言，中国的"中产阶级"包括这样一些基本的社会群体：一是 1978 年改革之后新生的私营企业家和乡镇企业家；二是与私营企业家同时产生的小业主、小商贩等自营业者以及其他形式的个体户；三是与国家机构有连带关系的干部、知识分子以及国有企业的领导人；四是因外资引进而产生的"外企白领"，包括在外资企业工作的中方管理阶层和高级员工；五是大批企业和社会组织的管理者；六是因高新技术的采用和新行业的出现而产生的高收入群体和留学回国的创业者、建筑师、律师、会计师、房地产评估师、营销人员、影视制作人、股票期货代理人以及其他类型的自由职业者。中国社会中产阶级的形成，不仅为非营利组织提供了新的筹资渠道，储备了志愿者资源，而且也产生了新一代非营利组织的领导者。与此同时，中国公众参与公共事务的积极性和志愿行动空前高涨，在经济市场化和社会多元化的进程中，公民参与的热情越来越高，公民自由、自主、自治和志愿服务的意识逐步孕育与觉醒起来。

3. 法制环境的变化。改革开放后，中国非营利组织所面临的另一个重要变化就是法制环境的变化。中国非营利部门的法制建设和实行的努力已取得显著的进步。1988 年和 1989 年，国务院先后发布《基金会管理办法》和《外国商会管理暂行规定》，1989 年发布《社会团体登记管理条例》。1998 年 10 月，在对原有条例作了大幅度修订的基础上，分别颁布《社会

---

① 邓国胜：《非营利组织评估》，社会科学文献出版社，2001，第 34 页。

团体登记管理条例》《民办非企业单位登记管理暂行条例》和《事业单位登记管理条例》，这是我国为"从事非营利性质社会服务工作的社会组织"制定的重要法规，为规范非营利组织的登记管理，保障非营利组织的合法权益提供了法律依据。1999年颁布的《公益事业捐赠法》是中国历史上第一个有关非营利组织、非政府组织的专门法案。这些条例与法规的颁布标志着中国开始逐渐完善非营利组织的法律体系。

4. 全球化对中国非营利组织发展的影响。随着中国加入WTO，全球化对中国政治、经济、文化，甚至对人们生活方式的影响加强，对中国非营利组织发展的环境也有着重要的影响。[①] 首先，中国加入WTO后，原先由政府进行的招商引资活动，对企业生产经营的直接管理可能被视为非市场化行政干预，不利于自由竞争，因此，需要发展独立于政府之外的商会、行业协会来接替以往由政府承担的某些职能。其次，加入WTO后，中国在很多领域需要与国际接轨，否则在合作与交流中会存在诸多不便。例如，国外通常是通过商会、协会进行行业管理，甚至有国际性行业联合会来制定行业标准，规范行业行为，并通过商会、协会来维护成员的利益。中国加入WTO以后，一方面，以政府的形式同国外的商会或协会打交道，显然并不方便，从而需要有相应的组织形式与国际接轨，即成立中国相应的协会或商会；另一方面，发展国内的商会、协会有助于国内行业的专业化、规范化、国际化，同时也有利于保护国内企业的整体利益。再次，随着国际合作与交流的增多，国际社会对非营利组织及非营利组织在解决社会问题中的作用的认识也会相应提高，国外通过非营利组织对中国的援助也会增加，这也有利于中国非营利组织的发展。最后，全球化对于中国的改革开放和社会发展无疑会起到积极的推动作用，然而，在短期内，全球化也可能会带来一些负面影响，如贫富差距扩大，局部地区或某些行业失业人口剧增，某些地区艾滋病流行、环境恶化等，政府也需要发挥非营利组织在解决这些问题方面的作用。总的来说，全球化会加速政府职能的转变，刺激中国非营利组织数量的增多，增进非营利组织特别是经贸领域的商会和行业协会的非营利组织的自治性、自律性。

5. 可持续发展与西部大开发战略的实施促进了中国非营利组织的发展。可持续发展战略呼唤人类社会的组织创新与制度创新。非政府组织作

① 邓国胜：《非营利组织评估》，社会科学文献出版社，2001，第32页。

为发展领域里的新的重要角色，在很大程度上得到了国际社会和各个国家的承认。在联合国通过的《21世纪议程》的第27章"加强非政府组织作为可持续发展合作者的作用方案领域"中，提出要加强非政府组织的作用，使它们成为可持续发展过程中的建设性的和负责的伙伴。还要求各个社会、各国政府和国际机构应当建立机制，使非政府组织能够在无害环境而可持续的发展过程中负责任且有效地发挥合作者的作用，并为此建立相应的机制。20世纪90年代，在国际上普遍倡导可持续发展，以及联合国体系将可持续发展作为其各种活动的指导思想的时候，中国政府根据国情制定了可持续发展的战略。在可持续发展中，民众力量的增强、能力发展以及有效地参与发展需要通过组织和网络进行，而非营利组织则是促进民众参与的组织形式。而且在解决可持续发展所涉及的各种问题上，如消除贫困、生态环境的保护、人口控制及人道主义方面，非政府组织已用事实证明它们是一个不可缺少的角色。党中央、国务院提出了西部大开发的战略，要求动员全社会的力量加快西部的发展，这对于中国非营利组织的发展来说，又是一个绝好的机遇。因为中国西部地区存在的主要问题包括贫困、环境恶化、人口素质低等，而这正是非营利组织发挥优势的领域。

（二）中国非营利组织发展的历程

中国非营利组织在改革开放以后取得了很大发展，引起了海内外学术界的广泛关注，也成为中国学术界的一个新热点，很多的学者已经介入这一领域的研究。事实上，在中国对社团的研究已有一定的历史，但是随着与国际概念的接轨，非营利组织已成为一种新的视角。而在中国当前的社会体制下，社团可以说是一种从组织特征上最接近非营利组织的社会组织，社团组织的基本特征是民间性和非营利性。总的来看，中国的非营利组织还很不发达，与世界上大多数国家相比还存在相当的差距，尚处在较为困难的创业时期。但是，从历史上看，中国非营利组织并非始自今日，而是有着悠久的历史和漫长的发展过程，其中也曾有过发展的高潮。[①] 中国非营利组织的发展离不开全球这个大背景，同时又有其自身特殊的发展模式和阶段。从中国现代历史来看，中国非营利组织发展的历史，大致经过了三个阶段。[②]

---

① 王名编《非营利组织管理概论》，中国人民大学出版社，2002，第40页。
② 王名编《非营利组织管理概论》，中国人民大学出版社，2002，第41~43页；文军、王世军：《非营利组织与中国社会发展》，贵州人民出版社，2004，第334~341页。

第一阶段是从 20 世纪初至 1949 年新中国成立。这个阶段中国处于各种势力相互争夺的半殖民地半封建的特殊历史时期，中国社会出现了大量的民间非营利组织（社团组织），至少包括六类：第一类是行业协会，包括各种会馆、行会等，是由传统的手工业者、早期工商业者等组成的维护群体利益和行业秩序的民间非营利组织。第二类是互助与慈善组织，包括各种互助会、合作社、协会、慈善堂、育婴室等，其中一部分是中国传统的互助组织和慈善组织的延续，另一部分则主要是外国传教士所建。第三类是学术性组织，包括各种学会、研究会、学社、协会等，其中一部分产生于清末洋务运动时期，是思想启蒙和西学东渐的产物；另一部分产生于20 世纪二三十年代，是五四运动和新文化运动的产物。第四类是政治性组织，包括学联、工会、妇联、青年团等革命性社团，以及相反的"三青团"等反革命社团，还有在抗战期间兴起的各种战地服务组织、救国会等。第五类是文艺性组织，如各种剧团、剧社、文工团、棋会、画社等，主要由文艺界人士创设。第六类则是中国近代一直被蒙上一层神秘面纱的"会党"或秘密结社，如哥老会、洪帮、青帮等。这一时期，为了规范民间组织的管理，1932 年 10 月，国民党政府曾公布过一部《修正民众团体组织方案》，该法规规定了民众团体所必须遵守的原则和申请登记的程序，强调了民众团体对国民党的绝对服从和中央统一管理的原则。这大约是中国历史上第一部有关非营利组织（民间社团）的专门法规。1942 年共产党领导的边区政府颁布了《陕甘宁边区民众团体组织纲要》以及《陕甘宁边区民众团体登记办法》，在纲要中规定了民众团体的自愿原则、经费自筹原则、公益原则和登记原则等基本原则。

第二阶段是从新中国成立到 1978 年十一届三中全会。中国共产党政权建立之后，根据社会主义原则对民间结社进行了彻底的清理和整顿。在整个过程中，有两个方面的变化对民间非营利组织的发展带来了重大的影响。一方面是一部分民间组织的政治化，一些政治倾向明显的团体被定义为"民主党派"，转化为政党组织，如中国民主同盟、九三学社等。另一个重要的变化是一部分民间组织被依法取缔，一大批封建组织和反动组织被新政权根据新的法律规定而加以取缔。这表明了中国新政府的强权政权性质，而中国民间社团组织的发展则一直处于政府的控制和监督下。从那时候起，非政治性开始成为中国民间组织的一个鲜明而重要的特征。1950年 9 月，当时的政务院制定了《社会团体登记暂行办法》，采取类举法对社会团体进行了定义，规定了社会团体的登记管理办法及相应的一些原则。它把社会团体分为人民群众团体、社会公益团体、文艺工作团体、学术研究团体、宗教团体和其他合乎人民政府法律组成的团体。经过清理整顿后，中国的社会团体在 20 世纪 50 年代到 60 年代中期出现了一个较为迅速的发展时期。但这一阶段社团的发展客观上受到很多约束和限制，主要表现为，一是我国当时以共产党为核心的多党合作制度，把各种带有政治倾向的团体都纳入这一体系当中，使社团失去了其作为政治力量存在的基础。二是当时的经济体制是以全民和集体所有制为基础的计划经济，实行高度一元化的集权管理，政企不分，政府控制着企业一切的责、权、利各个方面，企业没有自主权，由于没有可动员的政府之外的资源，社团的发展就失去了其存在的经济基础。三是在当时政治和经济高度一元化的情况下，组织体系也必然是高度的一元化，把每个人所有的一切都包括在内，功能泛化，社团在满足社会需求方面没有存在的意义。而"文化大革命"使中国的民主与法制遭到严重破坏，中国社会团体的发展遭到中断。

第三阶段是从 1978 年的改革开放至今。改革开放政策的全面推进，使中国的经济、政治、社会、文化发生了巨大的变化。这也影响到中国民间社团组织的发展，在整个 80 年代，中国非营利组织的数量急剧增加。有学者对浙江省萧山市社会团体在 80 年代的发展进行过调查，从 1978 年到 1990 年的 12 年，该市的社会团体数量增长了近 24 倍。[①] 进入 90 年代，中国正式认同了市场经济体制，确立了"小政府，大社会"的改革目标。经济体制的转轨和政府职能的转变为民间组织的发展提供了更大的空间。在经过一段时间的调整以后，社会团体的发展在 90 年代中期出现了一个新的高潮。在这一阶段，非营利组织发展的法制环境得到进一步完善，出台了许多相关的法律法规，进一步规范和加强了非营利组织的合法性。1989 年 10 月，国务院颁布了《社会团体登记管理条例》，1986 年 8 月和 1989 年 6 月，先后颁布了《基金会管理办法》和《外国商会管理暂行规定》。经过 10 年的实践，这些法规的一些内容显得过时了。1998 年 10 月，在对 1989 年的条例进行修改的基础上，国务院颁布了新的《社会团体登记管理条例》，同时还颁布了《民办非企业单位登记管理暂行条例》，1999 年 8 月又颁布了《公益事业捐赠法》。这些法律法规共同构成了改革开放后中国民

---

① 王颖等编《社会中间层：改革与中国的社团组织》，中国发展出版社，1993。

间组织发展的法律框架和法制环境，使中国民间组织的宏观管理逐步走上法制化的轨道。

进入 21 世纪，中国政府提出构建社会主义和谐社会的伟大战略目标。十六届六中全会决议明确提出，为构建社会主义和谐社会，要大力发展社会组织，积极推动社会体制改革和创新。最近一些年来，围绕人民团体改革、事业单位改革和民间组织管理体制改革，在理论界和相关实践领域都引起了热烈的讨论。汶川大地震、北京奥运会和残奥会中志愿者的周全服务与奉献精神极大地吸引了社会各界对中国志愿服务的关注与赞赏，也使中国非营利组织的研究成为关注的热点。越来越多的国内学者从公共管理、政治学、社会学、经济学、法学、历史学等不同学科的角度关注和研究中国非营利组织的发展，而国外的相关学者也开始关注和参与进来。可以期待，包括非营利组织在内的各种社会组织必将迎来制度创新和组织发展的新的历史时期。

（三）中国非营利组织活动的主要领域

在我国，非营利组织活跃在社会生活的各个方面，为社会提供着多种多样的公共服务和公共物品。为了全面掌握中国非营利组织的基本情况，清华大学 NGO 研究中心在福特基金会和日本国际交流基金会的资助下，曾在 2000 年先后向国内各省市的 1 万家非营利组织进行了问卷调查。根据调研统计结果，中国非营利组织在广泛的社会经济领域开展着各种活动，提供着各种服务。

从该项目调查的数据看，非营利组织活跃于中国社会经济生活的各个主要领域，主要包括社会服务（44.63%），调查与研究（42.51%），行业协会、学会（39.99%），文化、艺术（34.62%），法律咨询与服务（24.54%），政策咨询（21.88%），扶贫（20.95%）。从这里可以看出，中国非营利组织往往集中在社会需求旺盛而政府和企业都难以提供相应服务的领域。在这些领域存在着公共物品供给"缺位"的局面，为非营利组织的介入提供了空间，在政府不过多干预的情况下，非营利组织便会萌芽、发展起来。

（四）中国非营利组织发挥的主要作用

作为独立于政府体系之外承担一定公共职能的非营利组织，目前活跃于现实生活的方方面面。与世界其他国家（地区）非营利组织一样，中国的非营利组织也正在成为积极影响社会发展的重要的组织制度创新形式，在中国社会扮演着越来越重要的角色。从中国非营利组织发展的现实情况看，其作用主要体现在以下几个方面。

表 5 - 10 中国非营利组织活动领域分布

单位：%

活动分类	比例	活动分类	比例
文化、艺术	34.62	动物保护	3.12
体育、健身、娱乐	18.17	社区发展	17.04
俱乐部	5.31	物业管理	6.17
民办中小学	1.99	就业与再就业服务	15.85
民办大学	1.13	政策咨询	21.88
职业、成人教育	14.19	法律咨询与服务	24.54
调查、研究	42.51	基金会	8.62
医院、康复中心	10.54	志愿者协会	8.16
养老院	7.03	国际交流	11.47
心理咨询	9.75	国际援助	3.32
社会服务	44.63	宗教团体	2.52
防灾、救灾	11.27	行业协会、学会	39.99
扶贫	20.95	其他	20.56
环境保护	9.95		

资料来源：王名主编《中国 NGO 研究 2001——以个案为中心》，联合国区域发展中心，2001，第 11 页。

一是促进政府职能的转变。在我国政府职能转变过程中，原来由政府承担的大量社会和经济管理职能，一部分交给企业去自主作出决策，另一部分则推给社会去"自治"。近年来非营利组织承接了大量政府转移的社会事务，活动范围涉及环境保护、科学研究、文教卫生、休闲娱乐、慈善救助、扶贫、就业与再就业培训、法律服务、社区发展以及宗教活动等众多领域。非营利组织的发展有助于改善政府与社会之间的关系，提高社会的自我管理能力，更好地推进公共治理社会化，促使政府从直接的、微观的管理转变为间接的、宏观的监督管理，促进政府职能的转变、推动政府行为的现代化。

二是加强行业管理。在市场经济条件下，政府对社会经济的管理，主要是通过制定政策和规则，加强宏观调控，尽量减少不必要的行政干预和直接管理。要做到这一点，就要借助非营利组织，特别是那些具有行业管理功能的行业协会、商会等，加强对行业的管理。在这方面非营利组织具有很大的潜力。一方面，非营利组织通过制定企业行业规章制度，实行行业自律，扮演行业利益的代言人和政府政策、信息传递者的双重角色，在政府和企业之间发挥桥梁、纽带作用；另一方面随着非营利组织的发展壮大，政府还可以委托某些行业组织承担一定的行业管理职能，发挥政府直接管理难以企及的作用，从而达到强化社会自我管理的目的。如中国消费者协会就是一个对商品和服务进行社会监督、保护消费者合法权益的全国性社会团体。在保护企业、行业利益以及维护消费者的合法权益，促进社会主义市场经济健康发展方面，发挥着特殊的作用。

三是动员社会资源。相对于企业和政府而言，非营利组织的一个重要作用是动员社会资源。一方面，通过各种慈善性、公益性的募款活动筹集善款和吸纳各种社会捐赠，从而动员社会的慈善捐赠资源；另一方面，发动来自社会各个方面的志愿者参与到各种慈善公益活动或互助共益活动中，从而动员社会的志愿服务资源。非营利组织依靠其富于公益、志愿、博爱、慈善的宗旨和理念感动社会，通过其独特的社会功能影响社会、改善人类，因而能够动员巨大的慈善捐赠和志愿服务。通过动员社会资源，非营利组织向社会表达了它们致力于社会公共利益或一定范围内共同利益的宗旨和理念，得到社会广泛的回应和信任，并因此得以聚集来自社会的财产资源（捐赠）和人力资源（志愿者），从而用于各种社会公益活动或共益活动中。

四是提供公益服务。非营利组织在一定意义上可理解为社会对于公共事务的一种资源配置，即人们应对社会所需要的某种服务的需求。因此，以捐赠或志愿服务的方式进行"购买"或供给安排，通过非营利组织这样一种制度形式来满足社会对公益服务的需求。非营利组织将其动员的社会资源，按照组织的公益宗旨和理念并遵循对社会所作出的承诺，用于开展各种形式的公益性社会服务。非营利组织因其自发性、志愿性、草根性等特点，能够较好地因应各种社会问题，弥补政府失灵和市场失灵的不足，在社会问题发生的各个领域拓展空间，构建基于社会公益的服务体系并不断增强其专业化能力，从而维护并增进社会的公共利益。此外，非营利组织通过接受政府委托或参与政府采购，加入政府公共服务体系，拓展公共服务的空间并提高其效率，同时形成与政府公共服务之间助力互补、合作互动、共同发展的关系。

　　五是有助于促进就业。非营利组织是第三产业的一个重要组成部分，非营利组织自身健康快速的发展能够有效地促进第三产业的发展。随着第三产业的快速发展，非营利组织在职能分化中越来越显示出它的独立性。根据萨拉蒙等团队的研究，非营利组织不但成为一个庞大的就业领域，而且创造了数量可观的经济价值。随着改革的深化，经济结构的调整，中国正面临前所未有的就业压力。根据中国人力资源和社会保障部公布的数据，截至 2009 年 9 月底，城镇登记失业率为 4.3%。[①] 而人力资源和社会保障部部长尹蔚民称，如果按照 8% 的经济增长速度测算，全年通过经济增长能够提供新增就业岗位总数约为 1200 万个，而 2009 年需要就业的人员总数超过 2400 万，供求缺口与 2008 年相比将进一步加大，劳动力供大于求的矛盾进一步加剧。[②] 作为第三产业的非营利组织的充分发展能够为社会提供大量的就业机会。如非营利组织是提供社区服务的主体，我国不少城市在社区服务方面进行了很多有益的尝试，提供了不少的就业机会。

　　六是促进公民社会的发育。非营利组织的发展是公民社会形成的重要标志。非营利组织在维护市场秩序、提供社会服务、满足社会需求等方面发挥的作用，与政府部门的机制不同，它们是通过自律、志愿服务等机制实现的，反映了一种社会自治机制。非营利组织可以动员和组织有学识、有经验、有技能、有共同志向与抱负的人们，创造性地从事各项社会发展活动。非营利组织还可以通过各种中介活动指导和帮助广大民众，特别是将弱势社会群体的民众组织起来，启发他们的参与意识，发挥他们的能力与潜力，以各种形式参与经济和社会发展，增强他们的自立精神与社会责任感。

（五）中国非营利组织存在的主要问题

　　尽管非营利组织已经并正在成为中国社会经济发展中的一支重要力量，活跃在我国社会经济生活的各个领域，对社会经济的发展起到重要的促进作用，但就其能够和应当发挥的作用而言，中国非营利组织的发展还

[①]　《人保部：三季度末中国城镇登记失业率为 4.3%》，新华网，http：//news. xinhuanet. com/politics/2009 - 10/23/content_ 12309622. htm，登录时间 2009 年 10 月 26 日。

[②]　尹蔚民：《我国人力资源和社会保障事业发展历程、主要成就和形势任务》，http：//www. labournews. com. cn/ldbzb/ldbzgz/zhbd/66011. shtml，登录时间 2009 年 10 月 26 日。

是远远不够的。与改革开放中社会巨大变迁带来的需求相比,中国非营利组织在获取和运用资源、协调关系、发挥作用等方面都不存在明显的优势。大多数非营利组织在政府规制和市场挤压下艰难寻求生存和发展之路,难以展现国外非营利组织所具有的勃勃生机,"尚处在一个相对弱质和艰难的创业时期"①。总体而言,中国非营利组织存在以下几个方面的问题。

一是相关的法律制度不健全。如前所述,我国虽然陆续制定了社团、民办非企业单位和基金会登记管理条例,但法制仍然不够健全。现行登记管理条例,对境外非营利机构在我国境内的管理及活动,对境外人员在境内成立社团和举办民办非企业单位,对基层民间组织登记管理,对社会团体内部治理结构缺乏具体的或可操作的规定。现行法规中的许多规定在很大程度上不利于非营利组织的发展。它们所带有的控制、限制的基调和繁琐的手续规定及其制度性框架,在相当长的时间里都成为制约非营利组织发展的因素。同时国家立法工作落后于非营利组织的发展,至今还没有一部完整的关于非营利组织的法律,立法层次比较低。民间组织的性质、地位、组织形式、管理体制、经费来源、财产关系、内部制度、权利义务以及与政府、企业的关系等,都亟须在更高的法律层面上加以明确和规范。

二是资源不足。非营利组织的资源不足是一个相当普遍和非常严峻的问题,主要体现在经费不足和能力不足。经费是非营利组织的生命线,而相当一部分非营利组织资金严重不足,无法开展正常的活动,其中有不少组织处于名存实亡的"休眠状态"。一些非营利组织为了维持生存发展,通过各种渠道开展与其自身业务不相干的经营性活动或者违法活动,造成了恶劣的影响。中国非营利组织资源缺乏的另一个表现是能力不足,缺乏高素质的专业人才。非营利组织的能力包括组织的活动能力、管理能力、创新能力和可持续发展能力等,而中国大多数的非营利组织自身能力有限,在人员、资金、信息、经验等各方面都很欠缺。很多非营利组织还是由政府部门成立的,缺少独立性和管理、运作、发展的动力和能力,动员社会资源的能力不强,加上组织管理不规范、不透明、不民主,又缺乏评估和社会监督,使得它们难以得到社会的广泛认同,难以发挥应有的积极作用。

---

① 王名编《非营利组织管理概论》,中国人民大学出版社,2002,第52页。

三是缺乏自治。改革开放以来，中国社会自治力量不断增强，公民社会也在不断发育和成长，但政府依然是主导社会发展的主要力量，加上社会主义市场经济体制还没有完全建立起来，社会自治赖以生存发展的公民社会缺乏有效的经济基础，社会的自治能力还很低。相当数量的非营利组织的独立意识和自我治理能力与西方国家相比还存在很大的差距，过分依赖政府，带有明显的机关化、行政化倾向。事实上，相当一部分的非营利组织由政府部门发起，管理体制上，以政府主导为主，还不能完全做到政社分开。非营利组织无法独立地实现组织目标，没有能力自主地选择和开辟自己的发展空间。中国有相当一部分非营利组织是通过获取自上而下的资源建立和发展起来的，这些组织，不仅其主要的资源来源于党政机关，而且在观念上、组织上、职能上、活动方式上、管理体制上等各个方面，都严重依赖于政府，甚至依然作为政府的附属机构发挥作用。即使民间自发建立的非营利组织，由于要挂靠在业务主管单位上，也会受到政府各方面的限制和干涉。

四是监督机制不完善。目前中国非营利组织的发展还处于较低级的阶段，对于非营利组织的监督机制还很不完善。首先，政府对非营利组织的监管能力有限，民政部门在面对数量庞大的非营利组织时往往力不从心，而业务主管部门没有过多的精力或不愿意管理非营利组织的日常活动，而且业务主观部门与非营利组织有着各种利益关联，难以发挥监督的作用，使得外部监督显得空洞，流于形式。其次，社会对非营利组织的监督又处于缺位状态，缺少独立的第三方专门对非营利组织、民间组织进行监督，媒体对非营利组织的监督作用也有限，公众又缺乏制度化的渠道来反映非营利组织违背非营利准则的问题。在这种情况下，对非营利组织的监督主要是通过非营利组织的自律来实现，这种单一的监督方式容易造成非营利组织的官僚作风、腐败以及滥用公共资源现象的出现，降低非营利组织的公信力，进而影响非营利组织获取资源的能力。

中国的非营利组织之所以会出现这些问题，主要的原因是缺乏社会公信度、缺乏明确的宗旨与使命、缺乏竞争机制、行政干扰较大和缺乏社会力量的监督。①

---

① 文军、王世军：《非营利组织与中国社会发展》，贵州人民出版社，2004，第347～349页。

二　中国非营利组织中成长的"80 后"志愿者

当今世界，志愿服务已成为公民社会不可或缺的一部分，是人道主义援助、技术合作、改善人权、促进民主与和平、保护自然与环境的重要力量。志愿者成为许多非营利组织开展志愿服务的重要资源，在许多社会运动如消除文盲、免疫和环境保护等领域中，志愿者的作用不容忽视。可以说，非营利组织与志愿者之间的关系是血肉相连的。前面在描述国外公民社会部门（非营利组织）发展概况时，引用萨拉蒙教授领导的研究团队的国际比较项目显示，志愿者已经成为公民社会部门的重要参与力量：在公民社会部门就业的 4550 万相当全职工作人员中，志愿者占 44%，领薪雇员占 56%（在没有加权的情况下，志愿者占 38.4%，领薪雇员占 61.6%）。在 36 个国家的公民社会部门做志愿工作的实际人数至少达到 1.32 亿，相当于这些国家大约 10% 的成年人口。近年来，随着志愿服务在中国的迅速发展，中国志愿者人数与日俱增，已成为中国非营利组织的重要人力资源。在前面的相关章节中，对"80 后"群体参与汶川大地震、北京奥运会和残奥会的风采和奉献精神作了详细的分析，这里我们主要以个案的形式介绍中国非营利组织中的"80 后"志愿者及志愿服务。尽管这里选择的三个个案未必具有典型的代表意义，但这些"80 后"志愿者提供的志愿服务与奉献精神是值得光大的。他们的信念与行动让我们看到，"80 后"是敢于担当责任的一代，是充满希望的一代。

（一）"绿色昆明"与梅念蜀的地下河保护项目①

2002 年，梅念蜀从武汉科技大学环境科学专业毕业，进入湖北省环境科学研究院工作。2005 年 7 月，梅念蜀孤身来到昆明，找到一份工作后，她想参加昆明的环保活动。她发现，在生物多样性如此丰富的省份，环保活动、志愿者活动却异常稀少。她冒出一个想法：能否在昆明组织一批市民志愿者呢？能否呼吁更多的人在关心个人追求的同时，也关注一下周围的自然和人文环境呢？2006 年 6 月，梅念蜀发起成立了昆明环保科普协会（简称"绿色昆明"），得到昆明市科协的大力支持，并于 2007 年 12 月 16 日经云南省昆明市民政局批准正式登记注册。2007 年 11 月，她辞掉了云南新世纪环境保护科学研究院的工作，成了彻底的"民间环保人士"，用

---

① 该个案素材主要来自《北京青年报》2009 年 6 月 23 日冯永锋的文章《梅念蜀：八零后这样做环保》，此外还参考了新浪网、人民网等网络上的相关报道。

自己的积蓄，支持协会的运营。

"绿色昆明"是一个热爱自然、关心环境的非营利性环境保护组织。该组织的使命是运用科学的态度，通过多方合作，提高公众环境保护意识，关注并促进环境问题的解决。组织的目标包括：①帮助中小学生获得人与环境友好相处所需要的知识和技能，培养有益于环境的情感、态度和价值观，成为有爱心和行动力的新一代；②引导广大市民关注家庭、社区、国家和全球面临的环境问题，鼓励积极参与面向可持续发展的决策与行动，成为有社会实践能力和责任感的公民；③通过市民行动、专家参与、媒体报道、政府主导等多方合作的方式，宣传环境美好区域并推动其管理和保持，同时关注环境问题区域并促使其改善和恢复。组织的工作方式是在昆明市各相关领域企事业单位科技人员组成的理事会领导下建立秘书处，秘书处下属环境意识普及部、环境问题合作部、网络与编辑部、行政管理部。各部门成员为会员或志愿者，部门负责人为专兼职人员。①

2006年8月，"绿色昆明"接到西山区一个农民的举报，说有条地下河流突然断水了，好像是河流的上游有人建别墅，有人开洗车场，把水都抽走了。举报者希望环保组织能够帮助调查、呼吁一下。"绿色昆明"的志愿者们用了一年的时间，对地下水较为丰富的滇池西岸进行了调查，发现这里的20多条地下水系中，有不少已经流出地面，成为水库、龙潭和地表径流，面临着干涸、污染、被非法占用等问题。在咨询了多个部门后，志愿者们惊奇地发现，除了打井需向水利局申请外，昆明地下水监管几乎处于真空状态，没有哪个部门清楚地下水系的现状，也没有具体的职能部门管理。于是志愿者们联合写了一份提案，呼吁政府明确地下水系的管理权限。2007年2月，这份提案上交。可能正是因为没有相应的管理部门，这份提案花了8个月的时间在各个部门里游荡。2007年10月，提案终于得到了昆明市环保局的回复，表示将建议水利局和国土资源局共同加强管理。但从那以后就没有了下文。2008年8月，志愿者们抱着试一试的心态，写了一封整整50页的"市民信"——《关于入滇地下河、水库、龙潭管理存在真空》，收信人是昆明市市委书记仇和。写信的36名志愿者中，有天文工作者、大学教授、科技人员、工程师、个体户和大学生等，他们希望昆明市政府"能在对地下水井加强控制和监管的同时，也能注意

---

① 见《组织介绍》，"绿色昆明"网站，http://www.greenkm.org/。

到已经流出地表的地下水源，明确其管理权限，指定专管局负责日常的审批和督察，并效仿目前地表河流的管理方法，指派专管员、巡视员随时督察，杜绝企业或个人未经许可私自占用的行为再次发生"。志愿者们还希望政府能组织环境监测单位，对滇池流域的地下水水质状况进行全面采样和监测，以使得"滇池的毛细血管自由流淌，周边居民的身体健康得到更可靠保障"。8月底，仇和书记对此作出批示，并交由昆明市水利局办理，相关工作人员随即主动和志愿者取得了联系。

参加调查的人们都觉得特别受鼓舞。环保志愿者们非常渴望参与到社会公共事务的管理中，可是一直以来对于参与的方式都非常模糊。"但我们相信，只要我们调查得很扎实，问题把握得很准确，并且持续不断地放大我们发现的信息，持续不断地与各种社会资源合作，我们的目标就一定会实现。其实群众的力量是可以被发掘或者被引导的，可以鼓励更多的市民参与到公共社会事务的管理过程中。" 2009年5月7日，昆明市召开了"地下水保护条例草案听证会"。参加完这个会议，梅念蜀写了一个《观察与发现》。她说："大家期盼已久的地下水保护条例终于要出台咯！据了解，我国一个法规的制定从调研到编制、修改、完稿，有些要长达几年的时间。而此次，昆明市水利局从接到立法任务，组建各方代表成立立法小组到前往郑州、天津、武汉调研，再到编写、修改和草案出炉用了不到一年的时间。同时，我们发现，民间环保组织的'参政议政'能力与其水平是成正比的。民间组织扩大志愿者队伍，吸引专家加入，能在一定程度上提高机构的专业水平以及社会影响力。"

在2009年4月22日世界地球日之际，"第三届SEE·TNC生态奖"颁奖仪式上，梅念蜀代表"绿色昆明"领取了最高奖。这一奖项是由中国的民间环保组织阿拉善SEE生态协会与世界著名的环保组织大自然保护协会（TNC）联合主办的。她端着一大瓶滇池之水走上领奖台，水里泡着几个螺壳。她说希望这些水中的生物，能够在中国所有的水体里，自由、安全、幸福地生长。这一奖项既是对"绿色昆明"组织在践行环境保护中所作贡献的表彰，也是对梅念蜀这个"80后"志愿者的志愿精神的肯定。

"绿色昆明"及地下河保护这个"不太起眼"的小项目，能获得SEE·TNC生态奖的最高奖，梅念蜀完全没有想到。她在给一个朋友的信中说："我对SEE这个奖和奖金不是太在意，当初只是希望能入围或三等奖，解决人员工资的瓶颈。而评奖的结果令我非常意外，这个比其他组织要小的小项目为什么会受到重视？我出于好奇，在现场问过阿拉善 SEE 生态协会 NGO 合作部负责人郭霞。"她的回答是："评委把一个相对缺少资源的年轻组织以及这个团队的专业和奉献精神作为一个很重要的指标；其次，第三届 SEE·TNC 生态奖的考量主题是'合作共赢'，要看一看民间组织有没有能力介入环境事件，同时能推动社会关注，最终促进政策改善。"

2009 年 4 月 23 日，阿拉善 SEE 生态协会会长王石在新浪做节目时谈到了自己对梅念蜀项目的感受："一是发现年轻人尤其是'80后'，开始显示出了强大的竞争性和生长性。有人以为做公益啊、做环保啊，是我们这代一些人的专利，但现在我察觉到，'80后'不但有，而且比我们这一代更单纯。比如，当时有人问梅念蜀为什么要做环保，她的回答很坦然，她说这就是一种生活方式，这个回答令我感到很意外。这种平实让人感动。第二个感慨是，她坦然面对的淡定精神也让我吃惊。比如有人提了一个比较刁钻的问题：你这个项目因为是昆明市委书记仇和最后批示了，如果没有仇和呢，效果会怎么样？她的回答同样让我很感动，她说，我们做的一切事情，都可能顺利，可能不顺利，顺利我们当然很高兴，不顺利我们也会坦然面对它，并坚持做下去，总有成功的一天。'作为民间组织，我们接受我们能改变的一切，也接受我们不能改变的一切，我们会在这样的大环境里面尽我们所能做一些推动。'这句话让在场的很多人动容。梅念蜀让我看到了中国年轻一代做环保的智慧和勇气。"

梅念蜀在荣誉面前并没有迷失方向，她与"绿色昆明"的团队一如既往地继续做着环保项目。2009 年 6 月，她们又启动了"我的大树"新项目，对滇池周边的古树名木重新进行细致的排查、记录、建档，明确该区域古树名木的现状，弥补以往资料时间较久、乡村漏查等问题，组织市民和村民联动的爱心守护活动，以群众的力量进行古树名木保护和监督，避免任意砍伐、移栽等破坏事件再次发生，吸引更多市民参与到力所能及的环境保护行动中去。

（二）苍南县壹加壹应急救援中心与"追逐"灾难的志愿者[①]

浙江省苍南县壹加壹应急救援中心，原名苍南县防汛抗台风志愿者联

---

① 该个案素材主要来自《民主与法制时报》2009 年 6 月 13 日陈洪标、慕容梦漪的文章《"追逐"灾难的志愿者》。此外，还参考了苍南县壹加壹应急救援中心网站"中国 NGO 应急救援网"（http：//www.yjjy.org/）上的相关报道。

盟，成立于 2007 年 7 月，2008 年 11 月 26 日正式在苍南县民政局登记注册，登记主管单位为苍南县人民政府办公室（应急管理办公室），是迄今为止苍南县唯一一家正式登记注册的民间应急救援组织，经民政部门核准，也是全国首家正式登记注册的民间应急救援组织。这个民间组织的发起人张炳钧是一个"80后"青年，因为热心于台风等灾害中的救援，而成为苍南县乃至浙江省家喻户晓的名人，被当地人称为"追逐"台风的"80后"。

出生在苍南县灵溪镇大观村的张炳钧，初中毕业后以优异的成绩考上了温州冶金职业技术学校电算化会计专业，但是毕业后并没有找到一份稳定的工作，之后离家到温州、广西等地打工。2004 年张炳钧回到老家，并在苍南县公安局交警大队找到了一份临时工作，在办公室帮忙。

张炳钧和台风结缘是在 2006 年 8 月 10 日。那场新中国成立以来最强的超强台风"桑美"正面袭击苍南，他亲眼目睹了很多灾民的房屋倒塌，他想帮助乡亲重拾生活的希望。

第二天，张炳钧利用交警队工作的便利，与浙江省几大网站、论坛联系，共同发起倡议，在各自的网页上发帖《为受灾群众献爱心捐赠倡议书》，呼吁广大网友援助灾区。三天时间，网友们纷纷捐款捐物，收到了捐款 18 万余元。被众多网友爱心感染的张炳钧，与其他发起人员一起组织"网友爱心车"，前往县里 36 个乡镇受灾区，把捐款交到了 150 户灾民手中。这次的组织经历，让张炳钧体会到一种从来没有过的快乐，仿佛看到了自己人生的另一种价值。没有固定工作并没什么，只要能做自己喜欢的事情就可以了。

苍南县地处浙江南部沿海，每年汛期易受台风暴雨灾害威胁，水旱灾害一直是苍南经济社会发展的大敌。气象部门的资料显示，新中国成立以来，袭击大陆的台风大多在苍南县登陆，特别是超强台风"桑美"正面袭击苍南县时，全县的通信、交通受到很大影响。

如何在灾难来临时，进行及时的救援，这比灾后捐献更有意义。张炳钧想在救援方面做文章。当他把想法告诉朋友们后，大家都笑他：人小心大，这是县长做的事；台风来了，有政府；一个小市民搞什么施救队，没必要费这样的脑筋。张炳钧却不这么想，有灾有难，靠政府是没错，但是如果能组织一支民间救援队伍不是更好吗？人多力量大。

2007 年 5 月某天，张炳钧乘坐出租车时，无意中发现车上装有全球卫星定位系统 GPS，该系统具有全天候、全球覆盖等功能，而且出租车司机本身对全县大小道路都熟，车技也好。这时，张炳钩脑子一闪：利用 GPS 成立一支出租车防汛应急服务队，在台风和暴雨等自然灾害来袭时，及时救援和转移受灾群众。回到交警大队，张炳钩就向领导谈了自己的设想。领导肯定了他的想法，让他去试试看。随后，张炳钩跑了县防汛防旱指挥部、团县委、县运管所等相关单位，得到了这些单位的一致支持。

2007 年 7 月，苍南县出租车防汛应急服务队正式成立了，发起人张炳钩担任服务队的队长。应急服务队成立第二个月，9 号超强台风"圣帕"在 8 月 18 日上午向苍南县海域逼近时，应急服务队马上组织了 66 辆出租车前往全县 25 个乡镇上岗服务。这也是全国第一次在抗台风时使用出租车的 GPS 全球定位系统。

2007 年 9 月 18 日正午，当"圣帕"台风紧急警报响起时，66 辆应急服务队的出租车开往全县 25 个乡镇参加防汛抗台风。张炳钩随车辆到一线，帮助转移群众、运送物资，一直坚持到 9 月 20 日台风警报解除为止。

在这两次抗台风的过程中，张炳钩发现，当队员们赶到险情发生的地点，看到有群众受伤需要治疗时，出租车司机却并不具备急救知识。同时，医院的医护人员这时全都待命在医院，使抢险救灾工作进行得不畅。为了使伤员尽快得到抢救，减少伤害，他觉得应该成立一支医疗应急队伍。

这时的张炳钩，因为应急服务队的出色表现，他和队员们得到了许多网友的支持，为他们的冒险救援精神叫好，而且有很多网友也想加盟。于是，张炳钩在网络上发起成立自备车防汛应急医疗服务队。有自家车的网友纷纷响应，不到一年时间，围绕抗台风抢险救援的民间组织，增加到了 5 个，有抗台风抢险志愿者服务队、灾后重建义工联合分会等。为提高效率，这 5 支防汛抗台风队伍组建了苍南县防汛抗台风志愿者联盟，张炳钩当选为联盟的会长。这也是全国首个防汛抗台风志愿者的联盟组织，志愿者最多时，达到 1000 多人。

2008 年汶川地震，乐于奔波抗击台风等自然灾害的张炳钩，很敏感地意识到这次灾难的残酷无情，也更能理解身陷灾难之中的人们最需要什么。5 月 13 日上午，28 岁的张炳钩以防汛抗台风志愿者联盟的名义，与县慈善总会、县总工会、团委、妇联、工商联等部门联系，联合组织一场"抗震救灾"活动，并得到了各部门的支持。5 月 13 日下午，一份"心系

'5·12'四川汶川大地震你我他携手共渡难关"联合倡议书,出现在苍南县各电视、网络、广播等媒体上,随即社会各界的爱心捐助行动也迅速启动。不到10天,共收到善款多达113万余元。这次活动的社会影响力,让张炳钩看到了民间组织的力量。

发源于民间,成长于民间,为民间百姓提供服务,这是许多志愿者的初衷。但是没有经过注册、没有成熟的组织体系,也没有专业技能,让这些志愿者的满腔热情难以付诸行动。张炳钩再次意识到联盟的正式"户口"问题。早在2007年11月,联盟通过常务理事会,向民政部门提交了要求登记注册的申请。此前除了苍南县志愿者协会外,还没有类似的志愿者组织注册过,所以一直没有合法身份。张炳钩经过一番波折后,终于在2008年11月26日,苍南县防汛抗台风志愿者联盟被正式登记注册为"苍南县壹加壹应急救援中心",主管单位是苍南县人民政府办公室,同时接受苍南县突发公共事件应急管理委员会成员单位的业务指导。苍南县壹加壹应急救援中心也是全国首家正式登记注册的民间应急救援组织。

2009年春运的第一天,104国道苍南县分水关路段路面出现大面积的结冰,高速公路封道,浙江与福建唯一可以通行的国道线上车辆排起了长龙。张炳钩立即组织苍南县壹加壹应急救援中心十多名志愿者协助处置道路结冰、疏导车辆等工作。这也是苍南县壹加壹应急救援中心正式登记注册以来参加的第一次突发事件处置。

2009年3月5日,苍南县慈善总会义工分会在苍南县影城广场成立,作为该分会的主要发起人,张炳钩多了一个新职务——苍南县慈善义工分会执行会长。"为了更好发挥义工组织的力量,方便统一组织协调管理,我们就联合向苍南县慈善总会申请成立慈善义工分会。"张炳钩说。4月22日,"第三届中国突发事件防范与快速处置大会"在北京举行,作为全国唯一登记在册的民间应急救援组织理事长,张炳钩应邀参加了会议。参加此次大会,张炳钩除了学到一些好经验外,苍南县壹加壹应急救援中心也分别得到中国红十字会、国家防汛抗旱总指挥部办公室、中国灾害防御协会、国家减灾委员会等众多参会领导的赞许和鼓励。

从联盟到苍南县壹加壹应急救援中心,近两年来,曾参加抗击台风、龙卷风多次,抗震救灾、处置道路结冰各1次以及各项爱心活动和创建省级文明城市活动50多次,共转移群众6万多人,救助受伤人员1000多人,募捐款项达130多万元,并获得了省级、市级、县级各项荣誉50多个,张炳钩自己也先后获得温州市 2007 年度抗台风救灾先进个人、2007 温州市志愿者工作先进个人等荣誉。

作为中心的主要负责人，张炳钩并不满足于已取得的成就，而是在不断地思索中心的未来发展以及面临的现实问题。与其他非营利组织一样，资金是张炳钩面临的最大的现实问题。日常基本运作、办公场所、专职人员工资、应急救援装备购买、人员保障等方面，都需要资金的支持。经费的困境，一度令这位喜欢与台风抗争的"80后"难为"无米之炊"。不过，张炳钩相信困难只是暂时的。他希望能在今后协助政府有关部门做好防范和处置各类突发事件中起到作用，营救更多的人。同时，希望通过他们这个民间组织的努力，能让更多的人在灾难来袭时，拥有自救和互救技能。

处在起步阶段的苍南县壹加壹应急救援中心，接下来的工作重点除了组建队伍、规范制度、培训演练之外，主要配合相关部门和乡镇做好防灾减灾知识宣传以及自救互救知识的宣传推广。为了更好、更快、更广泛地宣传和普及公众应急避险常识，2009 年 5 月 4 日，苍南县壹加壹应急救援中心开通了网站（中国 NGO 应急救援网），公众应急避险科普知识涉及台风、地震、洪水、龙卷风、海啸、泥石流、火灾、森林防火、交通事故、食物中毒等内容，这也是温州市首家公益性公众应急避险常识宣传网站。

在 2009 年 5 月 12 日国家首个"防灾减灾日"，苍南县壹加壹应急救援中心与苍南县教育、安监、人防、应急、消防、交警等部门，在苍南县第一实验小学联合举行全县首届中小学生应急救援模拟演练比赛，让学生们以轻轻松松玩网络游戏的形式学习公众防灾避灾常识。张炳钩表示，对公众的防灾减灾以及自救互救知识的宣传推广工作很重要，这也是苍南县壹加壹应急救援中心将长期进行的一项工作。苍南县壹加壹应急救援中心还与温州几大院校联系，准备组织在校百名大学生开展"基层防灾减灾知识宣传及社会调查实践"活动。

正如苍南县壹加壹应急救援中心官方网站所宣扬的，"再小的力量也是一种支持"。张炳钩及其志愿者队伍用实际行动践行奉献、友爱、互助、进步的志愿精神，不停地奔波于抗击台风及灾后重建的前沿，使自身的应急援助能力经受住了考验与提高。作为一名"80后"青年，张炳钩的志愿行动使我们看到，"80后"青年是勤劳、务实的一代。

（三）"多背一公斤"与安猪们的公益旅游①

"多背一公斤"是个倡导公益旅行的民间非营利组织，它希望旅行者能在旅途中探访乡村学校，出行时多背一公斤学校所需的物资，以一种轻松快乐的方式传递爱心和知识，同时为自己的旅程增添意义。

"多背一公斤"的公益活动包括三个步骤：一是传递，即出行时多背一公斤，为乡村学校带去需要的物资；二是交流，即在学校中与孩子们交流互动，传播知识，分享快乐；三是分享，即归来后在"多背一公斤"官方网站（http：//www.1kg.org/）分享信息，方便更多的人参与。"多背一公斤"网站是为用户更好地参与公益活动而设计的网络公益社区。在这个网络社区里，参与者可以提交和查询学校信息及需求，发起和组织公益活动，以及建立公益小组，共同为某所学校或某个公益主题贡献力量。这个网站也是一个开放的公益空间，所有的团体、机构都可以利用社区的功能来组织和管理自己的公益项目和活动。

"多背一公斤"的价值观念包括两个主要的方面，一是主张一种平等交流、快乐行动的价值观，它相信每一个乡村孩子都是快乐和有天赋的，公益行动是一种相互的分享和交流，而不是单方面的同情和给予。二是提倡自助精神，鼓励参与者的自发行动。在"多背一公斤"里，个体不是某个机构下面的志愿者，而是公益的主人。"多背一公斤"会通过网站的运营和服务让每个志愿者的公益参与更加方便、透明、易于管理，但真正的行动者和决策者，还是志愿者自己。"多背一公斤"的愿景是旅行改变世界，即希望每一个热爱旅行的人，都可以把自己的每一次旅程变成一次改变世界的行动，不要轻视自己的小小行动。中国每年有超过3亿人前往乡村地区旅游，他们当中如有1%或是1‰能多背"一公斤"，带给乡村孩子们的物资和欢乐就无可限量。

汶川大地震发生后，在中国众多的非营利组织里，"多背一公斤"迅速地作出反应：在地震发生后的第一时间制作了专题网站；联合国内超过100家民间非营利组织，成立NGO四川救灾联合办公室；通过全国的志愿者发起了约80个地震救灾公益活动，内容涉及物资募集、图书募集、实地活动、支教老师招募等；2008年5月29日又发布为期5年的"灾后学校

---

① 该个案素材主要来自《今日中国》2009年5月13日张曼的文章《"多背一公斤"：中国公益生态里的非典型样本》、《北京青年报》2009年4月17日刘泉的文章《公益旅游进行中》。此外，还参考了"多背一公斤"网站（http：//www.1kg.org/）上的相关报道。

重建计划",分为帐篷图书室、活动板房和新校舍三个阶段。地震一周年之际,他们又与四川邮政合作发行公益贺卡,消费者每购买一张贺卡就由他们向灾区学校或其他贫困地区的学校捐赠一本少儿图书。消费者凭贺卡上的"爱心密码"在"多背一公斤"网站上自主指定受赠学校,全部过程将在网站上公示。

"多背一公斤"从最开始松散的志愿者活动到现在的颇具规模和影响的"社会企业"形态,要归功于发起者安猪(本名余志海)及众多热爱公益的"驴友"(背包旅行者在国内的自称)的努力。

2004年4月,安猪的一位"驴友"崔英杰从云南旅游回来,和他谈起在德钦雨崩徒步旅行途中碰上了两个支教的女孩。崔英杰希望安猪以后如果有机会去雨崩,不要忘了给她们以及她们的学生们带些礼物,"那边生活条件很差,给她们带些好吃的吧,给学生们买些书之类的,哪怕只是去问声好,让她们知道'你不孤独',就很好了"。

感动之余,安猪突然想到"驴友"们喜欢走的路线大多是经济不发达的偏远地区,那里的教育资源一般都很匮乏,是不是可以把游玩和公益活动结合起来,一边旅游一边给沿途的学校带去一点帮助?他觉得,虽然每个人的能力有限,但如果这个想法能推广出去,那么产生的力量是无与伦比的。"多背一公斤"的主意就这样产生了。

安猪开始在自己身上实践这种公益旅游的想法,并在业余时间建立了"多背一公斤"博客,记录自己的公益旅行经历,希望带动更多的旅游者加入。网络的力量是巨大的,一传十,十传百,靠着网络上的口碑营销,"多背一公斤"的公益理念迅速传播开来。到2006年年中,北京、上海、广州、西安等城市都陆续自发组成了地方志愿者团队,组织公益旅游活动,并在活动后及时发布了活动分享,有志愿者在高校和城市中通过图片展等形式宣传"多背一公斤",媒体也开始关注和报道他们。

2006年年底,安猪辞去了原来的工作,开始组建"多背一公斤"全职团队,决心将其作为一项事业来发展。安猪对管理团队的设想是团队分三个层次,第一梯队的成员是顾问,他们由不同公司的中高层管理层构成,很忙,只能做顾问,但能提供资源,"多背一公斤"有了借来的会议室,有了专业网站的支持,这些是顾问提供的。第二梯队的成员是专业人士,25岁到30岁的中坚力量,本身有特长,他们是项目建设的主要力量。第三梯队是未来之星,主要由教育专业的在校研究生构成,他们的特点是基础好，时间比较充裕，但需要培训。这样的团队组成保证了足够的异质化、多样化，不同的人做不同的事，得到不同的成长机会。到目前为止，团队一共有 8 名全职成员，分散在北京、上海等不同城市，大多数是 "80 后" 青年。

几年以来，这个团队的运作效率是显而易见的。2005 年，安猪曾列了五年目标：到 2010 年年底，"多背一公斤" 的活动学校数目需达到 300 所，其中 100 所可通过互联网与外界自由交流。那时候听起来，这简直是 "雄心壮志"。但 "以目前的成绩来看，当时的目标无疑太保守了"，安猪说。目前，"多背一公斤" 的活动学校数目已达到了 630 多所，单在 2008 年一年就新增了 300 所。"多背一公斤" 的目标如今更新为，到 2012 年年底为 5000 所乡村学校提供服务。

这些成绩的取得几乎都是依赖 "多背一公斤" 遍布全国的志愿者的 "群体协作" 去完成的，全职团队仅仅扮演着 "设计者" 的角色。志愿者的 "群体协作" 是通过 "多背一公斤" 的网络社区（即其官方网站 http://www.1kg.org/）实现的。通常城市人群通过公益组织来获得信息，在其组织和管理下参与行动。但这种模式使每一个具体活动的管理消耗了大量人力和时间，无法应对大规模的参与需求，也限制了参与者的创造性。"多背一公斤" 提出了一种新的公益解决思路，让大众直接参与到公益活动的全程运作中，通过大众的力量为乡村教育带来改善。这是基于信任和分享，而非控制。"也就是我们说的 NGO2.0，人人都是 NGO。" 安猪这样阐释他的运作模式，"最优秀的创意和行动往往不是从我们几个工作人员的头脑里蹦出来的。从概率上说，好主意更有可能由普通志愿者来提供，所以与其我们去设计、管理和控制，不如去支持和服务志愿者，信任他们，让他们去试验和行动。"

和其他民间非营利组织一样，"多背一公斤" 也曾步履维艰，没有资金来源，缺乏管理和组织经验。恰逢 2007 年 NGO 支持型组织 NPI（公益组织孵化器）推出中国首个公益孵化器，以 "有爱心，更要有能力" 为口号，支持初创期的 NGO 发展。第一次启动在当年 4 月，资助者是南都公益基金会和福特基金会。和其他 40 多个初创期的中国 NGO 一起，"多背一公斤" 参加了申请，经过层层选拔，"多背一公斤" 和其他的 4 个机构正式入壳，接受孵化。并在 NPI 的支持下，"多背一公斤" 获得了联想集团公益创投的一笔资金，成为启动其全职团队发展的 "第一桶金"。孵化活动持续了一年,"多背一公斤"开始为自己谋求可持续发展的"生路"。除了维系志愿者的联系和活动,他们还参与了不少商业机构公益营销项目的策划和执行,仅在2008年,"多背一公斤"就曾与联想等多个商业品牌进行过合作。

"多背一公斤"提倡的"人人都是NGO"的这种公益旅游理念及志愿者的行动受到香港社会企业界的关注,多次应邀参加交流活动。"多背一公斤"的博客曾入围2005年德国"博客之声"大赛最具创意奖决赛;而其创新的公益协作社区网站(http://www.1kg.org/)更是获得了2008年奥地利电子艺术节数码社区类别的金奖,是艺术节创办30年来首次获此殊荣的中国项目。

盛名之下,"多背一公斤"的公益创业者们也遭遇了以往企业家们才会有的品牌烦恼。为了实现"旅行改变世界"的愿景,"多背一公斤"必须通过更多创新的公益参与形式、广泛的组织合作和互联网技术应用,让更多的人参与到公益活动中来,为更多的乡村学校提供更持续和更系统的服务。

2009年,"多背一公斤"的乡村学校图书室项目正式面世。凭着地震后在灾区建立50多个标准化图书室的丰富经验,以及自主开发的阅读教育培训体系,"多背一公斤"号召更多的企业和个人成为这个项目的合作伙伴。已经有好几家企业认领了近10个图书室,一个优秀公益品牌的号召力此时便显现了出来。

尽管如此,安猪还是感觉"资金处于不稳定的状况,很辛苦"。他们的收入来源主要是两块:一是申请基金会资助,一是与各方合作项目获得管理费,两块收入都来之不易。"我们首先面临的是生存问题,不仅要活下来,而且要活得更好。"对于"多背一公斤"的未来,安猪希望它能成长为国内乃至世界一流的公益活动,社区网站(http://www.1kg.org/)成为国内领先的公益平台。安猪说:"对于'多背一公斤'这个组织,我们希望把它发展成一个社会企业,用正当的商业赢利来促进公益事业的开展,保证组织的健康发展。这个可能比较难,但我们愿意做这样的尝试。"

三 中国非营利组织与志愿者的和谐发展

上面的个案是"80后"投入非营利组织的缩影,他们参与志愿服务的热情与行动极大地推动了中国非营利组织的发展。中国非营利组织与志愿者之间已形成了密切的关系，非营利组织是"80后"参与志愿服务的重要途径，而"80后"志愿者则是非营利组织的重要人力资源。志愿者的志愿服务创造了极大的经济、社会、人文和精神价值。① 随着志愿服务在中国的迅速发展，志愿者人数与日俱增，非营利组织与志愿者之间如何和谐发展、实现共赢，成为一个不可回避的问题。一方面，志愿者的参与极大地降低了非营利组织的人力成本；另一方面，由于参与志愿服务的动机多元化，如果缺乏使命认同与培训，志愿者往往成为非营利组织领导或管理上的阻力，甚至可能影响非营利组织的公益形象。

（一）非营利组织在动员与应用志愿者时面临的困境

非营利组织在动员与应用志愿者从事志愿服务时面临的困境与挑战集中体现在这样几方面。一是政策支持与法律保障不完善。到目前为止，国家还没有就如何开展和完善志愿者工作建立一套完善的法规，尽管中国政府已经在具有法规效力的《中华人民共和国国民经济和社会发展"九五"规划和2010年远景目标纲要》和《中共中央关于建设社会主义精神文明若干问题的决定》中倡导志愿者活动。虽然政府就社会团体和民办非企业单位的管理颁布了法规，志愿者可以通过社会团体和民办非企业单位等载体从事志愿服务，但没有对志愿者的活动和志愿者的管理提出一个系统的综合性的政策，尤其是在志愿者的培训、管理和招募方面，更是没有详细的规定，只是在各具体部门的文件和法规中分别根据各自的工作需要，对于开展志愿者活动作了一些要求。总体而言，社团组织（非营利组织）和志愿者的已有相关法律规范还有诸多不完善之处，如民政部门对社团的成立制定了相关的政策，但并没有精确区分社团的不同性质和形式，对社团的运行管理也只是宽泛的界定。二是非营利组织中志愿者的权利难以得到保障。非营利组织中的人力资源主要包括专职人员和志愿者，专职人员主要负责组织战略的规划、管理等问题，志愿者则根据组织的目标要求从事志愿服务活动。非营利组织与志愿者之间的关系既不是雇佣关系，也不是

---

① 仅就经济价值看，2009年12月4日发布的《2008北京奥运会、残奥会志愿者工作成果转化研究报告》披露，北京奥运会期间，各类志愿者累计服务时间超过2亿小时。按照北京市统计局公布的2008年北京市职工年平均工资标准，将北京奥运会各类志愿者的服务时间折合成工资，创造的经济价值达到42.75亿元。http://www.ccyl.org.cn/zhuanti/125zyzr/zxbd/200912/t20091204_317644.htm。

一种行政隶属关系，而是一种民事契约关系。① 志愿者与非营利组织之间一旦在法律上确立了明确的关系，双方各自的权利义务内容也就自然界定，如有违反，即构成了合同意义上的"违约"，要承担相应的违约责任。然而，在现实生活中，志愿者在进行志愿活动中的权利并没有得到很好的保障，其表现是志愿者变成了廉价劳动力，志愿者的劳动也得不到应有的尊重。一些营利性的机构通过招募志愿者来实现自己的商业目的，这实际上是不恰当地利用了社会的公共资源。而从道德角度看，一个人愿意为他人提供自愿服务，表明了志愿者的道德的高尚。如果被帮助者不能给予提供帮助的人以基本的尊重，这种帮助也就失去了意义。不懂得尊重他人的人，永远也不可能得到他人的尊重，这个简单的道理，同样适用于志愿者服务。三是中国的一些非营利组织靠个人信念、魅力和热情来吸引和管理志愿者，缺少志愿者管理的机制。一方面中国的很多非营利组织都是由一些志同道合者发起成立的，成立之初基本不受过去体制内单位框架的制约，也没有固定系统的管理制度，更多的是凭着志愿者的信念、热情来工作。其基本管理理念是以组织作为一个大家庭，因为认同组织的一些理想与目标而投身进来。或者因为发起人的个人魅力赢得了志愿者的拥护，使组织周围聚集着一些志愿者，而这个大家庭自然也要照顾和保护每一个成员。另一方面，中国非营利组织志愿活动的专业管理人员和专职工作者比较缺乏。从事志愿活动的管理人员大多是兼职人士，又缺乏与工作相适应的专业知识，日常的管理工作受到多方面的影响和限制。而缺乏专业人员又使志愿者的总体素质长期得不到提高，兼职的志愿者流动频繁。非营利组织中的志愿者管理的很多环节，如招募、使用、培训、管理、评估和激励等，都亟待科学的管理方法和手段，需要创新志愿者管理的机制。

由于政策支持与法律保障不完善、志愿者的权利难以得到保障，加上志愿者管理机制的不健全或缺位，使得中国非营利组织与志愿者之间没有形成严格的法律意义上的约束力，从而制约了非营利组织动员与应用志愿者的能力，志愿者的人力资源优势没有得到充分的发挥，其结果既使非营利组织的发展与壮大受到阻碍，也使志愿者的工作热情受到冲击，难以持

---

① 从合同法的角度来看，非营利组织关于志愿者的招募广告具要约邀请的性质，志愿者报名参加则是一种要约，非营利组织经审查后，认定符合条件并进行登记或注册则是一种承诺，双方达成了一种合同关系。只不过，非营利组织与志愿者之间合同的特殊性，在于其不具有一般合同的经济利益性。

久，导致志愿者的流失。

（二）实现非营利组织与志愿者的和谐发展

汶川大地震、北京奥运会及残奥会极大地激发了包括"80后"在内的中国人参与志愿服务的热情，2008年甚至被称为是中国志愿者"元年"。中国的各种非营利组织在这一年也取得了重要的发展。在感到欣喜之余，面对非营利组织在动员与应用志愿者时面临的各种困境，需要不断地探索非营利组织与志愿者和谐发展的途径，以吸引更多的"80后"青年投入志愿服务中去。

一是为志愿者参与非营利组织创造一个良好的社会环境。首先是为志愿者参与非营利组织提供法律保障。针对非营利组织与志愿者之间可能出现的各种问题，加强志愿服务的立法，明确志愿者、被服务单位或个人以及非营利组织三方的责、权、利关系。有了完善的法律作后盾，志愿者才能安心地从事志愿服务。其次是为非营利组织的成立、经营与管理设计制度框架，为志愿者参与非营利组织制定规范。这既需要法律规范作为保障，还需要政府出台一系列政策措施加以支持。再次是培养和弘扬志愿文化。志愿文化是非营利组织（志愿组织）在长期提供志愿服务过程中形成的，被志愿者所认可、接受、传播和遵从的基本信念、共同价值观、道德规范、行为准则、社会角色和人文模式等的总称。作为组织共享的信念、态度和价值观，志愿文化在实现组织目标的过程中发挥着重要的作用。志愿文化塑造着志愿者的行为方式、交往方式、工作方式，影响组织的运行效率，同时使志愿者产生归属感，引导其忠于组织，从而有助于非营利组织体系的稳定。非营利组织中志愿者价值的动员与应用需要有无私奉献的志愿文化氛围。良好的志愿文化氛围能够培养人们的崇高精神追求并乐于奉献社会。

二是非营利组织要为志愿者营造一个能够充分发挥潜能的组织环境。首先，非营利组织要结合志愿者的特点，建立一套科学的志愿者管理机制，使志愿者能够规范有序地投入工作。非营利组织要对志愿者的管理工作进行规划，对组织需要开展什么样的志愿活动，需要什么样的志愿者，怎样帮助志愿者开展工作等进行策划。非营利组织要建立志愿活动的工作流程，包括计划、工作分析、招募、了解、培训、日常管理、评估、激励等整个过程。非营利组织在对志愿者进行管理的同时，要为志愿者提供服务，让志愿者感受到组织的魅力和团队的关怀。其次，非营利组织要充分调动志愿者的积极性、自主性和创造性。在招募到合适的志愿者后，非营利组织要充分调动志愿者的积极性、主动性和创造性。非营利组织要为志愿者提供发展的机会和能力，如让志愿者参与组织的决策，对志愿者进行具有针对性的培训等。再次，非营利组织要坚守自己的价值理念，不懈地追求组织目标的实现。在市场经济主导社会发展的当下，非营利组织与其他组织一样，也面临着巨大的生存压力。一些非营利组织在发展的过程中，由于受生存所迫或受经济利益的诱惑，逐渐商业化。非营利组织的商业化导致了组织价值理念的丧失，组织目标追求的偏离，甚至将志愿者的付出作为廉价劳动力，这不仅打击了志愿者的积极性，也使非营利组织失去吸引志愿者参与志愿服务的动力。

非营利组织的发展与志愿者队伍的壮大为中国社会的全面进步作出了巨大贡献。"80后"青年已成为中国志愿者的主力群体，他们在汶川大地震、北京奥运会及残奥会上的行动，为中国乃至世界创造了一笔丰厚的精神财富。有理由相信，进入"后奥运"时期，中国"80后"志愿者将通过各种非营利组织以及志愿者协会等载体，持续向社会提供各种志愿服务，推动非营利组织和志愿事业的发展，并不断向世人表征，中国"80后"青年是勇于担当责任的一代，是值得信赖的一代。

第六章　为"80后"志愿服务喝彩

第一节　"80后"志愿者成长的现实基础

志愿者是一个公民社会的道德标尺。近些年来，"80后"志愿者的群体，被誉为"鸟巢一代""汶川一代""海宝一代"，他们的表现，让世人看到了中华民族美德的传承和社会主义核心价值观的弘扬，"为'80后'志愿者群体喝彩""向我们时代的行动者致敬"，赢得了国内外舆论的高度赞扬和认可。"80后"志愿者的行动既是人内化的道德追求，也是外化的道德行为。道德是灵魂的力量，道德的力量可以使人变得更坚强。志愿者行动无疑是一股社会的道德清流，它让爱心延续，传递社会正能量，助推社会的精神文明健康前行。

道德品质通常也称品德或德行。人的道德品质的形成，既不能离开一定的社会环境和物质生活条件，也不能离开个人的生活实践和主观修养，它是在一定的社会环境和物质生活条件中，通过一定的社会生活实践和教育的熏陶，以及个人自觉的锻炼和修养逐步形成的。也就是说道德品质的形成是多种因素综合作用的结果。反观"80后"志愿者行为，我们认为这绝不是历史的偶然，也不是一时的冲动，其中蕴含着一定的客观必要性，具有一定的历史根源和现实基础。

古人语："玉不琢，不成器；人不学，不知义。"一个人的道德品质需要长期教育和灌输，整个社会的道德风气也需要精心培育和引导。从倡导"五讲四美三热爱"到开展"讲文明、树新风"活动，从颁布《公民道德建设实施纲要》到提出树立社会主义荣辱观，从群众性精神文明创建活动的普遍开展到"道德模范"的评选表彰……改革开放30多年来，道德建设的脚步从未停歇。

运用榜样力量引领人们尤其是青少年的思想行动,是我们党的优良传统和宝贵经验。在革命战争年代,通过学习宣传张思德、白求恩、董存瑞等英雄人物,激励广大青少年英勇投身民族独立和人民解放。在和平建设时期,通过学习宣传雷锋、焦裕禄、王进喜等模范人物,鼓舞全国人民艰苦创业、大干社会主义。在改革开放新时期,通过学习宣传张海迪、蒋筑英、孔繁森等先进典型,引导干部群众为改革开放和现代化建设事业努力奋斗。党的十六大以来,胡锦涛同志反复强调,要重视发挥先进模范人物的示范作用,多次作出重要批示,亲自出席牛玉儒、杨业功先进事迹报告会,亲自看望华益慰、方永刚等先进模范人物,为全党全社会作出表率。各地各部门从实际出发,把学习宣传先进模范人物作为指导实践、推动工作的重要措施,取得了很好成效。近年来,学习宣传先进模范人物数量最多、范围最广,从领导干部到普通党员,从科学家、教师到工人、农民,从将军到士兵,各个地区、各行各业、各类人群都涌现出一大批先进模范人物。无论是任长霞、沈浩、杨善洲为代表的优秀干部,还是以"当代雷锋"郭明义、"航空报国英模"罗阳、"最美妈妈"吴菊萍、"最美司机"吴斌、"最美教师"张丽莉为代表的"平民英雄",这些时代楷模、先进典型层出不穷、灿若星云。他们以关爱他人、感人至深的善行义举,以无私无畏、勇于奉献的责任担当,向我们诠释着道德良知,彰显着人间大爱,展示着文明风尚。这些重大典型的名字和事迹在祖国大地广为传诵、家喻户晓,他们的先进事迹和崇高品德感动了观众、感动了中国,引起了强烈共鸣。干部群众、社会各界对先进模范人物的认同度越来越高,向先进模范人物学习的自觉性越来越强,先进模范人物的示范引领作用越来越大。公民道德建设成为精神文明建设的亮点,学习宣传先进模范人物成为对青少年进行道德建设的亮点。

青少年道德建设是一项复杂的社会系统工程,需要做、可以做、应当做的事情很多。在现阶段,加强社会主义道德建设,在全体人民中大力弘扬助人为乐、诚实守信、敬业奉献、见义勇为、孝老爱亲的道德风尚,倡导爱国、敬业、诚实、友爱的道德规范,形成男女平等、尊老爱幼、扶贫济困、礼让宽容的人际关系,培养文明道德风尚,是社会主义精神文明建设的主要任务。近些年来涌现出来的道德模范,用自己的平凡举动,帮助了那些贫穷的弱者,让他们感受到社会大家庭的温暖,用包容天下的同情心,显示人生价值的所在,用爱和付出奏响了社会和谐的主旋律。他们有的在死神和灾害面前大义凛然、知险而上，把平安和生机留给他人，用鲜血和生命把灾难和危机化解，演绎出人民至上、他人至上的英雄壮举。他们用宽广的心胸标定了人间的公平，把困苦留给自己，把幸福送给他人，一诺千金，无怨无悔，彰显了中华文明代代相传的高尚品格。他们几年、十几年、几十年如一日，服务人民，尽心尽力，在自己的岗位上，默默无闻、兢兢业业、认认真真地做好每一件事情，构筑了推进社会发展进步的坚实根基。他们用人间的深情至爱，诠释着生活的真谛，以对亲人的爱、对国家的忠、对事业的诚来践行和见证生生不息、薪火相传的伟大中华文明。他们来自不同的岗位、不同的阶层，从事着不同的工作，面对着不同的困难，但他们在用行动来印证社会主义道德的丰富内涵，来弘扬中华民族的传统美德，来体现改革开放的时代风范。通过我们党和政府的大力倡导，广大青少年更加崇敬这些模范、关爱这些模范、学习这些模范。宣传这些模范，并要大力培养和树立更多这样的模范，充分展现当代共产党人立党为公、执政为民的政治本色，展现我国繁荣发展、生机勃勃的大好局面，展现好人多、好事多的社会主流，使我们倡导的社会主义核心价值观变得生动形象，让先进的思想道德变得可学可行，引导青年在全面建成小康社会的火热实践中，把社会主义核心价值体系的要求，不断转化为青年群体的意识和自觉行动。

宣传一个先进模范人物，就是在社会上树起一个标杆、一面旗帜，就是在青年中提倡一种导向、一种追求。我党和政府把宣传先进模范人物的过程，作为普及基本道德规范的过程，作为弘扬真善美的过程，作为推动社会主义核心价值体系建设的过程。积极倡导一切有利于民族团结、祖国统一、人心凝聚的思想和精神，一切有利于国家富强、社会进步、人民幸福的思想和精神，一切有利于人与人、人与社会、人与自然和谐的思想和精神，一切用诚实劳动创造美好生活的思想和精神，大力普及以文明礼貌、助人为乐、爱护公物、保护环境、遵纪守法为主要内容的社会公德，以爱岗敬业、诚实守信、办事公道、服务群众、奉献社会为主要内容的职业道德，以尊老爱幼、男女平等、夫妻和睦、勤俭持家、邻里团结为主要内容的家庭美德，使共同理想和道德规范为全社会所知晓、所理解、所认同。要紧密结合各地各部门实际，深入挖掘先进模范人物的思想内涵，充分借鉴他们的宝贵经验，引导广大青年从自己做起、从点滴做起、从本职岗位做起，自觉践行社会主义荣辱观，推动各项事业发展。要把解决道德领域存在的突出问题，作为学习先进模范人物的切入点，深入开展迎奥运讲文明树新风、三下乡、四进社区、百城万店无假货、做人民满意公务员、青年文明号、社会志愿服务、婚育新风进万家等道德实践活动，在整治公共秩序、提高服务质量、改善城乡环境、倡导文明礼仪等方面取得了突破。

善用榜样带动。"点亮一盏灯，照亮一大片"，榜样的力量是无穷的。雷锋，一个普通战士的名字，几代中国人的共同记忆。他虽然离开我们已经整整50年，但始终是矗立在人们心中不朽的道德丰碑。是什么让这个仅仅走过22年的生命，能够历经时代变迁，一直温暖着我们的心灵，哺育和激励一代又一代人成长？

答案就在于雷锋精神的永恒魅力。无论环境如何变化、社会如何变迁，雷锋身上所体现的服务人民、助人为乐的奉献精神，干一行爱一行、专一行精一行的敬业精神，锐意进取、自强不息的创新精神，艰苦奋斗、勤俭节约的创业精神，都是社会所需要、应当大力倡导的。雷锋精神具有穿越时空的恒久生命力，没有过时也不会过时。

面对当前道德领域的突出问题，雷锋精神更加显示出闪光的意义和价值。以雷锋为标杆，我们才能在思想观念多元多样多变的今天，明确究竟坚持什么、反对什么，褒扬什么、贬斥什么，确立时代的精神坐标，激发前行的道德力量。正因如此，党的十七届六中全会作出部署，要求"深入开展学雷锋活动，采取措施推动学习活动常态化"。

雷锋精神是常新的。它不是凝固僵化的道德教条，而是与时代同行的精神力量。我们今天学雷锋，不只是对50年前那些"好人好事"的简单模仿，而应结合社会环境的深刻变化，深入挖掘雷锋精神的当代价值，赋予其鲜明的时代内涵。应适应人们新的生活方式、接受习惯，创新学雷锋活动的形式载体，使之更富吸引力和感染力。

雷锋精神人人可学、处处可为。雷锋精神并非高不可攀，关键时刻挺身而出、见义勇为是学雷锋，献一次血、扶一把老人也是学雷锋，而且更多时候是举手之劳的平凡善举。我们每个人都应将雷锋精神植根心间、落实到行动中，从自己做起、从身边做起、从点滴小事做起。只要每个人伸出一双温暖的手，就能汇聚成爱的森林。学雷锋重在持之以恒。"雷锋叔叔三月来四月走"，是人们对学雷锋形式主义、"一阵风"的讽喻。学雷锋，重在实践、贵在坚持。要把它融入国民教育、精神文明建设全过程，与各种形式的文明创建活动结合起来，成为一项经常性工作，深入持久扎实地开展起来，使雷锋精神永远传承下去，不断发扬光大。

志愿服务是学雷锋的好形式。志愿服务所奉行的奉献、友爱、互助、进步的理念，与雷锋精神是高度一致的。当前，志愿服务拥有十分广泛的群众基础，甚至成为很多青年人的一种生活方式。应运用好这一有效载体，动员更多社会成员和社会组织投身到志愿服务中来，广泛开展扶老助残、帮困解难、便民利民等志愿服务活动，为社会奉献自己的爱心和力量。

近年来推出的当代"雷锋"郭明义等一大批先进典型，成为道德建设的鲜活教材。短短一年多时间，郭明义的微博粉丝就突破了 1000 万，爱心团队遍布全国 17 个省市。应该继续精心选树典型，特别是动员群众发现身边的感动、评选身边的好人，引导人们见贤思齐、择善而从。

俗话说，"十年树木，百年树人"。道德的培养是润物无声、潜移默化的过程，不是一日之功，不可能一蹴而就。应该坚持从实际出发，尊重道德建设的自身规律，持之以恒，久久为功，"积小德为大德，积小善为大善"，不断提高全社会的道德素质和文明程度。

第二节 "80 后"志愿服务的时代要求

一 "80 后"的时代特征

2008 年是中国极不平凡的一年，这一年有两件震撼世界的大事：一是四川汶川特大地震，一是中国成功举办了北京奥运会。在这两件震撼世界的大事中，"80 后"青年群体积极参与抗震救灾，热心投入奥运志愿服务，展现出了"80 后"青年群体的时代风貌，赢得了世人的感动和赞誉。为更好地了解青年志愿服务，首先应该对当代青年的时代特征做到科学的把握、深切的价值理解、更到位的人文关怀，这些都是有待于青年研究作出及时、深入探讨的重要课题。

青年是祖国的未来和希望。在整个社会中，青年是最积极、最具活力、最有创造精神的优势群体。当代青年的时代特征是当今社会变革的晴雨表。青年身上的时代特征既是社会价值观变迁的敏感折射，同时也是社会变迁的缩影。研究当代青年的时代特征就是研究未来社会价值观的发展及走势。当代青年成长在世界新科技革命迅猛发展，世界经济政治格局发生重大变化，国内改革开放不断深化和社会主义市场经济进一步发展的环境中，他们身上发生了许多新的变化，呈现出这个时代的特征。

（一）思想活跃开放

当代"80后"青年成长在我国改革开放的新时期，他们幸运地赶上了新中国成立以来最稳定的经济发展时期，他们是改革开放成果的最大受益者。他们是与中国的"经济建设时代"共同成长的一代，所以他们敏感而可塑的心灵总是能最先触摸时代跳动的脉搏和社会进步的节奏。随着改革开放的不断深入，我国思想界、理论界的"禁区"不断地被打破，当代青年生活在从未有过的思想开放的环境中，他们不拘泥陈规，思想开阔，对外来文化不抱成见，具有较强的消化能力。西方社会思潮、学术理论的大量引进，大众传播媒介的迅速发展，极大地丰富了青年的精神生活。现代交通、通信技术的发展，特别是国际互联网在我国的发展和普及，丰富了青年的精神世界，加快了青年思想交流的频率。上述这些因素，塑造了当代青年思想活跃的性格，促使他们思想解放、走向开放。青年不仅是未来的力量，也是现实的力量；不仅是传承的力量，也是变革的力量；不仅是国家和民族的希望，也是执政党的希望。处于社会转型期的当代中国青年，总体上呈现出主流稳定，进取务实、健康向上的态势，他们认同主流价值观，对国家的发展前景充满信心，并能够将自身价值和国家与社会的需要密切结合起来，爱国主义情怀仍然是其价值观念中的主旋律和基本背景。在"小政府、大社会"架构之下，青年志愿服务的勃兴也从一个侧面反映了当代中国青年公民意识的发育水平和程度。从社会学、教育学、文化学等不同角度观察20世纪90年代以来的中国青年志愿服务，我们可以清楚地看到，青年志愿服务提供的服务项目和社会发展目标的高度契合。

当代世界经济政治格局的深刻变化，最突出的表现就在于"经济全球化"趋势的出现。20世纪90年代中期以来，经济全球化趋势有了新的发展，世界各国正在尽力利用经济全球化的积极效应，推进本国经济的改革和发展。比如，我国为了争取加入世界贸易组织，几乎付出了整整一代人的努力。经济全球化可能在世界范围内实现资源的更为有效的配置，它要求世界各国之间建立起相互开放、共同合作的新的国家关系。在这种新的关系架构下，国家之间的交往与合作增多，人民之间的交流与往来增加，扩大了青年认识世界的视野，增强了青年的全球意识，拓展了青年获取信息的途径与渠道，使他们的思想更加活跃、更加开放。

思想活跃开放，有利于青年摆脱陈旧落后思想观念的束缚，培养开拓进取的精神和团结协作的作风，大胆地吸收人类文化宝库中的一切有用的知识为我所用。但同时，我们又应该清醒地看到，面对开放的思想环境、经济全球化的发展趋势，思想活跃开放也会给青年带来一些思想上的困惑和行为选择上的困境。比如，在"全球一体化"的思潮影响下，一些青年国家观念淡薄、民族虚无主义情绪抬头，对当代青年爱国主义精神、民族自尊心的培养带来了不少新的问题。因此，如何帮助青年树立社会主义荣辱观，养成科学的世界观、价值观、人生观，如何引导青年正确地区分是非、分清良莠、辨别善恶美丑，成为当今青年思想道德建设面临的一个十分重要而又紧迫的任务。

（二）社会参与意识浓厚

当前，我国正处在改革的攻坚阶段和发展的关键时期，在社会主义现代化建设胜利推进中，我国的经济和社会生活发生了一系列复杂而深刻的变化。随着我国社会主义市场经济的深入发展，社会经济成分、组织形式、就业方式、利益关系和分配方式的日益多样性，为青年的全面发展创造了更加广阔的空间，与社会进步相适应的思想观念、社会意识、价值取向等正在丰富着青年的精神世界，最为突出的表现就是，当代青年的社会参与意识明显增强。正是由于青年的社会参与意识浓厚，他们才对青年志愿服务抱有积极的参与心态、热切的参与动机。据我们"北京青年志愿者行动与志愿精神研究"课题组对800名北京青年志愿者参与志愿服务动机的问卷调查，调查结果见表6-1。

表6-1　青年志愿者参与志愿服务活动的动机

选项	%
1. 公民的责任感与义务	57.4
2. 热心公益事业	66.5
3. 希望挖掘潜能，了解自己的长处	36.6
4. 可以获得工作经验和社会阅历	57.9
5. 能够帮助有需要的人让我觉得快乐	54.1
6. 使自己的生活更加充实，更加有意义	65.2
7. 使自己的技能和学识发挥作用	34.3
8. 可以结交很多朋友	33.3

续表

选项	%
9. 能够从中学到知识,增长才干	59.5
10. 因为政府、单位或学校的组织和号召	11.4
11. 因为亲戚、朋友、同事中有参加的	3.7
12. 消磨空闲时间	2.6
13. 没有什么特殊的考虑	3.9
14. 其他	0.5

从表6-1可以看到,在给出的14个选项中,前5位的选项依次为:66.5%的青年志愿者选择了"热心公益事业",65.2%的青年志愿者选择了"使自己的生活更加充实,更加有意义",59.5%的青年志愿者选择了"能够从中学到知识,增长才干",57.9%的青年志愿者选择了"可以获得工作经验和社会阅历",57.4%的青年志愿者选择了"公民的责任感与义务"。这折射出当代青年身上强烈的热心公益、提升自我、社会责任心的社会参与意识。

青年最容易接受新鲜事物,有努力摆脱过去、面向未来的理想性,有敢想敢干、勇于参与的精神。无论是对于国家的宏伟蓝图还是个人的前途,都具有积极的参与热情和心态。社会参与意识、竞争意识,是青年主观能动性的表现,是当代青年对高速变化的社会生活环境的积极回应。尽管和平与发展是当今世界的主题,但和平是社会参与、社会竞争基础上的和平,发展同样也是社会参与、社会竞争中的发展。经济、文化、科技、人才等领域的全面竞争是许多国家面临的严峻挑战,竞争的淘汰者就难以取得自己在世界民族之林的一席之地。而在社会主义市场经济体制下,社会资源主要通过市场机制,以竞争的形式实现合理的配置,同时社会也在生产经营、科学研究、艺术创造以及人才培养、选拔、使用等方面广泛建立起了竞争机制,为青年的社会参与和自身发展创造了客观条件。可以这样说,无论是集体还是个人都已自觉不自觉地被赋予"社会参与者""社会竞争者"的地位。在只有通过竞争,才能获得发展机会的今天,当代青年的社会参与意识变得越来越强烈是一种历史的必然结果。

现代一些"另类"青年,他们也是一个鼻子两只眼,饿了吃饭,困了睡觉,没有特别到哪里去。别看他们中的一些人不是光头就是长发披肩,头发不是染红就是染黄,穿着黑亮亮的皮夹克,戴着墨镜和臂上纹身,一群群飙起摩托来横冲直撞、惊天动地、烟浪滚滚，活脱脱就是一个"痞子相"。其实，他们的为人处世还是不乏友善的，说起话来还多有腼腆甚至天真，恋爱时被普普通通的小女子"蹬"了，同样魂不守舍茫然失措，同样鼻涕眼泪一起流。但是，他们身上的社会责任感和公益参与意识并不比谁差，他们有时候比谁都超凡脱俗，义务到公园里去捡白色垃圾，骑着自行车为保护可可西里的藏羚羊募捐，一高兴就在吧台上喝着可口可乐、发誓要去奥运会当义工……好像是一群纯洁的天使，生下来就是一个胸怀全世界的命，就是关心全人类的命，就是关心奥运会和藏羚羊的命，大票子掏出来连眼都不眨，简直让我们成年人自叹不如。可以这样说，伴随中国青年的心智成熟，他们对改革开放和社会发展进行的思考将更为实际，大多数人将努力使自己的选择、自我价值的实现与社会发展目标和规范要求相一致，逐步走自我实现和服务社会相统一的明智之路。这种价值取向在青年群体的社会参与意识即青年志愿者行动上充分地体现出来。

（三）创新意识强烈

当今青年是在电脑、电视、音响等高科技产品构成的"虚拟空间"中成长起来的。有的学者称之为"甲壳虫""胶囊人"，意思是说他们从小被科技包裹起来，计算机的荧光屏是他们观察世界的"复眼"，通信天线是他们通向社会的"触角"，他们带着科技的"硬壳"来到社会。科技是青年群体社会化的一个成果——创新精神独具特色和力量。美国著名文化人类学者玛格丽特·米德曾提出一个很有价值的观点，传统农业社会重视成人，贬抑青年，所以是成人楷模文化；工业社会两者并重，是并存楷模文化；信息社会才凸显青年人的价值，所以是青年楷模文化。这关键在于信息社会是科技社会，青年群体文化中的科技含量最高，他们虎虎有生气，向人们展示着新生代创新精神的风貌，以其特有的"敢为人先"的创新精神改造和变革社会。

青年意味着创新，青年意味着挑战。我们关注的重点是，在时代与创新的关系中青年扮演的角色。青年的创业能力和创新精神一经开发就显出巨大的增值资源，一批由他们创业和支撑的高新技术产业异军突起，并在强手如林的国际市场上，为我国赢得了一片崭新的产业天地。以 IT 产业来说，它是当今世界最为朝阳的产业，是竞争最为激烈的一个产业。IT 产业，更是青年人的产业。当今中国 IT 产业的"少帅现象""知本家"就是一个生动的例证。时下，青年创造的财富在社会总财富中所占的比例逐年上升。我们已经能够感受到现在的社会已经是一个青年占主导地位和主导作用的社会。无论是创造，还是消费，都已成了青年人的世界，我们同样也能感到青年在引导文化和社会变迁乃至现代化中的重要作用。这给世人一个令人鼓舞的现实，科技含量最高的产业也是员工队伍最年轻的产业，他们在我国经济与社会发展中起着"领头羊"的作用。

伴随着"网络"成长的青年群体，紧追顶新的新科技，拥有较系统的知识技能，成为现代科技进步的代言人，成为当今中国创业的新主体，他们是备受关注的群体。通过对当前越来越多的青年步入创业领域的热门职业的梳理及分析，不难发现，他们所从事的创业领域普遍具有较高的知识科技含量，较复杂的职业技能、较高的收入、较大的风险等特征，他们热衷于创业的领域主要表现在：一是知识创新、科学技术业。包括基础研究、应用技术开发、管理、制度、组织的创新活动等。它为人类社会的知识产业进步提供着动力源。二是人力资本形成业。包括教育、培训等。如今的世界已进入终身学习时代。这将使文化教育与培训成为21世纪的最大产业之一。三是知识创造、传媒业。包括图书出版、报纸期刊、广告、文学、艺术、曲艺、影视、戏剧、音乐、广播电视、通信、信息机械（计算机、现代通讯技术、自动控制系统、信号装置）等。四是专业服务、咨询业。包括金融、法律工程、建筑、物业、医疗保健、会计、审计及档案储存、贸易谈判、专门策划建议等。新兴产业将建立在对高科技价值肯定的基础上。因此，谁更好地把握高新技术并能使其迅速转化为生产力，谁更会赢得具有更高社会地位的可能性和现实性。但是从目前不同人口群体接受教育的程度来看，恰恰是青年群体具有得天独厚的条件。联合国教科文组织在《对世界青年问题的分析》中指出："青年一向是变革的动力，重大的社会变革都是在他们身上并通过他们实现的。事实上正是在培养性格的年代里，一个人才最容易在新的问题面前形成勇于创新的考虑问题的态度和作风。"由于信息网络的普及和内容丰富的各种媒体的影响，青年群体在获取知识的渠道上要明显地优于其他成人群体。在这些有利条件下，越来越多的青年已成为掌握高新技术的骨干力量，成为社会发展需要的创新人才。可以说，今天的青年群体是代表着先进生产力的群体，明天他们将成为我国社会发展的中坚力量。

（四）崇尚务实的行为方式

当今人类社会已经进入知识经济时代。知识经济是主要依靠知识创新、知识的创造性应用和知识广泛传播和发展的经济，它将从许多方面改变人类社会的面貌，包括社会的产业结构和人们的生产形态、思维方式、文化观念、生活方式，并对青年生存与发展提出崭新的素质要求。21世纪，科学技术在经济和社会发展中的作用日益重要和突出，国际经济和科技竞争，越来越围绕人才和知识的竞争展开。谁有实力在知识和科技创新上占优势，谁就在发展上占据主导地位。这种发展格局，对于我们国家和我国青年都提出了前所未有的挑战，对当代青年的价值观念和行为方式产生了巨大的影响。青年无论在思索社会发展的宏大问题，还是设计个人未来生活，都更加注重实际，反对形式主义，更加崇尚务实的行为方式。

"80后"青年是社会主义现代化建设的后备军，当代青年懂得要使我国富强起来，缩小与发达国家的差距，除了执行正确的路线和政策外，还取决于劳动者对现代科技知识的掌握和运用；同时，他们也懂得将来要能为祖国的发展作出较大贡献，今天就必须全面提高自身素质，掌握切实可用的本领。因此，他们崇尚真才实学，追求个人价值，希望在奉献社会的同时达到自我实现。我们在问卷中对青年志愿者设计了这样的问题："通过志愿服务，你觉得对个人学习、工作、生活有哪些影响？"以便了解青年的务实心态及行为，调查结果见表6－2。

表6－2　志愿服务对个体学习、工作和生活的影响

选项	%
1. 增加了对现实生活的了解	69.1
2. 生活更充实，精神上得到满足	55.6
3. 结交更多朋友，扩大人际关系	44.4
4. 服务社会，获得了成就感	46.8
5. 学到很多东西，增强了能力	41.1
6. 占用大量时间，影响了学习、工作、生活	5.5
7. 需要解决的社会问题太多，个人能力太弱，产生无助感	15.1
8. 没什么明显的影响	7.6
9. 不好说/说不清楚	3.1

表6－2结果显示：在9个选项中，前4项的选择依次为：69.1%的青年志愿者认为志愿服务"增加了对现实生活的了解"，55.6%的青年志愿者认为志愿服务"生活更充实，精神上得到满足"，46.8%的青年志愿者

认为志愿服务"服务社会，获得了成就感"，44.4%的青年志愿者认为志愿服务"结交更多朋友，扩大人际关系"。可见，青年志愿者的选择大都更加具体和务实，具有很强的社会使命感，他们看问题，不是看它是否符合某个概念，更多的是看是否能实实在在地满足国家、人民和自我的某种需要。在对待志愿服务等社会公益事务上，他们反对空洞的说教，心动莫如行动，愿意投入社会融入公益，做新事物的开拓者。不仅如此，尊重个体生命价值，丰富自己人生，在处理个人求学、就业、职业生活以及爱情、婚姻等现实问题时，青年也奉行更加实际的原则，这构成了当代青年人生价值观的一个明显特点。

二　人才培养的时代要求

青年志愿服务，作为我国当今大学生社会实践活动的一个重要组成部分与一种重要形式，已被载入党的十四届六中全会决议《公民道德建设实施纲要》，中共中央、国务院《关于进一步加强和改进大学生思想政治教育的意见》等党和国家的一系列重要文件之中。这标志着党和政府对新时期青年学生的殷切期望和亲切关怀，体现了时代对大学生培养的客观要求。

中共中央、国务院发布的《关于进一步加强和改进大学生思想政治教育的意见》强调指出："大学生是十分宝贵的人才资源，是民族的希望，是祖国的未来，培养全面发展的大学生是我们首要而迫切的任务。""积极组织大学生参加社会调查、生产劳动、志愿服务、公益活动、科技发明和勤工助学等社会实践活动。重视社会实践基地建设，不断丰富社会实践的内容和形式，提高社会实践的质量和效果，使大学生在社会实践中受教育、长才干、作贡献，增强社会责任感。"

大学生作为中国青年志愿服务的生力军和骨干力量，培养新时代大学生成为"有理想、有道德、有文化、有纪律"的一代新人，是高等学校社会实践全面贯彻党的教育方针，实现社会主义高等教育培养目标的重要途径之一。在当前我国全面改革开放的新形势下，坚持教育和生产实践相结合的方针，坚持理论联系实际的原则，有领导、有计划地组织青年学生广泛参加社会实践，不仅关系到青年学生的健康成长，而且关系到教育体制的改革。

近些年来，党和国家的领导人对青年学生社会实践、志愿服务作出了一系列重要的讲话和批示。早在 1998 年 5 月 4 日，中共中央总书记、国家主席江泽民同志在北京大学建校 100 周年庆祝大会上发表了热情洋溢的讲话，向北大同学和所有高等院校的大学生，向全国各界青年提出了"四个统一"的希望和要求："坚持学习科学文化与加强思想修养的统一；坚持学习书本知识与投身社会实践的统一；坚持实现自身价值与服务祖国人民的统一；坚持树立远大理想与进行艰苦奋斗的统一。"2001 年 4 月 29 日，中共中央总书记、国家主席江泽民同志在庆祝清华大学建校 90 华诞的庆祝大会上发表了重要讲话，对全国青年学生提出了"五点希望"："希望大学生成为理想远大、热爱祖国的人，成为追求真理、勇于创新的人，成为德才兼备、全面发展的人，成为视野开阔、胸怀宽广的人，成为知行统一、脚踏实地的人。""北大讲话"对当代青年学生提出了"四个统一"，指出了当代青年学生的成才途径；"清华讲话"对当代青年学生提出了"五点希望"，指出了当代青年学生成才的目标。江泽民同志在北京大学和清华大学的两篇重要讲话，前后呼应，各有侧重，体现了总书记对青年成长、对高等教育工作的一贯思考，对提高新时期青年学生综合素质具有极为重要的深远意义与现实意义。

2005 年 7 月，中共中央总书记、国家主席胡锦涛同志就实施"大学生志愿服务西部计划"作出重要指示："高校毕业生是国家宝贵的人才资源。实施大学生志愿服务西部计划，有利于开辟高校毕业生健康成长的新途径，有利于推动西部地区的经济社会发展。各级党委、政府和有关部门一定要从全局和战略的高度重视这项工作，总结成功经验，完善政策措施，健全工作机制，引导和鼓励更多的高校毕业生到西部、到基层、到祖国最需要的地方去，磨炼意志，增长才干，为实现全面建设小康社会的宏伟目标贡献自己的智慧和力量。"2004 年 7 月 20 日，国务院总理温家宝同志致信参加 2004 年暑期"三下乡"社会实践活动的全国大中专青年学生："看到你们参加 2004 年暑期文化科技卫生'三下乡'社会实践活动的消息，甚感欣慰。你们选择的是一条正确的道路。大学生走出校门，走进农村，在同农民接触中，会进一步了解国情，懂得社会，认清自己对国家和人民的责任；会在社会实践中经受锻炼，增长才干，培养实际工作的能力。这将对你们今后的人生道路产生深远的影响。希望你们把这项光荣而有意义的活动坚持下去。"2005 年 7 月，国务院总理温家宝同志在中国地质大学（武汉）261 名志愿到西部服务就业的 2005 届本科毕业生给他的书信中作出重要批示："读了同学们的信，非常高兴。大家志愿到西部服务和就业的志向、勇气和决心使我深受感动。你们的选择是正确的。我深信你们在西部艰苦工作的磨炼，必将成为你们生命中最宝贵的财富。"胡锦涛总书记、温家宝总理的重要批示，明确回答了当代青年成长成才道路的问题，是对全国青年学生和青年志愿者的巨大鼓舞，充分体现了党和政府对青年学生的高度重视和亲切关怀，必将使大学生志愿服务西部计划跃上新的高度，必将进一步促进大学生志愿者在志愿服务中成长成才、建功立业。

面对新情况、新任务，大学培养全面发展的人才要紧密联系经济、文化、社会发展的实际；紧密联系青年学生的思想认识、行为方式的实际，有针对性地推进全面发展的教育，树立新时期的人才质量观，适应新时期对教育、对人才培养提出的新要求。在实施全面发展教育时，把培养创新精神与实际能力相结合；把社会发展与人的发展相结合；把德育与智育、体育、美育相结合，使新时期培养的人才，能够为不断推进人的全面发展，推进社会经济文化的发展，推进和谐社会的发展，发挥出积极的促进作用。

大学生作为民族的希望和祖国的未来，作为中国特色社会主义事业的合格建设者和可靠接班人的培养对象，应当明确历史所赋予的重任，为了国家综合国力的提高、社会的发展进步，担负起应尽的社会责任。对于大学生来说，"天下兴亡，匹夫有责"，青年学生正处于激扬文字、指点江山的黄金年代，他们有机会参与志愿服务等社会实践活动，离别校园、都市，选择了基层、西部，选择了在磨炼中成长，在奉献中成才；他们亲历社区和乡村，了解国情，简陋教室的讲台前、下乡巡诊的山路上、麦浪飘香的田野里，成为青年学生精神守望、放飞理想、施展才华的广阔天地。这是人生的宝贵财富。将来无论干什么，无论走到哪里，带着这笔宝贵的财富上路，就没有过不去的难关、攀登不了的高峰。每一位有责任感的大学生应当树立起"以天下为己任"的忧患意识，以一种"为天地立心，为生民立命，为往圣继绝学，为万世开太平"的精神，迎接时代对人才的新要求，努力使自己成为国之栋梁。

大学生社会实践的目的在于完善高校的教育机制，是高校为了配合课堂教育而有目的、有计划、有步骤地通过实践锻炼和社会教育模式健全大学生的成长机制，来促进大学生全面发展的过程。作为高等教育体系中的重要组成部分，大学生社会实践对于培养符合新世纪要求的人才具有重要意义，无论是大学还是大学生本身都应当对之予以足够重视。在社会实践中，大学生得以检验自己的思想认识是否跟上了时代的发展，是否符合社会主义现代化建设的需要；在社会实践中，通过把知识转化为实际工作能力，大学生的知识与才能得以不断巩固和发展；在社会实践中，大学生得以寻找自身认识和社会现实之间的差距，进一步提高思想认识，铸就青春辉煌。

第三节 "80后"志愿服务的意义与作用

"80后"志愿服务的意义与作用可以从宏观和微观两个方面来阐述和分析。宏观方面主要是"80后"志愿服务对社会进步的意义和作用，表现为志愿服务是构建和谐社会的有效手段、加强社会主义精神文明建设的重要途径、完善社会保障体系的组成部分；微观方面主要是"80后"志愿服务对青年成长的意义和作用，表现为志愿服务是提高青年思想教育实效的有力手段，是加速青年社会化的重要途径，促进青年人力开发及配置，有助于青年公民意识和精神的培养。

一 "80后"志愿服务对社会进步的意义与作用

(一) 构建和谐社会的有效手段

经过30多年的改革开放，我国发生了翻天覆地的变化，所取得的成就世界有目共睹。特别是到2003年，我国国内生产总值为11.6694万亿元，按美元汇率计算，人均GDP首次超过1000美元，这标志着我国经济社会发展进入了一个新的阶段。正是清醒认识与把握这个新阶段和社会矛盾变化的特点与要求，我们党提出了构建社会主义和谐社会的重大战略任务。从许多国家的发展实践看，人均国内生产总值从1000美元到3000美元的跨越，是一个关键阶段。在这个阶段，我国经济社会发展面临的矛盾和问题更复杂、更突出。资源、能源越来越紧张，发展不平衡的矛盾日益凸显，统筹兼顾各方面利益的难度加大，改革日益触及一些深层次的矛盾和问题，社会组织和管理面临新的挑战。我们必须正确应对这些矛盾和问题，妥善协调各种利益关系，大力促进社会和谐。我们所要建设的社会主义和谐社会，应该是民主法治、公平正义、诚信友爱、充满活力、安定有序、人与自然和谐相处的社会。而志愿服务所倡导的"奉献、友爱、互助、进步"的志愿精神恰恰体现了人与人之间的相互关爱、人与社会之间的相互融合、人与自然之间的和谐相处,这与构建社会主义和谐社会的本质要求是完全一致的。

通过志愿服务推动人与人之间相互关爱的人际关系。志愿服务正在成为当今公众尤其是"80后"积极参与社会生活的重要方式之一。我国"80后"志愿者群体是由来自社会各个阶层、各种职业,有着不同的教育文化、经济政治背景的青年自发组成,他们基于共同的目标和价值理念而集合在一起,成员间形成了"奉献、友爱、互助、进步"的新型互动关系,倡导"人人为我,我为人人"的道德理念。在志愿组织成员之间原有的社会地位、文化背景、经济收入的差异已退居次要地位。在人际关系越来越功利化与世俗化的今天,志愿服务有助于促进人与人之间的融合,有助于加强人们之间的关怀,减轻乃至消除彼此之间的隔阂。所以,志愿服务作为一种载体,成功地把不同的人组合在一起,成为一种社会协同的纽带,缔造了一种新型的人际关系。这样,就有助于人们在潜移默化中拉近距离,化解矛盾,重建信任,增进和谐。

通过志愿服务推动人与社会的相互融合。随着经济体制改革的深入推进,企业组织在褪去其"行政化"色彩的过程中,剥离掉原有由政府和社会承担的公共职能,如社会保障、教育等职能,这就意味着企业将要更多地遵循市场的价值规律来配置资源、安排生产、经营市场,而不是像在计划经济时代那样听从政府安排,其自主性大大增强。而对政府来说,大量的社会事务开始回归社区和企业。因此,经济体制改革,产生了"超域效应",延伸到非经济领域,打破了原来的行政"一元化"的社会管理格局,所有的政府、企业的权利和义务都面临着分化、组合和重建。在这样的体制背景下,由于政府力量的有限性以及可能产生的"政府失灵"和低效、单纯的市场调节所产生的"市场失灵",就为志愿服务事业的发展提供了广阔的空间。志愿服务以助人为乐、扶贫济困为宗旨,为弱势群体和贫困地区提供实实在在的帮助,用实际行动服务于市场机制和政府部门难以顾及的社会成员,在一定程度上帮助服务对象解决了生活和生产问题,体现了社会对他们的关爱,弥补了市场和政府的缺陷,缓解了社会群体分化所带来的矛盾。可以说,志愿服务在构建和谐社会过程中,发挥出润滑剂和调节器的作用。

通过志愿服务促进人与自然之间的和谐相处。敬畏自然,尊重自然发展规律，通过发展循环经济构建资源节约型社会，走可持续发展的道路，促进人与自然的和谐相处，已经成为当今全社会的共识。我国各级各类志愿组织在环境保护方面作出了突出的贡献。中国青年志愿者协会长期以来积极推动保护母亲河志愿行动，北京志愿者协会组织的"青春奥运绿色行动"等；许多民间环保志愿组织像"自然之友""绿色家园"等更是以环保为组织的宗旨。近些年，我国现有民间环保志愿组织近3000家，其中由政府发起成立的半官半民的环保组织占49.9%，"80后"大学生志愿者环保社团占40.3%，草根环保志愿组织占7.2%，国际环保民间组织驻中国机构占2.6%。[①] 这些志愿组织引导广大青年从小事做起、从我做起，积极开展植树造林、植绿护绿、环保宣传等志愿服务活动，调动社会各界参与环保志愿服务的积极性和热情，为建设环境友好型、资源节约型的和谐社会发挥出积极的推动作用。

（二）加强公民道德建设的重要途径

"80后"志愿服务是广大青年参与构建社会主义道德体系的一种重要形式，是青年树立社会主义荣辱观的重要载体，是培养社会主义"四有"新人的重要手段，是当代中国青年实践"三个代表"重要思想和科学发展观、弘扬时代精神的重要途径。市场经济追求的是利润，讲的是利益的最大化。在发展社会主义市场经济的进程中，企业和社会法人都积极发展产业、追求经济效益。在这样的时代条件下，社会还是否需要奉献精神？人们又将怎样来弘扬这种时代精神？千千万万的志愿者以朴素的实践回答了这一严峻的时代课题。

中共中央颁发的《公民道德建设实施纲要》规定"社会主义道德建设要坚持以为人民服务为核心"，这标志着我国公民道德建设进入了一个新境界。在建立和完善社会主义市场经济体制条件下，要在全体人民中大张旗鼓地倡导为人民服务的道德观，把为人民服务的思想贯穿于各种具体道德规范之中。在发展社会主义市场经济条件下，更要在全体人民中提倡为人民服务和集体主义精神，提倡尊重人、关心人，热爱集体，热心公益，扶贫帮困，为社会多做好事，反对和抵制拜金主义、享乐主义和个人主义。因此，要加强社会主义思想道德建设，建立与社会主义市场经济相适应的道德体系，形成体现社会主义制度优越性、促进社会主义市场经济健

---

① 《〈中国环保民间组织发展状况蓝皮书〉解读》，《中国青年报》2006年4月24日。

康有序发展的良好道德风尚。

"坚持以服务人民为荣，以背离人民为耻"是社会主义荣辱观的一个重要内容，是社会主义基本道德规范和社会风尚的本质要求，是社会主义世界观、人生观和价值观的生动体现。为人民服务是社会主义道德的灵魂，它像一条主线贯穿于社会主义道德的各个方面，贯穿于社会主义道德发展的始终，决定着社会主义道德的性质和发展方向，是社会主义道德区别和优越于其他道德的显著标志。在我们的社会里，每个公民不论职务高低、能力大小，都应该在不同岗位通过不同形式为人民服务。社会主义道德建设的这一核心，与青年志愿服务的宗旨"服务人民，奉献社会"是一致的。抓住这一道德核心开展青年志愿者活动，就能不断提高为人民服务的层次和水平，不断赋予为人民服务新的时代内容和时代特征，使为人民服务的精神在新的时代条件下在青年身上不断发扬光大。这是建构社会主义道德体系的重要内容，对于形成社会主义市场经济条件下新型的人际关系，具有不可低估的重大意义。

我国经济社会发展的阶段特征，彰显"服务人民，奉献社会"的荣辱观非常必要。社会的深刻变革，经济的快速发展，文化的相互激荡，对人们的思想观念、价值取向、生活方式、人际关系产生了多方面影响。热爱人民、服务人民、奉献社会是我们社会精神风貌的主流。但也要看到，背离人民、利己主义、享乐主义、不知荣辱、不辨善恶、不分美丑的现象还大量存在，不仅败坏了社会风气，也阻碍了经济社会的发展。社会主义时代呼唤社会主义荣辱观，"服务人民，奉献社会"是社会主义荣辱观的集中体现，是凝聚人心的坚强纽带，是全体人民为人处世的精神指南。可以说，青年志愿组织和青年志愿者行动，正是广大"80后"积极参与构建社会主义道德体系、实行人文关怀、探索到的最适宜的组织形式和活动形式之一。青年在推动志愿服务中具有重要作用，志愿服务虽然是公众普遍参与的，但青年的参与具有特殊的意义。青年是社会生活中最活跃、最积极、最有生气的群体，青年的广泛参与可以为志愿服务持续发展带来蓬勃的生机和活力。同时，青年是世界的未来和希望。青年处于身心成长的关键时期，他们在参与志愿服务中得到教育和锻炼，对他们自身发展有更加积极的影响。长期以来的青年志愿服务生动地表明，这项以青年志愿者为主体的群众性精神文明建设活动，不仅具有强烈的青年特色，更具有鲜明突出的时代特征。青年志愿者行动辐射、影响、推动着全社会公民道德素质的普遍提高，成为我国社会主义精神文明建设的引领者。

社会主义市场经济条件下人的全面发展，对人的精神境界有更高的要求。新时代的青年志愿者，通过平凡的活动，体现了高尚的思想境界。他们不计报酬，坚持在业余时间利用自己的知识和技能为群众服务，继承和发扬了中华民族"助人为乐"的传统美德，在社会上形成了一种和谐、健康、向上的风尚，对拜金主义、享乐主义和极端个人主义等腐朽思想，是一种有力的抵制。强大的生命力源自于深厚的根基。千百万青年志愿者自觉投身于"服务人民，奉献社会"的时代洪流，"净化自己，照亮别人"，既帮助了他人，又净化了自己的灵魂，升华了自己的人格，丰富了自己的精神世界。他们走的是一条追求思想和精神生活全面发展的道路。

"十年树木，百年树人"。一种道德的养成，虽是一个漫长的过程，但其一般规律，总是从"教化"走向"内省"，从"他律"走向"自律"。"内省"和"自律"是道德养成的高级阶段。社会主义道德的养成也不例外。青年志愿者行动，正是广大青年出于自愿帮助他人的道德实践活动，其"含金量"高、效果好，队伍稳定，能持之以恒。2000年1月江泽民对青年志愿者工作作出重要批示："青年志愿者行动，是当代社会主义中国一项十分高尚的事业，体现了中华民族助人为乐、扶贫济困的传统美德，是大有希望的事业。"努力进行好这项事业，有利于在全社会树立奉献、友爱、互助、进步的时代新风。青年志愿者行动是一项在实践中教育人、培养人的事业，广大青年投身志愿者活动要着重解决思想提高的问题，实现陶冶情操的目的。所以，青年志愿者行动不应被看作仅仅是带领青年做一两件好事的活动，而应看作一项在实践中培养良好行为习惯和提高思想道德素质的自我教育活动。实现志愿者服务与陶冶情操相结合，这就要求青年志愿者行动的组织者要精心设计每一次活动，积极探索青年思想政治教育的规律性，注意把握量的积累和质的飞跃的辩证关系，实现广大青年思想道德素质和科学文化水平的共同提高。

青年志愿者行动立足基层、走向社会、不断进取、不断深化，是新时期中国青年志愿者自身形象和精神生活的写照。百万青年志愿者行动，可以说是中国公众行为中最为闪亮的一环，已经成为当今中国青年修身养性、热心公益事业的一面旗帜，一定能为我国公民道德建设续写浓墨重彩的青春篇章。

（三）完善社会保障体系的组成部分

志愿服务组织将平衡社会发展中出现的各类社会矛盾。我国社会经济发展到目前阶段，社会问题日益突出，在高速经济发展过程中，我国城乡、地区、性别和收入等差别有进一步扩大的趋势，因此，在当前的社会转型时期，如何保护市场经济中的弱势群体利益，是当前我国社会保障体系的重要工作。弱势群体包括失业者、低收入家庭、残疾人、老年人等，他们在社会资源获取和社会生活参与方面有着许多一时难以克服的困难，存在着大量的社会服务需求，被认为是当前我国各类社会公益服务包括志愿服务的主要对象。这就要求政府采取积极的措施和政策，进一步扩大就业、消除贫困、应对"白发浪潮"——老龄社会的到来，合理安置流动人口等，同时还要关注妇女、儿童和其他社会边缘群体的利益。因此，重视与促进社会发展，必然要求国家、市场和社会三者携起手来，齐心协力，建立一个成本低廉、效果明显的社会保障体系，以协调和解决社会中的各种矛盾。

志愿服务作为现代社会有效便捷的动员方式和组织渠道，正在日渐成为每个国家的社会保障体系和社会应急机制方面的重要组成部分与重要建设力量，并已经成为一种国际惯例。社会保障体系中，对弱势群体的帮扶首先要靠政府民政部门增加财政投入、健全法制、加快医疗教育保障体系的改革等措施和手段，但要使这些帮扶措施和手段在具体操作过程中真正落实到实处，离不开社会力量的支持，其中最为重要的就是志愿服务组织。志愿服务可以激活社会活力，动员、整合公众中蕴藏的建设美好和谐家园的巨大正能量。在社会保障体系格局中，公众尤其是"80后"青年是重要的主体。参与社会管理、提供社会服务，已成为青年在新的社会历史条件下的新需求。但是，公众以个人方式参与社会公益，其作用毕竟有限，无论是参与的广度还是力度，都不如以社会组织的方式参与。志愿服务等社会或民间组织的发展壮大，把分散的个人吸纳到组织中来，提高了公众的组织化程度，使公众的参与有序化。同时又搭建了一个平台、一条渠道，把公众尤其"80后"参与社会公益的需求积极性调动起来，这是志愿服务发展的动力。中国青年志愿者协会的"一助一"长期服务计划，就是使青年志愿者更深入地走向社区乡村，关注弱势群体的志愿活动，它以孤寡老人、残疾人、下岗职工低收入家庭等困难群众为主要服务对象，体现了社会对他们的关爱，有助于调节与化解社会矛盾或冲突，并在政府和社会之间建立起一个缓冲地带，有效地起到了社会整合的作用。

此外，依托志愿服务的公众性，广泛推动公众力量参与社会危机应对。志愿服务"人人可为，人人能为"，具有很强的公众性，针对不同社会领域的专业需求，组建青年志愿者应急队伍，加强日常培训与管理，应当成为应对社会危机的一支重要力量。在危机突发时，能够以最短的时间、最快的方式集中广大公众，尤其是"80后"青年组成社会应急队伍。志愿服务已经成为当今世界各国普遍采取并取得了卓越成效的一种动员方式，从我国2003年抗击"非典"、2008年初南方大冰雪灾到"5·12"四川汶川大地震，都能看到"80后"志愿者发挥出的突出的作用，给受灾群众带来温暖和抚慰、支持与力量。四川汶川大地震发生后的短短几天内，一支支"80后"志愿者队伍从不同的出发地，向四川火速集结。由社会民间力量自发、自觉参与的救援行动全面展开。国内各个NGO的救援计划启动；成都十几家NGO迅即联合组成"民间救助服务中心"，在灾区拓展出多个救助点，覆盖了人口相对稀疏、政府力量暂时没有达到的地区；江苏某家民营企业组织的由60台挖掘机等大型机械组成的民间抢险队，48小时内赶到了绵阳；2008年年初南方大冰雪灾时曾经自发奔赴湖南抗击冰雪灾害的13位唐山农民兄弟——"宋志勇爱心志愿小分队"，又一次从家乡出发火速入川。由无线电爱好者组成的现代化通信营救小组，由动力滑翔伞、攀岩和速降装备为主的志愿者队伍，各种车友会、登山俱乐部结伴而行，利用自己的专业知识，交流并提供野外搜救经验，增援灾区；网上自发的"稀有血型联盟"昼夜不停地紧急呼救。满载物资粮食蔬菜水果的"个体户"志愿救灾车队，源源驶入蜀地；出租车免费为采访救灾的记者和志愿者服务；私家车一辆辆汇聚成"流动志愿车"大军，积极送医送药载人。每天都有近千名自带食物和生活用具的青年志愿者，涌入成都担任"义工"，"80后""90后"的青年人、退役军人、白领蓝领，或请假或辞职，白天帮助转运伤员、医务护理、搬运或发放食品、提供心理抚慰；夜间露宿空地，连续工作几天几夜。那一双双有力的援手没有年龄地域职务的界限，甚至彼此不知对方的姓名。地震的那一刻，中国公民的心灵也似被一股强大的力量猛烈震醒。人不可胜天，但人可战胜自我。地壳板块撞击所释放的巨大能量在毁坏生命的同时，却让灵魂得到升华。各种"80后"新型社团、网络社群、企业协会、为救灾成立的临时组织，汇集成强大而健康的民间力量——所有的中国人都是参与抗震救灾的"志愿者"。我们可以骄傲地说：在灾难与瓦砾的缝隙中，中国人的公民意识正在成长，并逐渐实现向公民社会的转型，以健全的公民社会形象融入国际社会。这是改革开放 30 多年中国社会巨大进步的重要标志。

二 青年志愿服务对"80后"成长的意义和作用

中共中央、国务院《关于进一步加强和改进大学生思想政治教育的意见》中指出："社会实践是大学生思想政治的重要环节，对于促进大学生了解社会、了解国情，增长才干、奉献社会，锻炼毅力、培养品格，增强社会责任感具有不可替代的作用。要建立大学生社会实践保障体系，探索实践育人的长效机制，引导大学生走出校门，到基层去，到工农群众中去。""积极组织大学生参加社会调查、生产劳动、志愿服务、公益活动、科技发明和勤工俭学等社会实践活动，重视社会实践基地建设，不断丰富社会实践的内容和形式，提高社会实践的质量和效果，使大学生在社会实践中受教育、长才干、作贡献、增强社会责任感。"落实这一要求，关键在于选准工作的着力点。在 2003 年 12 月 5 日的国际志愿者日，共青团北京市委北京志愿者协会所属的"北京志愿者学校"在北京青年政治学院正式挂牌，以北京青年政治学院为主要培训、教学基地，培养首都青年志愿者骨干力量，现已举办了 50 多期青年志愿者的培训、学习和学术交流活动。这标志着北京青年志愿服务事业迈向了属地化、制度化、规范化、长期化的发展阶段，成为首都高校推动大学生思想政治教育工作的着力点和抓手。对当代青年尤其是大学生的成才具有积极的促进作用。

（一）志愿服务是增强大学生思想政治教育实效性的有效手段

长期以来，我国大学生思想政治教育的一大薄弱环节，即教育内容、教育方法与社会生活实际脱节，教育所传授的政治原则和价值观念在与青年的生活实际"对接"时欠缺中间环节，这样的政治理念、道德规范难以内化为青年的自觉行为。因此，造成了当今不少大学生"智力因素高，非智力因素弱；政治热情高，综合素质弱；理论水平高，实践能力弱；自我评价高，社会责任弱"。而志愿服务不仅能使大学生深入社会、了解社会，强调大学生对社会的服务和奉献精神，而且为大学生提供了一个锻炼提高的平台、一个能力展示的平台、一个自我推销的平台，能够促进大学生的自主选择、能力发挥和个人价值实现，充分发挥大学生的主体意识；同时，大学生确实磨炼了自己的意志，锻炼了自己的能力，从学习中成长，在付出中收获。"奉献、友爱、互助、进步"的志愿精神，不仅契合大学生思想政治教育的主旋律，而且充满时代精神、人文色彩和青春气息，更容易激发大学生的积极性和主动性。实践证明，志愿服务活动是当今我国青年参与面最广、参与程度最高的社会实践性公益活动，是青年进行自我教育、内化政治理念和道德原则的重要手段。

在参与志愿服务的过程中，广大大学生深切地体会到了自身的价值，感受到了志愿服务对塑造新型人格的强大作用。很多大学生志愿者深有感触地讲，在服务社会、服务他人的同时，不仅了解了国情，也经受了锻炼，提高了自己的思想修养和道德境界。随着志愿服务事业的起步与发展，北京师范大学组建了凸显学科优势的"大学生支教扫盲服务队"，创办了北京市首家"民工学校"。如今经过十多年的积累，这个志愿服务团队已扩展为"白鸽青年志愿者协会"，下设"志愿讲解队""爱心服务队""绿色天使服务队""基础教育服务队"，多次受到教育部、团中央的表彰与奖励，成为学子服务社会的特色品牌。① 北京师范大学志愿服务这一系列关注社会热点、满足社会需求的活动，不仅使大学生志愿者们得到了社会的认同和欢迎，同时使他们了解了国情，了解了社会，认识到自身存在的不足。通过志愿服务活动，大学生们社会责任意识得到了增强，获取真知的能力得到了提升，青年身上的先进性得到了充分的施展。北京青年政治学院大学生志愿服务协会组织了以做文明使者，传播科学圣火，深入学习、传播、宣传、实践党的十八大重要思想和科学发展观宣讲团，利用课余时间深入望京地区各社区，利用宣讲、座谈、发放宣传资料等方式，对居民宣传党的十八大重要思想和科学发展观。参加宣讲团的学生纷纷表示，通过宣讲以及与社区老干部、老革命所进行的交流活动，促使他们更深刻地认识了党的十八大重要思想和科学发展观，参加宣讲是一个把深刻理论转化为生动语言和人民群众喜闻乐见的形式的过程，这个过程促发了党的十八大重要思想和科学发展观的内化，使以前从书本上得到的知识转化为实践中的知识，加深了对党的信任，增进了对人民的感情，增强了对国家的责任感。

（二）参与志愿服务是加速大学生社会化的重要途径

在当今的大学生群体中，"学校人"与"社会人"脱节的现象仍然普遍存在，致使一些大学生自身社会化迟滞或不完善。此外，一些大学毕业

---

① 吴志功等：《让学生党员在服务社会中成长成才》，《北京教育·高教版》2009年第2期。

生在走进社会之时往往抱着不切实际的期望或幻想，缺乏社会所需要的技能、道德和心理素质，难以适应社会的要求。而以志愿服务的方式，开展的丰富多彩的社会实践活动，则提供了一条使大学生深入接触社会、与社会提前进行"磨合"的重要途径。

比之其他的大学生社会实践活动，志愿服务的一个突出特点是自愿性，它要求大学生内心对志愿精神的认可。另外，在精神层面上，志愿服务不仅倡导服务者的奉献，而且强调对服务对象自身潜能和自尊自信的激发，强调服务者与服务对象互相学习、加深理解，互相促进、共同进步。这些都使志愿服务具备了丰富的双向甚至多向互动性。加之志愿服务的相对长期性和稳定性特征，使大学生认识社会、了解自身、构建个体角色身份等的社会化过程能够真正地深入展开，而非流于形式。对许多参与"大学生志愿服务西部计划"的青年来说，一年的西部基层工作成为"一次前所未有的经历"，热心参与西部计划的莘莘学子都纷纷感悟到"有一种生活，你没有经历过就不知道其中的艰辛；有一种艰辛，你没有体会过就不知道其中的快乐；有一种快乐，你没有拥有过就不知道其中的纯粹"的境界。他们更加深切地了解了国情，增进了与人民群众的感情，对社会形成了比较客观和清醒的认识，从而能够理性客观地规划自己未来的人生道路。中国青年志愿服务金奖获得者、中国十大杰出青年志愿者、复旦大学社会系学生冯艾在参与西部志愿支教服务的日记中写道："我的人生真理是透明的朴素的：活着，做一点能帮助别人又是力所能及的事情，做一个别人需要的人，活着就有价值。我是一个学社会学的学生，社会学总不能老待在课堂里学吧。在中国，不了解农村，就不了解国情；不了解农民，就不了解人民。我回上海探亲，看见农民工走进邮局寄钱，就会感到亲切。我明白，这些农民工就是我支教学生的父亲，他们辛苦打工挣一点钱是供孩子读书的，是把希望邮寄回去啊。我理解农村和农民，我看世界的眼光也变了。"[①]

在志愿服务的过程中，大学生也增加了工作经历和人生阅历，更明确了自己的长处和优势，并形成了更加适合社会现实生活的心理倾向、性格特征和行为方式。在这方面，北京青年政治学院社会工作系的学生们体会最为深刻。社会工作本质上就是人的工作，在学习基本知识和理论原理之

---

① 冯艾：《冯艾支教日记》，《新民晚报》2004年3月6日。

外，是否掌握灵活适当的人际沟通技巧，是否能够切身地体会到不同工作对象的感受和需求，是社会工作成功与否的关键。而这些技巧和情感体验单纯通过书本或课堂实验是不可能完整获得的，志愿服务在这方面有着极大的优势。参加过 2010 年 9 月至 2011 年 10 月的北京东城区社区矫正宣传活动、定期举行的老人院慰问活动，以及 2012 年 5 月开始的"儿童村之行"活动、2012 年 10 月开始举办的陪伴社区空巢老人活动的社会工作系志愿服务的学生，都深深感受到了自己在志愿服务过程中的进步。学生们针对不同服务群体的社交能力、表达技巧都有了明显提高，而且在广泛深入的交流和志愿服务活动中培养了感受力和同情心，逐步养成了乐于助人、扶危济困的高尚情操，对他们今后人生道路的影响是深远的。

（三）志愿服务促进大学生人力资源开发、完善人力资源配置

在知识经济时代，如何充分开发大学生人力资源、实现人力资源与需求的完善配置，对于最大限度地发挥大学生潜能、促进经济社会的和谐发展起着关键性的作用。在这方面，志愿服务有着特殊的价值。就人力资源开发而言，志愿服务作为一种直接的社会实践性活动，大学生参与奉献服务的过程本身就是一个接受教育、提升能力的过程。许多大学生在积极参与志愿服务之后都感受到自身的学习能力、创新能力、沟通协调能力、团队合作能力和承受挫折能力等均有了不同程度的提高。另外，志愿服务本身也是一种劳动创造，能够创造出社会经济效益。近年来，全国先后有数百万"80 后"青年志愿者为第 21 届世界大学生运动会、中国—东盟博览会、上海 APEC 会议、北京《财富》全球论坛、北京奥运会、上海世博会等国际、国内大型活动提供了优质高效的服务，不仅节约了大会运行成本，取得了明显的效益，扩大了影响，而且在世界人民面前展示了中国青年志愿者的风采。

在人力资源配置方面，近些年来开展的"大学生志愿服务西部计划"更表现出其突出的价值。由于中国经济区域发展的不均衡，以及户籍制度等人员流动壁垒的仍然存在，导致发达地区的人力资源积压或过剩和西部欠发达地区的人才短缺同时并存的局面。在这种背景下，"大学生志愿服务西部计划"在市场之外拓开了一条资源有效利用和优化配置的途径，不仅缓解了发达地区的大中城市高校毕业生就业难的问题，而且为急需人才的西部输送去源源不断的人才。在服务的过程中，越来越多的大学生深刻地体会到："因为这个选择，西部的明天更加美好；因为这个选择，我们

的青春更加壮丽。"他们加深了对国情的认识，体会到西部对优秀人才的渴求和重视，最终选择了扎根西部、扎根基层。如在2003年第一批计划实施中，一年后有约10%的大学生选择了在西部继续发展。自2003年以来，已经有十余万名大学毕业生奔赴西部贫困县开展志愿服务工作。西部计划的长期开展将会有效地改善我国不同区域之间的人力资源配置状况，已成为引导大学生树立正确的就业观、到西部基层服务的导向工程，已成为培养优秀青年人才的工程，已成为加强和改进大学生思想教育工作的示范工程。为配合这一全国性计划，近几年中共北京市委教育工委、共青团北京市委联合组建了"大学毕业生基层志愿服务团"，号召首都各高校毕业生志愿参与服务基层、服务郊县，北京青年政治学院有100余名毕业生志愿报名参加，奔赴北京市远郊区县和城近郊区的各个基层单位，开展为期一年的志愿服务工作。他们在报名申请书上豪迈书写："志愿者这个名字，饱含着社会责任，也洋溢着青春的热情。这个伟大的名字也因为能创造出远高于自身十倍百倍价值的财富而响亮，我们要在基层的土地上书写自己的青春和责任，实现自己的承诺。"通过这种形式，一批学生获得了工作机会，急需现代知识和技能的基层单位也获得了所需的人才，结果可谓是双赢。而经过一年的志愿服务的实践体验，其中的一些毕业生最终选择了留在郊县基层发展，成就事业。

（四）志愿服务有助于青年公民意识和公共精神的培养

随着市场经济的建设和政治体制的改革，"公民社会"也逐渐从中国人的政治生活和日常生活中凸显出来。而公民社会的健全发展，乃至整个社会的和谐稳定，都需要公民意识和公共精神的支撑，培养公民意识成为整个社会的一种需求。如何强化对青年一代的公民意识和公共精神的培养教育，使他们树立正确的民主观、自由观，使他们充分了解自己的公民权利、积极履行自己的公民义务，则是保障社会健康持续发展的一个重要条件，在这方面，志愿服务是大有可为的。欧美等许多国家有开展慈善活动和志愿服务的长期传统，这些国家在第二次世界大战之后志愿服务全面迅猛发展的过程中，均强调志愿服务作为公民服务的意义和内涵，把志愿服务看作公民参与社会的重要途径，看作公民社会完善程度的标志之一。志愿服务不仅仅是人们相互关爱的表现，也是公民权利和义务的一种表现形式，志愿服务的效果不仅提升了道德或具体的能力，也使公民的公共精神得到培养和提升。在我国参与志愿服务的大学生中，相当一部分人已经清晰地意识到其中所包含的公民权利与义务因素，并逐渐将"志愿者"认同为一个超越年龄、职业、收入、地位等界限的共同的社会身份。显然，随着青年志愿服务的进一步展开，随着大学生加入志愿服务的渠道越来越广阔、形式越来越多样，志愿服务对公民意识和公共精神培养的推动作用将表现得更为明显。

"爱心万里行"是北京大学"爱心社"的特色活动之一。从 1995 年开始，北京大学"爱心社"每年组织二至三路"爱心万里行"志愿服务活动。活动以"呼唤爱、传播爱"为宗旨，将视线投向广阔的社会，以大学生特有的热情和责任感，走向广大需要爱心的地区。几年来，北京大学"爱心社"到过宁夏、甘肃、山西、新疆、四川、湖南、湖北、安徽等许多边远、贫困地区，开展支教、社会调查等活动。在支教中，北京大学青年志愿者结合当地实际情况，为孩子们提供物质和精神的援助。例如，教孩子唱英文歌、画画、做手工、讲天文地理常识、讲为人处世的道理、普及法律常识，并依照各地不同的要求做一些专业培训，如为当地教师做电脑培训，为当地医生做医学培训。活动中，北京大学"爱心社"还做了很多有针对性的社会调查。例如，受中国妇联委托，"爱心万里行"宁夏路做了《关于宁夏韦州地区大龄女童教育状况的调查》，引起了强烈的社会反响，唤起人们更多地关注西部地区女童教育问题。通过"爱心万里行"志愿服务活动，北京大学志愿者一方面获得内心的快慰、人生的充实和自我实现的成就感，并逐渐养成了社会责任感和公民意识，树立了当代大学生良好形象；另一方面他们以其良好的面貌、积极的奉献精神赢得了社会各界的好评。

北京青年政治学院学生在参与志愿者活动的过程中，多次感受到身为一个公民对社会、对他人、对国家的责任和义务，并开始逐步行使自己的公民权利。例如，社会工作系学生在参与老人院志愿服务的活动中，突破了传统的帮忙、关怀、联谊等简单模式，开始主动参与到敬老院的建设之中去，运用自己所学的知识对敬老院的进一步发展、管理和护理模式的改善等方面提出了一些诚恳的意见和建议，体现了把所学知识回报社会的责任感。另外，北京青年政治学院的大学生志愿者为首届残疾人手工艺作品展提供服务，以及随后的维护残疾人权益宣传活动中，亲身体会到了残疾人和智残儿童等弱势人群的生存处境，切实地理解了为弱势群体营造公平关爱环境，使其能够像正常人一样获得方便的生活条件的重要性所在。通过这样的活动，学生们既领悟到了人文关怀精神，又体会到了公民的责任。

无论是多年来的中国青年志愿者行动，还是近年来首都青年志愿服务的实践，都充分表明，青年志愿者行动已经成为新时期、新阶段大学生思想道德建设的有效载体，成为当代大学生修身成才的重要手段，成为大学生实践科学发展观、弘扬时代精神的重要途径。

参考文献

专著类

〔以〕S. N. 艾森斯塔德：《现代化：抗拒与变迁》，张旅平、沈原、陈育国、迟刚毅译，中国人民大学出版社，1988。

〔美〕丹尼尔·贝尔：《资本主义的文化矛盾》，赵一凡等译，三联书店，1989。

北京志愿者协会编《我们在一起——北京志愿者赴四川抗震救灾纪实》，新华出版社，2009。

北京奥运会志愿者工作协调小组办公室等编《微笑北京》，人民出版社，2008。

北京奥运会志愿者工作协调小组办公室等编《奥运先锋》，人民出版社，2009。

〔法〕让·波德里亚：《消费社会》，刘成富、全志钢译，南京大学出版社，2001。

蔡禾主编《社区概论》，高等教育出版社，2005。

曹荣湘编《解读数字鸿沟——技术殖民与社会分化》，上海三联书店，2003。

陈丹燕：《赤子之心——汶川地震青年志愿者访问记》，上海文艺出版社，2009。

陈昕：《赎救与消费——当代中国日常生活中的消费主义》，江苏人民出版社，2003。

陈歆耕：《废墟上的觉醒》，上海文艺出版社，2009。

邓国胜：《非营利组织评估》，社会科学文献出版社，2001。

邓正来编《国家与市民社会：一种社会理论的研究路径》，中央编译出版社，1999。

第29届奥林匹克运动组织委员会编《北京奥运会志愿者读本》，中国人民大学出版社，2006。

丁元竹等主编《北京奥运志愿服务研究》，北京出版社，2009。

〔美〕艾伦·杜宁：《多少算够：消费社会与地球未来》，毕聿译，吉林人民出版社，1997。

杜骏飞、周海燕等：《公开时刻：汶川地震的传播学遗产》，浙江大学出版社，2009。

〔美〕卫·雷·格里芬：《后现代科学——科学魅力的再现》，马季方译，中央编译出版社，1998。

何增科主编《公民社会与第三部门》，社会科学文献出版社，2000。

〔德〕黑格尔：《小逻辑》，贺麟译，商务印书馆，1980。

黄育馥：《人与社会——社会化问题在美国》，辽宁人民出版社，1986。

〔英〕安东尼·吉登斯：《现代性的后果》，田禾译，译林出版社，2000。

〔英〕安东尼·吉登斯：《失控的世界：全球化如何重塑我们的生活》，周红云译，江西人民出版社，2001。

〔美〕卡斯特：《网络社会的崛起》，夏铸九、王志弘等译，社会科学文献出版社，2006。

李惠斌主编《全球化与公民社会》，广西师范大学出版社，2003。

梁绿琦、余逸群主编《志愿社区——中国社区志愿服务研究》，中国青年出版社，2009。

梁绿琦、余逸群主编《志愿中国——中国青年志愿服务研究》，人民出版社，2009。

陆学艺主编《当代中国社会阶层研究报告》，社会科学文献出版社，2002。

〔美〕马尔库塞：《单向度的人》，刘继译，上海译文出版社，2006。

〔罗〕F.马赫列尔：《青年问题与青年学》，社会科学文献出版社，1986。

〔美〕玛格丽特·米德：《代沟》，曾胡译，光明日报出版社，1988。

〔美〕尼葛洛庞帝：《数字化生存》，胡泳、范海燕译，海南出版社，1997。

潘润涵、林承节、王建吉：《简明世界近代史》，北京大学出版社，2001。

钱再见：《失业弱势群体及其社会支持研究》，南京师范大学出版社，2006。

汝信、陆学艺、李培林主编《2002 年：中国社会形势分析与预测》，社会科学文献出版社，2002。

〔美〕莱斯特·M. 萨拉蒙、S. 沃加斯·索可洛斯基等：《全球公民社会：非营利部门国际指数》，陈一梅等译，北京大学出版社，2007。

沈杰主编《志愿行动：中国社会的探索与践行》，人民出版社，2009。

孙立平：《断裂：20 世纪 90 年代以来的中国社会》，社会科学文献出版社，2003。

孙立平：《转型与断裂：改革以来中国社会结构的变迁》，清华大学出版社，2004。

〔英〕汤林森：《文化帝国主义》，冯建三译，上海人民出版社，1996。

〔英〕约翰·汤姆林森：《全球化与文化》，郭英剑译，南京大学出版社，2004。

〔美〕托夫勒：《第三次浪潮》，朱志焱等译，三联书店，1984。

王敦志、黄裕庚：《公共卫生学新进展》，四川科技出版社，1999。

王名编《非营利组织管理概论》，中国人民大学出版社，2002。

王杰、张海滨、张志洲主编《全球治理中的国际非政府组织》，北京大学出版社，2004。

王绍光：《多元与统一：第三部门国际比较研究》，浙江人民出版社，1999。

王颖等编《社会中间层：改革与中国的社团组织》，中国发展出版社，1993。

文军、王世军：《非营利组织与中国社会发展》，贵州人民出版社，2004。

吴向东：《重构现代性：当代社会主义价值观研究》，北京师范大学出版社，2009。

奚洁人、陈章亮主编《马克思主义哲学与中国社会主义发展》，上海交通大学出版社，2000。

谢新洲：《网络传播理论与实践》，北京大学出版社，2004。

徐麟主编《中国慈善事业发展研究》，中国社会出版社，2005。

徐莹：《当代国际政治中的非营利组织》，当代世界出版社，2006。

袁贵仁：《马克思的人学思想》，北京师范大学出版社，1996。

郑红娥：《社会转型与消费革命》，北京大学出版社，2006。

中共中央马恩列斯著作编译局：《马克思恩格斯选集》第2卷，人民出版社，1972。

中共中央马恩列斯著作编译局：《马克思恩格斯选集》第4卷，人民出版社，1972。

中共中央马恩列斯著作编译局：《马克思恩格斯全集》第46卷（下），人民出版社，1979。

中共中央马恩列斯著作编译局：《马克思恩格斯选集》第1卷，人民出版社，1995。

〔日〕佐藤学：《学习的快乐——走向对话》，钟启泉译，教育科学出版社，2004。

Douglass James, *Why Charity?* Beverly Hills, CA：Sage，1983.

Robert K. Fullinwider（ed.），*Civil Society Democracy，and Civic Renewal*，Rowman & Littlefield Publishers，Inc.，1999.

John Keane，*Civil Society：Old Images，New Visions*，Polity Press，1998.

Kramer，Lorentzen，Melief and Pasquinelli，*Privatization in Four European Countries*，New York：M. E. Sharpe，Inc.，1993.

O'Connor James，*The Fiscal Crisis of the State*，New York：St. Martin's Press，1973.

Offe Claus，*Contradictions of the Welfare State*，Cambridge：The MIT Press，1984.

E. Phelps，eds.，*Altruism Morality and Economic Theory*，New York：Russel Sage，1974.

Walter W. Powell，ed.，*The Nonprofit Sector：A Research Handbook*，New Haven：Yale University Press，1987.

Mishra Ramesh，*The Welfare State in Crisis：social thought and social change*，Brighton，Sussex：Wheat Sheaf Books，1984.

Brent D. Ruben, *Communication and Human Behavior*, New Jersey: Prentice Hall, 1992.

UIA: *Yearbook of International Organization 1997/1998*, Brussels: Union of International Associations, Vol. 1.

Wuthnow, Robert, *Between States and Markets: The Voluntary Sector in Comparative Perspective*, Princeton, N. J. : Princeton University Press, 1991.

论文类

蔡宁、田雪莹:《国外非营利组织理论的研究进展》,《重庆大学学报》(社会科学版) 2007 年第 2 期。

陈洪标、慕容梦漪:《"追逐"灾难的志愿者》,《民主与法制时报》2009 年 6 月 13 日。

邓希泉:《"代沟"的社会正功能》,《中国青年研究》2003 年第 1 期。

丁妍、沈汝发:《解读与质疑"代沟"的社会正功能》,《中国青年研究》2003 年第 5 期。

冯艾:《冯艾支教日记》,《新民晚报》2004 年 3 月 6 日。

冯琰:《义工发展之路:香港义工局主席李泽培访谈录》,《志愿服务论坛》2005 年第 4 期。

冯永锋:《梅念蜀:80 后这样做环保》,《北京青年报》2009 年 6 月 23 日。

何流:《"鸟巢一代"的标本化意义》,《中国报道》2009 年第 2 期。

黄庆时:《被误读的一代》,《华人世界》2006 年第 7 期。

李德顺:《怎样看"普世价值"》,《哲学研究》2011 年第 1 期。

李路路:《制度转型与社会分层结构的变迁——阶层相对关系模式的"双重再生产"》,《中国社会科学》2002 年第 6 期。

李志永:《公共外交相关概念辨析》,《外交评论》2009 年第 2 期。

刘俊彦:《消费主义思潮与青少年思想道德建设》,《中国青年政治学院学报》2006 年第 1 期。

刘泉:《公益旅游进行中》,《北京青年报》2009 年 4 月 17 日。

刘一哲:《以 80 后的名义》,《现代交际》2007 年第 4 期。

龙太江:《从"对社会动员"到"社会动员"——危机管理中的动员

问题》，《政治与法律》2005 年第 2 期。

鲁洁：《走向世界历史的人——论人的转型与教育》，《教育研究》1999 年第 11 期。

T. R. 莫里森：《远距离教育的未来》，《国外社会科学》1989 年第 11 期。

"千人问卷"调查组：《国家振兴赋予"鸟巢一代"更大自信》，《人民论坛》2008 年第 17 期。

宋玉芳：《奥运会志愿者的形成背景与历史演变》，《上海体育学院学报》2003 年第 5 期。

田凯：《机会与约束：中国福利制度转型中非营利部门发展的条件分析》，《社会学研究》2003 年第 2 期。

王玉香：《解读"80 后"现象——谈青少年的社会评价问题》，《山东省青年管理干部学院学报》2009 年第 1 期。

吴为、王博、王鑫方、李晨曦：《汶川的超越》，《世界知识》2008 年第 11 期。

吴志功等：《让学生党员在服务社会中成长成才》，《北京教育·高教版》2009 年第 2 期。

谢小亮：《〈中国环保民间组织发展状况蓝皮书〉解读》，《中国青年报》2006 年 4 月 24 日。

杨国英：《陈光标：千里驰援，大爱无垠》，《华人世界》2008 年 6 月。

杨魁：《消费主义文化的符号特征与大众传播》，《兰州大学学报》2003 年第 1 期。

杨雄：《第五代人：自身特点与发展趋势》，《中国青年研究》2002 年第 3 期。

姚月红、马建青：《从多维视角透视"代沟"的影响》，《当代青年研究》2004 年第 5 期。

一辈子幸福：《80 后难道不是你们六七十年代的产物吗?》，《现代交际》2007 年第 12 期。

岳书亮、李德：《消费主义文化的全球化及其对我国的渗透与危害》，《晋阳学刊》2004 年第 3 期。

张曼：《"多背一公斤"：中国公益生态里的非典型样本》，《今日中国》2009 年 5 月 13 日。

赵汀阳:《深化启蒙:从方法论的个人主义到方法论的关系主义》,《哲学研究》2011 年第 1 期。

周丽娜、王婧:《网络的力量》,《新闻周刊》2008 年第 18 期。

周晓虹:《文化反哺:变迁社会中的亲子关系》,《社会学研究》2000 年第 2 期。

周怡:《代沟与代差:形象比喻和性质界定》,《社会科学研究》1993 年第 6 期。

周怡:《代沟现象的社会学研究》,《社会学研究》1994 年第 4 期。

周怡:《代沟理论:跨越代际对立的尝试》,《南京大学学报》1995 年第 2 期。

Henry B. Hansmann, "The Role of Nonprofit Enterprise," *Yale Law Journal*, Vol. 89, 1980.

Susan M. Roberts, John Paul Jones III and Oliver Fröhling, "NGOs and the Globalization of Managerialism: A Research Framework," in *World Development*, Vol. 33, No. 11, 2005.

Salamon, L. M., "Rethinking Public Management: Third-Party Government and the Changing Forms of Government Action," *Public Policy*, 29 (3), 1981.

网络资源类

《2008 北京奥运会、残奥会志愿者工作成果转化研究报告》,http://www.ccyl.org.cn/zhuanti/125zyzr/zxbd/200912/t20091204_ 317644.htm。

《汶川地震,80 后撑起中国脊梁》,大旗网专题,http://shehui.daqi.com/feature_ 273453_ 1_ index.html。

《民政部公告汶川地震抗震救灾捐赠款物及使用情况》,新华网,2009 年 5 月 12 日,http://news.xinhuanet.com/newscenter/2009 - 05/12/content_ 11360462_ 1.htm。

石勇:《80 年代人:登场或再生》,出自《关天茶舍》,http://www.tianyaclub.com,2004 年 7 月 4 日。

莱斯理·斯克莱尔:《全球体系的社会学》,第五章"文化帝国主义与在第三世界的消费主义文化意识形态"，转引自中国新媒体艺术网，http：//www. nma. cn/Get/ddgjyszt/2005 – 4/24/241726267845. htm。

尹蔚民：《我国人力资源和社会保障事业发展历程、主要成就和形势任务》，http：//www. labournews. com. cn/ldbzb/ldbzgz/zhbd/66011. html。

新生代市场监测机构：《2004 中国大学生消费与生活形态研究报告》。

中国互联网络信息中心（www. cnnic. net）：《2005 年中国互联网络信息资源数量调查报告》。

中国互联网络信息中心（www. cnnic. net）：《中国互联网络发展状况统计报告》，2009 年 1 月。

D'Orville, Hans, "Towards the Global Knowledge and Information Society: The Challenges for Development Cooperation," Retrieved November 1, 2006, from http：//www. undp. org/public/pb – challenge. html, 2000.

"中国 NGO 应急救援网"，http：//www. yjjy. org/。

"多背一公斤"网站，http：//www. 1kg. org/。

"绿色昆明"网站，http：//www. greenkm. org/。

后　记

　　作为北京市唯一一家市属专业青年院校，北京青年政治学院一直致力于青少年研究的领域拓展和深度挖掘。近年来，我们逐渐将研究的重点集中在青年志愿服务这一被社会广泛关注的课题上，借助同时身为北京志愿者学校的优势，开展了一系列富有实践性和前瞻性的研究项目。2006 年 8 月，在北京市哲学社会科学规划项目、北京市教育委员会人文社会科学研究计划 2005 ~ 2006 年度重点项目"北京青年志愿者行动与志愿精神研究"以及共青团中央 2004 ~ 2005 年度青少年和青少年工作研究项目"中国青年志愿者理论与实践研究"的支持下，我们完成了《志愿中国——中国青年志愿服务研究》（以下简称《志愿中国》）的成果并由人民出版社出版；2009 年 5 月，2007 ~ 2008 年度北京市哲学社会科学规划项目"和谐社会中的社区志愿服务"成果《志愿社区——中国社区志愿服务研究》（以下简称《志愿社区》）由中国青年出版社出版。两本著作都产生了良好的社会反响，《志愿中国》应各方面的要求，于 2009 年修订再版；《志愿社区》得到北京大学社会学系谢立中教授的专门书评，谢教授认为该书对目前我国政府构建和谐社会、加强社区建设具有重要的现实指导意义。两本著作被北京市志愿者联合会列为推荐成果，北京志愿者学校作为培训教材使用，在北京的志愿者群体以及各类志愿组织中具有较高的学术影响力。

　　在对青年志愿服务和社区志愿服务这两类目前中国开展最为普遍的志愿服务进行全面综合研究的过程中，我们逐渐意识到，志愿服务首先是"人"的事业。每个志愿者都是独立的、个体的人，在"奉献、友爱、互助、进步"志愿精神的旗帜下，他们带着自己的理想、愿望和期待走进志愿服务，并从中得到了自己独特的收获和感悟。研究志愿服务，离不开对志愿者的研究。作为当今中国志愿服务主体力量的青年人，尤其是"80

后"这一曾经备受争议的群体，他们怎么理解和看待志愿服务？他们参与志愿服务的情况如何？他们对志愿服务有什么评价和期待？他们怎么看待自身的成长和变化？为了对这些问题进行进一步的研究，我们申报了2010~2012年北京市哲学社会科学规划项目、北京市教育委员会社科计划重点项目"'80后'青年志愿行动与公民意识研究"，经过两年多的研究，形成了目前这份最终成果。在课题的研究过程中，得到北京市哲学社会科学规划办公室李建平研究员、中国青少年研究中心黄志坚教授、北京大学社会学系谢立中教授、北京师范大学教育学部肖非教授、中国社会科学院社会学所夏传玲研究员的指导和肯定，在此表示感谢。

2008年可谓是21世纪以来比较特殊的一年，因为两件大事，它曾被媒体誉为"中国志愿服务元年"。一是5月12日发生的汶川大地震，在自然灾难面前，众多"80后"的年轻人第一时间捐钱捐物、作为志愿者赶赴灾区参与救助，或在互联网平台上分类收集资源、传播发布信息，开展哀悼活动。这充分彰显了这一代人强烈的社会责任感、理性开放的心态、成熟的道德素质和积极的公民参与意识，他们以自己的行动能力和合作能力预示了网络时代志愿服务和公益事业的个体化、微观化新趋势。此后，在2010年的玉树地震、舟曲泥石流，2013年的雅安地震等自然灾害的应急救助和灾后重建过程中，都有"80后"青年发挥着重要的作用。

另一件大事，就是2008年8月至9月间在北京连续举办的第29届夏季奥林匹克运动会和第13届残疾人奥运会。中国为这场全球体育盛会准备了一流的场馆和观众，向世界展示了大型赛事的组织管理能力和人民的奥运热情。但另有一个群体赢得了运动员、官员、媒体记者和观众、游客们的交口称赞，这就是被境外媒体称为"鸟巢一代"的、同样以"80后"青年为主体的志愿者们。奥运会、残奥会的闭幕式，分别安排了新当选奥委会、残奥委会委员为志愿者代表献花的环节，以表达对志愿者贡献的崇高敬意，这是国际奥林匹克运动史上前所未有的举动。奥运志愿服务也是我国大型赛会专项志愿服务运作的一个经典案例，青年志愿者们在此过程中展现了热情友好的青春朝气、真诚开放的心态、成熟的职业素质和敬业乐业的服务精神，这种素质和精神并在2010年上海世博会、广州亚运会的志愿服务上得以延续。

此外，随着我国经济的繁荣和社会的日趋开放，非营利组织开始活跃在志愿服务和公益事业领域，并得到了青年人的支持。尤其在生态环境保护、扶贫开发等领域，更是产生了一些颇具影响力和号召力的非营利组织，他们的牵头人和策划者一般都是青年人，也用富有创意和国际化的运作理念吸引了更多的青年人成为志愿者。这可以说是中国志愿服务事业的新的生长点，是伴随着青年人成长而成长成熟的民间公益力量。可以想象，随着中国经济社会的进一步发展，这些"草根青年志愿者"将会有更多的活动空间，能够更充分地实现自身的价值。

这本《"80后"青年志愿行动与公民意识研究》围绕"80后"青年参与志愿服务的历史历程和典型案例，从志愿服务的行动者即志愿者主体的角度切入，力争突破此前相关研究的问题框架，注重"80后"青年群体在参与志愿服务过程中自身的主体性发展，尤其是现代公民意识、公共精神和社会责任感的生成过程。本书可以说是以"一代人"的视角，对我们此前一系列志愿服务研究工作进行了阶段性的总结。在今后的研究中，我们将继续关注志愿服务与青年成长成才等一系列问题，并期待向大家奉献更有价值的成果。

本书由梁绿琦教授主编并负责统稿工作。各章撰稿者依次为：余逸群（第二章、第六章）、纪秋发（第一章、第五章），以及穆青（第三章、第四章）。"80后"青年目前已成为社会的主导力量，他们的志愿服务和公益活动非常丰富多彩，并一直在创新发展的过程中，本书中所采用的案例或许已经与青年自身的当前实践有了一定的差距，这虽是研究工作固有的滞后性所致，但难免令人遗憾。只能期待在我们以后的相关研究中加以丰富和完善。

感谢社会科学文献出版社胡亮编辑所付出的辛勤劳动！

主　编
2013 年 5 月

图书在版编目（CIP）数据

"80后"青年志愿服务与公民意识/梁绿琦主编. —北京：
社会科学文献出版社，2013.10
ISBN 978 - 7 - 5097 - 4954 - 8

Ⅰ.①8… Ⅱ.①梁… Ⅲ.①青年志愿者行动 - 研究 -
中国 ②青年 - 公民教育 - 研究 - 中国 Ⅳ.①D432

中国版本图书馆 CIP 数据核字（2013）第 193780 号

"80 后"青年志愿服务与公民意识

主　　编／梁绿琦

出　版　人／谢寿光
出　版　者／社会科学文献出版社
地　　　址／北京市西城区北三环中路甲 29 号院 3 号楼华龙大厦
邮政编码／100029

责任部门／社会政法分社（010）59367156　　责任编辑／王　青　田肖肖　胡　亮
电子信箱／shekebu@ ssap. cn　　　　　　　　责任校对／孙光迹
项目统筹／童根兴　　　　　　　　　　　　　责任印制／岳　阳
经　　销／社会科学文献出版社市场营销中心　（010）59367081　59367089
读者服务／读者服务中心（010）59367028

印　　装／北京鹏润伟业印刷有限公司
开　　本／787mm×1092mm　1/16　　　印　　张／18.25
版　　次／2013 年 10 月第 1 版　　　　　　字　　数／309 千字
印　　次／2013 年 10 月第 1 次印刷
书　　号／ISBN 978 - 7 - 5097 - 4954 - 8
定　　价／69.00 元